재가노인복지정책의 변천

재가노인복지정책의 변천

초판 1쇄 발행 2013년 3월 11일

지 은 이 · 변재관, 김미혜, 권금주
펴 낸 이 · 박정희

기획편집 · 권혁기, 이주연, 양송희
마 케 팅 · 김범수, 이광택, 김성은
관   리 · 유승호, 양소연
디 자 인 · 하주연, 이지선
인터넷사업부 · 백윤경, 이정돈

펴 낸 곳 · 사회복지전문출판 나눔의집
등록번호 · 제25100-1998-000031호
등록일자 · 1998년 7월 30일

서울시 금천구 가산동 60-3 대륭포스트타워5차 1105호
대표전화 · (02) 2103-2480
팩   스 · (02) 2624-4240
홈페이지 · www.ncbook.co.kr/www.issuensight.com

ISBN 978-89-5810-123-9(93330)

재가노인복지정책의 변천

변재관, 김미혜, 권금주 지음

사회복지 전문출판 나눔의 집

차 례

3부 재가노인복지 세부사업의 어제와 오늘

4부 재가노인복지의 과제와 전망

감사의 글

어려운 노인들에게 관심을 갖고 소액의 용돈을 지급하며 시작한 자그마한 사업이 어느덧 여러 뜻 깊은 분들의 헌신적인 노력을 통하여 많은 발전을 이루게 되고, 그 결과 1993년 '은천복지재단'이라는 사회복지법인을 발족하게 되었습니다. 후에 '은천노인복지회'로 법인명을 개정하여 30여 년의 세월을 노인복지사업 발전에 힘쓰고 있습니다. 그 과정을 기록하고자 책 발간 작업을 하게 되었고, 이에 가장 먼저 시작한 재가노인복지사업을 뒤돌아보며 평가해보고 향후의 전망을 살펴보고자합니다.

이 책을 통해 재가노인복지의 과거를 짚어보고 앞으로의 과제 및 발전방안을 강구해 보는 기회로 삼아 무엇보다도 재가노인복지 사업을 대외에 알리고 그 필요성을 부각시키는 밑거름이 되길 바랍니다. 또한 재가노인복지와 관련된 분들과 현장의 실무자, 전문가들에게 정보와 새로운 아이디어를 주고, 특히 재가노인복지에 대한 전반적인 설명과 사업을 평가했다는 점에서 노인복지학 전공 학생들 및 관심 있는 분들께 재가노인복지에 대한 이해를 도울 수 있는 좋은 자료가 되길 기대합니다.

이 자료를 수집하며 책이 발간될 수 있도록 노력해주신 김미혜 교수님, 권금주 교수님께 깊은 감사의 말씀을 전합니다. 그리고 12년 전의 약속을 잊지 않고 제 계획에 적극적인 지지를 보내며 도와주신 변재관 박사님께 진심으로 감사드립니다. 또한 방대한 자료를 정리하느라 수고하신 보조원 이은혜, 최희진님께도 고마움을 전합니다.

끝으로 본 법인의 숨은 공로자이자 한국 재가노인복지를 위해 헌신하신 김광림 국회의원님, 유학생활 때 교회에서 우연히 이어진 인연으로 저를 여기까지 이끌어주신 크신 은혜에 진심을 다해 감사드립니다.

2013년 1월

사회복지법인 은천노인복지회

회장 이병만

머리말

　우리나라는 급속한 산업화를 통해 경제성장을 이루었고, 이와 더불어 생활환경과 가치관의 변화를 함께 경험하였다. 대가족의 해체와 더불어 과거의 미덕이었던 노인부양의 가치가 하락한 반면 급속한 노인인구의 증가에 따라 사회, 경제, 문화체제 전반에서 노인 문제가 분출하였다. 1960년대 전체 인구의 약 3%에 불과하였던 65세 이상 노인인구는 2000년대 들어 7%를 넘어 고령화사회로 진입하였고, 2022년에는 14%를 넘어 고령사회로 진입할 것이 예상되기 때문에 노인부양은 한국사회의 화두가 되었다. 특히 초고령 노인인구의 증가에 따른 부양문제는 노인가족의 문제를 넘어 사회에 큰 영향을 미치게 되었다. 고령노인의 보호문제는 시설보호 중심의 복지로는 해결할 수 없게 되었고 노인보호의 다른 한 축인 재가보호가 노인복지의 역할을 맡을 수밖에 없게 되었다. 1986년 민간차원에서 처음 시작된 가정봉사원 파견을 시작으로 그동안 노인수용시설 등으로 한정되어있던 수발이 필요한 노인에 대한 서비스가 재가노인에게 제공되기 시작하였고, 1990년대 들어 노인복지법에 재가복지사업이 노인복지사업의 한 종류로 규정되어 가정봉사원 파견 외에 노인주간보호, 단기보호 등으로 서비스가 점차 확대되었다. 우리나라의 재가노인복지사업은 저소득층 노인을 대상으로 하는 잔여적 서비스의 성격이 강하였으나 노인인구의 고령화에 따른 가정 내 장기적 보호를 요하는 노인인구 증가로 보편적 성격의 재가노인복지로 확대되어야 할 시점에 2008년에 장기요양보험제도가 도입되면서 재가노인복지가 장기요양보험제도 내로 편입·재편되어 재가노인복지는 정체성의 혼란을 겪게 되었다.

　이러한 상황에서 혼란을 겪고 있는 재가노인복지서비스 분야가 지속적으로 발전해

나가기 위해서는 스스로의 정체성을 확립하고 앞으로 나아갈 방향을 정립하는 것이 필요하다. 재가노인복지가 20년이 지난 지금은 우리나라 재가복지가 걸어온 길을 되새기고, 현재를 직시하고, 미래를 조망하여 앞으로의 재가노인복지 발전방향의 탐색이 필요한 시기이다.

이 책은 재가노인복지사업의 과거와 현재를 정책적 변화의 시각을 가지고 역사와 주요사업의 변화에 대해서 기술하고 이를 바탕으로 재가노인복지사업의 미래발전에 대해 제시해 보았다. 부족한 책이지만 재가노인복지에 대한 이해를 높이고 앞으로 방향을 정립하는데 초석이 되었으면 한다.

이 책이 나오기까지 물심양면으로 지원을 아끼지 않은 사회복지법인 은천노인복지회의 이병만 회장님께 진심으로 감사의 뜻을 전하며, 이 책이 재가노인복지의 발전을 위한 하나의 초석으로 활용되기를 진심으로 희망한다.

2013년 1월
집필진 일동

1부 재가노인복지사업 역사 연구의 개요

1장 재가노인복지사업 역사 연구의 필요성

 우리나라 재가노인복지사업은 시설보호 중심의 노인복지사업의 패러다임을 가정에 거주하는 재가노인에 대한 보호와 지원으로 전환하는데 중요한 역할을 하였다. 1986년 민간차원에서 가정봉사원파견사업(구 재가노인봉사사업)[1]을 필두로 1987년 정부예산을 최초로 지원받아 재가노인을 돕는 가정봉사원파견사업을 시작하였다. 1990년에는 공식적 명목(노인상담시설 운영비)으로 국가지원이 실시되었으며,[2] 1989년 6월 1차 노인복지법 개정을 통해 "재가노인"이라는 공식용어가 사용되었다. 더 나아가 1992년부터는 가정봉사원파견사업 외에 노인주간보호사업, 노인단기보호사업으로 확대되었고, 1993년 3차 노인복지법 개정으로 노인복지사업의 한 종류로 재가복지사업을 규정(한국재가노인복지협회, 2003)하는 등 재가노인복지사업은

---

1) 가정봉사원파견사업은 1993년 노인복지법 개정 이후로 사용된 용어이며, 이전에는 재가노인봉사사업이라 지칭하였고, 이외에 재가노인봉사서비스, 가정봉사원사업 등의 용어도 있었음. 본 서에서는 가정봉사원파견사업이라는 용어를 주된 용어로 사용하고자 함.
2) 1987년 한국노인복지회가 처음 정부의 지원을 받았으며, 1989년 한국노인복지회 및 은천노인복지상담소가 정부보조를 받았음. 그리고 1990년부터 공식적 명목으로 재가지원사업 예산으로 편성되었음.

재가노인의 욕구에 기초한 다양한 영역으로 사업이 확대되고, 사회적으로도 재가노인복지사업이 중요한 노인복지사업으로 부각되는 성과를 냈다.

하지만 재가노인복지사업은 보편적이고 일반적인 서비스로 발전하기보다는 저소득층 노인을 대상으로 한 잔여적 재가노인복지서비스 중심이었다. 이 한계점에 대해서는 재가노인복지서비스 관련 기관 및 학자들 중심으로 초기부터 끊임없이 문제가 제기되었다. 또한 2000년을 전후하여 사회적으로 노인복지에 대한 관심과 특히 장기적 요양보호가 필요한 노인의 지원 욕구가 증대하면서 2003년 공적노인요양보호추진기획단을 시작으로 장기요양보호에 대한 제도적 도입이 추진되면서 보편적 재가노인복지사업으로 발전되길 기대하였다.

그러나 장기요양보험제도 도입을 위한 1, 2차 시범사업과정과 장기요양보험이 본격적으로 실시된 2008년 이후 재가노인복지사업은 사업의 정체감과 방향의 혼란이 야기되었다. 재가노인복지와 장기요양 간의 개념적 차이, 사업운영의 차이, 대상자의 차이에 관한 논의와 해결 방안이 제대로 제시되지 않은 채, 재가노인복지시설들이 장기요양보험제도 하에 편입되었고 이로 인해 기존 재가노인복지서비스 대상이 장기요양보험제도 내에서는 제외되거나, 자본주의 경쟁적 경영방식으로 인한 시설 운영의 혼란 등이 대두되어 재가노인복지사업의 정체성을 다시 정립하여 재도약해야 할 기로에 서게 되었다.

장기요양보험제도가 도입된 지 일정 시간이 지났음에도 현장에서는 기존의 재가노인복지서비스와 장기요양보험제도 하의 재가노인복지서비스 간의 혼란이 아직까지 이어지고 있다. 그러므로 장기요양보험제도가 사회보험제도로서 국가주도로 확대되는 시점에서 앞으로 재가노인복지의 정체성 확립과 재가노인복지사업이 나아갈 방향을 확립하는 것이 무엇보다 시급한 과제이다.

따라서 1989년 6월 1차 노인복지법 개정에 따라 가정봉사원파견사업이 본격적인 법정 노인복지사업으로 시작된 지 20여년이 지나가는 시점에서, 지금까지의 한국재가노인복지사업의 역사를 정리할 뿐 아니라, 기존의 재가노인복지에 대한 개념, 그리고 방향성에 대해서도 점검하는 기회를 가져 앞으로의 재가노인복지의 전망과 방향을 제시해 볼 필요가 있다.

그러므로 본 연구는 과거, 현재, 그리고 미래라는 세 가지 관점을 가지고 우리나라 재가노인복지사업을 살펴보고자 한다. 첫째, 과거 재가노인복지 사업관련 공적 자료 및 연구물을 정리하고, 필요에 따라서는 당시 사업을 시행했던 시설 및 시설장의 실증 자료를 통해 가능한 사실적인 역사기록을 남기고자 한다. 둘째, 현재까지 주장된 재가 노인복지사업의 발전방향의 검토, 조사, 분석을 통해 재가노인복지사업의 발전구조 를 유형별로 제시하면서 각 유형에서 요구하는 재가노인복지사업의 특성을 제시하려 한다. 그리고 마지막으로 재가노인복지사업의 과거와 현재를 객관적으로 살펴보아 미래 재가노인복지사업의 방향성을 모색하고자 한다.

2장 재가노인복지사업 역사 연구방법

재가노인복지사업의 역사 관련 자료수집은 먼저, 기존 재가노인복지 관련 정부 공식자료와 연구논문, 협회 및 기관에서 발행한 자료들을 검토하였다. 그러나 자료가 매우 분산적이고 내용도 일치하지 않는 면이 많아, 다양한 자료를 비교 분석하였고, 자료가 일치하지 않는 경우는 보건복지부의 노인보건복지사업 안내의 재가노인복지사업 관련 내용, 보건복지백서를 기준으로 하되, 재가노인복지사업 초기의 역사는 사업에 주체적으로 참여한 증인 및 실증자료를 참고하였다. 또한 재가노인복지사업에 초기부터 참여하면서 전체적인 맥락과 과정을 알고 있는 전문가의 자문을 통해 자료의 정확성을 기하고자 노력하였다.

재가노인복지사업 역사의 구분은 1990년 이전까지를 시작전기로, 1990년에서 1996년까지는 1기로, 1997년에서 2005년까지는 2기로, 2005년에서 현재까지는 3기로 구분하였다(<표 2-1> 참조).

〈표 2-1〉 재가노인복지사업 20년 시기별 구분

명칭	연도	구분근거	세부내용
시작 전기	1990년 이전	노인복지법 1차 개정 이전	민간차원에서 가정봉사원파견사업 또는 주간보호사업을 실시하고 소수기관에 정부 지원 실시됨
1기	1990~1996년	재가노인복지사업 출발과 정착의 시기 (1989년 6월 노인복지법 2차 개정 이후)	1989년 노인복지법 2차 개정을 통해 가정봉사원파견사업이 노인복지사업으로 규정되면서 1990년도부터 본격적으로 재가노인복지사업이 시작됨. 1993년 재가노인복지사업은 가정봉사원파견사업, 주간보호사업, 단기보호사업 등으로 명시됨.
2기	1997~2005년	노인복지법 5차 개정 이후 재가노인복지시설로 확정	노인복지법 5차 개정으로 재가노인복지시설이 노인복지법 내에 노인복지시설 유형으로 규정.
3기	2005년 7월~현재	노인장기요양보험 1차 시범사업 실시	2005년 7월부터 장기요양보험 1차 시범사업을 실시하여 2008년 7월에 본격적으로 노인장기요양보험 도입.

시기별 구분 기준을 설명하면 1990년 이전까지를 시작전기로 구분한 것은 재가노인복지의 필요성이 점차적으로 등장하여 한국노인복지회와 은천노인복지회(구 은천노인상담소)가 민간차원의 가정봉사원파견사업을 시작하면서 소수 기관 일부가 선구자적인 역할을 하였으며 아직 법적으로 재가노인복지사업을 규정하지 않았던 시기를 말한다. 1기를 1990년에서 1996년으로 구분한 근거는 1989년 말에 노인복지법이 1차 개정을 겪으면서 '가정봉사원파견사업(구 재가노인봉사사업)'이 노인복지사업으로 규정되었고, 1993년 노인복지법 3차 개정으로 '재가노인복지사업'이 노인복지법에 명시됨에 따라 가정봉사원파견사업, 주간보호사업, 단기보호사업 등의 재가노인복지사업이 본격적으로 시작되었기 때문이다. 2기(1997년-2005년)의 구분 근거는 1997년에 노인복지법의 5차 개정으로 '재가노인복지시설'이 노인복지법에 명시된 노인복지시설 유형 중 하나가 됨에 따라 사업의 형태에서 시설의 형태로 발전한 차별

성을 갖고 있으며, 3기(2005년 7월-현재)의 구분 근거는 노인장기요양보험 1차 시범사업이 시작된 때를 기점으로 2008년 7월 노인장기요양보험제도 하에서 노인재가복지의 정체감을 재정립하려는 노력이 시작되었다.

또한 각 시기별 구분에 명칭을 부여하지 않은 것은 현재시점에서 재가노인복지 변화과정을 명명하는 주관성을 버리고 각 시기별로 변화과정에 대한 객관성을 가능한 유지하면서 재가노인복지사업을 미래 지향적 입장에서 개연성을 열어두고 각 시기별 특성이 어떤 흐름을 가지고 변화과정을 가져왔는지 살펴볼 필요가 있다고 판단되었기 때문이다.

본 연구는 크게 3개의 범주로 구분하여 서술하고자 한다.

우선 재가노인복지사업 관련하여 개념과 용어의 이해를 이론적으로 간단히 정리한 후, 재가노인복지사업 전체의 변화과정을 총괄적으로 살펴보았으며, 마지막으로 노인장기요양보험제도의 도입과정을 정리하여 현 재가노인복지사업이 상고해야 할 내용을 인식하는 기회를 갖도록 하였다.

둘째는 재가노인복지사업의 역사를 단위사업인 가정봉사원파견사업, 주간보호사업, 단기보호사업, 가정봉사원교육사업 등 4개의 세부사업으로 구분하여 법적기준 및 정책내용, 사업내용을 역사 시기별로 나누어 좀 더 구체적인 변화과정을 살펴보았다.

셋째는 재가노인복지사업이 노인장기요양제도라는 큰 사회적 변화 속에서 재도약하기 위한 발전방향을 모색하기 위해 먼저, 현재까지 재가노인복지사업에서 나타난 문제에 대해 어떤 발전방향을 제시하고 있는지 검토하고, 재가노인복지의 발전방향으로 제시한 내용을 분석하여 Q방법론 조사를 실시하여 재가노인복지의 과제와 전망이 어떤 유형으로 구성되는지 살펴보았다. 이를 토대로 재가노인복지사업이 현재 당면한 주요 과제와 이를 해결해나갈 방향성에 대해 모색하였다.

본 연구는 재가노인복지 역사를 정리하는데 있어 가능한 광범위한 자료를 검토하고 관련 전문가의 자문을 받으면서 객관적이고 정확하게 서술하고자 노력하였으나, 자료가 불충분하고 정확한 정보가 부족하여 좀 더 구체적인 내용이나 관련 자료를 제

시하지 못한 아쉬움이 있다. 이는 본 연구를 토대로 후속 연구에서 더 풍부하고 자세한
역사자료가 추가되길 기대한다.

2부 재가노인복지 개념의 이해와 주요 변천과정

3장 재가노인복지 개념의 이해

1. 재가복지

재가복지란 1950~1960년대 영국과 미국에서 지역사회보호(community care)라는 용어로 처음 사용되었다. 지역사회보호는 노령, 질병, 장애 등으로 인하여 일상생활을 독립적으로 수행하기 어려운 사람들이 타인의 보호를 필요로 할 때 시설에 수용되어 보호되는 것이 아니라, 자신의 집에서 지역사회 차원의 다양한 도움을 받으면서 살 수 있도록 각종 복지서비스를 제공하는 것이다(황성철·한혜경, 2003). 즉, 재가복지[1]란 '지역사회 내에서 일정한 시설과 전문 인력을 갖추고 필요한 재가복지 서비스를 제공하는 것'이라 할 수 있다. 재가복지 개념으로는 Domiciliary Welfare, Domiciliary Care, Domiciliary Care Services, Community Care, In-home Services

---

[1] 우리나라에서 재가복지라는 용어를 정부에서 공식적으로 사용한 것은 1992년이었다(한국노인복지회 1997: 76). 그리고 1993년 12월에 개정된 사회복지사업법 제 2조에 '재가복지'를 처음으로 사회사업의 하나로 포함시켰다. 같은 시기에 개정된 노인복지법 제 11조에서 '재가노인복지사업'으로 분류하였다.

<그림 3-1> 사회복지서비스 체계 내 재가복지서비스의 위치 1

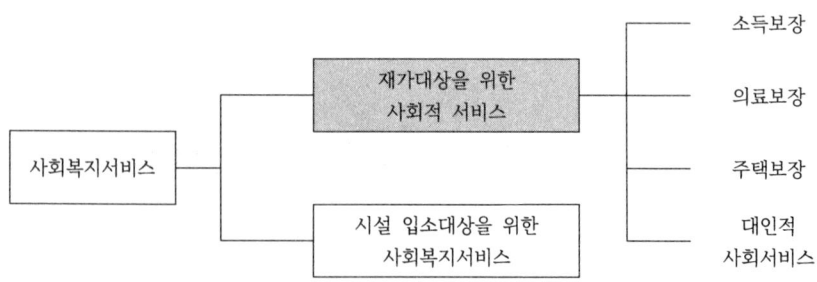

자료: 김미혜 외(2008), 재가노인복지론, p.20 수정.

등이 사용되고 있다(손홍숙, 2005). 우리나라는 1980년대 중반 이후부터 재가복지라는 말이 쓰이기 시작했는데 그 의미가 명확하게 이해되지 않는 경우가 많았다(최성재·장인협, 2003: 458). 예를 들면, 재가란 가정 내에서의 가족기능을 강조한 것으로 복지를 가족에게 맡기려는 우리나라의 경향성을 반영하는 용어로도 이해되었다(선우덕·조추용, 2004).

재가복지의 개념을 어떻게 정의하느냐에 따라 복지서비스에서 차지하는 위치가 다른데, 일반적으로 세 가지 차원으로 분류하고 정의해볼 수 있다(김미혜 외, 2008).

첫째, 재가복지서비스는 재가 대상자를 위한 사회복지서비스로 정의한다. 재가대상자를 위한 제반 사회복지서비스인 소득보장, 의료보장, 주택보장 관련 급여와 서비스를 모두 포함하는 것으로 재가복지의 광의적 개념이라고 할 수 있다. 이를 그림으로 제시하면 <그림 3-1>과 같다.

둘째, 재가복지서비스는 재가대상자를 위한 대인적 사회서비스(personal social service for the elderly at home)로 정의되고 있다. 대인적 사회서비스는 일반적으로 ①재가복지서비스, ②시설복지서비스(out-of-home service, institutional care service)로 나눠지고 있다. 재가대상자를 대상으로 이들이 계속 가정에 머물면서 생활할 수 있도록 제공하는 대인적 사회서비스가 재가복지서비스이며, 시설입소대상자를 위해 제공되는 대인서비스를 시설복지서비스라고 할 수 있다. 따라서 두 번째 재가복지서비스의 개념은 첫 번째 개념에서 소득보장, 의료보장, 주택보장 관련 급여는 제외한 재가대상자를 위한 비물질적 서비스만을 의미하는 재가복지의 협의적 개념이라 할 수 있다. 두 번째 정의는 <그림 3-2>와 같이 제시할 수 있다.

〈그림 3-2〉 사회복지서비스 체계 내 재가복지서비스의 위치 2

자료: 김미혜 외(2008), 재가노인복지론, p.21 수정

〈그림 3-3〉 사회복지서비스 체계 내 재가복지서비스의 위치 3

자료: 김미혜 외(2008), 재가노인복지론, p.21 수정.

셋째, 재가복지서비스는 서비스가 제공되는 장소에 따라 다시 ①대상자 자신의 가정 내에서 이루어지는 보호(in-home service), ②대상자가 거주하는 지역사회 내의 이용시설, 통원시설에서 이루어지는 보호로 나누어질 수 있다. 재가복지서비스의 세 번째 개념은 두 번째의 개념 중에서 대상자 자신의 가정에서 제공되는 서비스만으로 국한된다. 이와 같은 세 번째 정의는 <그림 3-3>과 같다.

2. 재가노인 및 재가노인복지

재가노인이란 자녀들과 별거하고 노년기에 홀로 사는 노인을 말하는 것으로, 우리나라에서는 재가노인, 재택노인, 거택노인2) 등의 용어가 사용되고 있으나, 재가노인이 가장 포괄적이고 일반적인 용어로 사용되고 있다. 즉, 재가노인이란 장기치료나 요양보호를 목적으로 수용시설에 입소된 노인을 제외한 지역사회에 살고 있는 모든 노인을 가리킨다(윤동성, 2001).

임춘식(1998: 11)은 재가노인의 개념을 넓은 의미와 좁은 의미로 구분하였는데, 넓은 의미로는 '시설에 입소되어 있지 않고 지역사회 내 가정에서 생활하는 모든 노인'이라 하였고, 좁은 의미에서 재가복지 대상 노인은 '가족이나 사회복지기관의 보호를 필요로 하는 노인'으로 한정된다고 하였다. 이처럼 재가노인의 개념은 일반적으로 시설거주 노인에 대비되는 개념으로 이해해 볼 수 있다(김미혜 외, 2008).

재가노인복지란 보편적으로 '재가노인을 위한 사회적 서비스'로 이해되고 있다(임춘식, 1998). 재가노인복지의 가장 넓은 의미는 시설이 아닌 가정에서 생활하는 노인을 위한 제반복지 서비스로 소득보장, 주거보장, 의료보장 및 사회서비스보장까지 다 포함하는 것이나, 범위를 좁혀서 4가지 서비스 가운데 비물질적 서비스에 속하는 것

---

2) 김용년(2005)은 "우리나라 재가노인복지사업의 현황과 과제"에서 '재가(在家)'는 현재 우리나라에서 주로 사용되고 있는 용어로 가정에서 가족의 기능을 살린 것이고, '재택(在宅)'은 일본에서 사용되는 용어로 가정의 장소적 의미가 강조된 것이며, '거택(居宅)'이란 일본에서 1997년 12월에 제정된 개호보험법에서 사용하는 용어로 재택보다 가정의 장소적 의미가 강한 것이라 하였다.

으로, 가정에 있는 노인에게 제공되는 건강보호, 사회적 보호 및 사회참여증진 서비스를 의미하기도 한다(최성재, 1997). 이가옥(1997)은 재가노인복지를 사회보장의 한 축인 사회적 서비스개념을 기반으로 하여, 재가노인복지를 지역사회에서 생활하는 노인들이 자신의 집에서 또는 이용시설에서 통원하면서 제공받는 서비스로 정의하였다. 최성재(1997)는 재가노인복지를 '건강상의 문제가 있는 노인에 대한 제반 건강보호서비스와 사회적 보호서비스를 제공하는 것'이라고 정의하였다.

고양곤(1997)은 재가노인을 위한 재가노인복지를 세 개의 범위로 나누고 개념적 정의를 시도하였다. 첫째, 좁은 범위의 노인을 위한 재가노인복지로 노인이 생활하는 집을 방문하여 노인이나 보호자에게 필요한 서비스를 제공하는 가정방문 서비스(in-home service, domiciliary) 둘째, 중간적 범위의 노인을 위한 재가노인복지는 가정방문 서비스와 지역사회 내의 이용시설을 포함하는 서비스 셋째, 넓은 범위의 노인을 위한 재가노인복지는 가정방문 서비스, 이용시설, 그리고 지역사회 내의 개방된 주거보호시설에서 제공되는 제반 서비스라고 설명하였다.

3. 재가노인복지서비스

재가노인복지서비스 및 사업의 개념은 학자들에 따라 다양하게 정의되어 왔다. 재가복지서비스와 재가노인복지서비스라는 용어 또한 유사개념으로 사용하거나 다른 것으로 사용하기도 하고 재가서비스에 포함되어 사용되기도 한다. 이것은 재가복지서비스 대상자중 노인이 높은 비율을 차지하기 때문이다(손홍숙, 2005).

우선 재가복지서비스 개념 정의를 살펴보면, Dexter & Habert(1983)는 재가복지서비스란 "충분한 자격을 갖춘 사람이 대상자의 가정에서 가족단위로 서비스를 제공하거나 어린이의 보호자나 또는 환자, 능력이 없는 자, 한부모 자녀, 노인 그리고 사회적 건강상의 이유로 도움을 필요로 하는 개인들을 돕는 것"이라고 하였다

Bauch(1992)는 재가복지서비스는 "도움을 필요로 하는 노인, 장애인 등에게 가능

한 한 양로원이나 요양원 같은 수용시설보다는 그들 자신의 가정에서 서비스를 제공하므로 원조하는 것"이라고 하였다.

Kadushin(1980)은 재가복지서비스는 "사회복지기관에서 교육이나 훈련을 받은 사람들이 클라이언트의 기능을 유지·강화·보호하기 위해 도움을 주는 것이며, 도움을 필요로 하는 사람들이 가정에서 도움을 받을 수 있도록 한 것으로 가족기능의 약화된 부분을 보완하는 보충적인 서비스(supplementary service)"라고 정의하였다.

한국노인복지회(2000)는 재가노인서비스(home care services)란 '재가노인을 위한 의료·복지서비스'를 말한다고 하였다. 여기서 재가노인3)이란 넓은 의미로는 '시설에 입소되어 있지 않고 지역사회 내 가정에서 생활하는 모든 노인'이라고 할 수 있으며, 좁은 의미에서는 '가족이나 사회복지기관의 보호를 필요로 하는 노인'을 말한다.

황성철 외(2003)는 재가노인복지서비스란 "노인을 대상으로 하는 재가복지서비스를 말하며, 일반 가정에서 생활하고 있는 노인 중에서 장애나 질병 등으로 일상생활을 독립적으로 수행하기 어려운 노인들이 타인의 보호를 필요로 할 때, 자신의 집에서 지역사회 차원의 다양한 도움을 받으면서 살 수 있도록 일상생활을 지원하고 각종 서비스를 제공하는 것"을 재가노인복지서비스라고 정의하고 있다.

한편, 재가복지서비스의 개념은 지역사회복지서비스의 개념과 혼용되어 사용되기도 한다. 지역사회복지서비스(community welfare service)는 지역사회의 욕구를 지역사회 안에서 지역사회 주민에 의해 해결하고 예방하기 위한 서비스로 정의된다. 이와 같이 지역사회보호, 지역사회복지 차원의 맥락을 강조한 재가복지서비스의 정의는 다음과 같다.

최일섭(1987)은 재가복지의 제공기반인 가정의 개념을 보다 확대하여 지역사회를 단위로 제반서비스를 제공한다는 의미를 내포하고 있다고 하였다.

서상철(2009)은 재가복지사업이란 "클라이언트가 이제까지 생활해 온 주거공간

---

3) 재가노인이라는 용어는 1989년 "사회복지관 설치 운영규정"에서 "재가노인"이라는 용어가 처음으로 사용되었으며, 한국노인복지회(2000: 20-21)는 재가노인이란 장기치료나 요양보호를 목적으로 수용시설에 입소된 노인을 제외한 지역사회에 살고 있는 모든 노인을 가리킨다고 정의하고 있다.

에서 1차적으로 생활을 유지하고 보호를 받는 것이 가장 바람직하겠으나 자립조건이 충분하지 못하여 타인과 사회의 원조를 필요로 하는 클라이언트를 위해 가능한 주택에서 생활을 유지할 수 있도록 각종 복지서비스를 제공하는 것을 의미한다. 즉, 도움이 필요한 클라이언트가 자기 집에서 거주하면서 필요한 서비스를 지원받거나 지역사회의 사회복지시설을 이용하여 정상적 가정생활을 영위하도록 하는 사회적 지원 형태를 의미한다"고 하였다.

김경혜(1995)는 재가서비스는 "지역사회 내에서 자신의 거주상태를 유지하고 있는 노인들에게 제공되는 모든 서비스, 즉 성인교육, 노인회관에서부터 가정봉사원, 주택수리 등을 모두 포함한다. 그러나 넓은 의미의 재가서비스는 다시 서비스가 제공되는 장소를 중심으로 지역사회 내에서 제공되는 서비스, 즉 지역사회서비스(community-based services)와 지역사회 중에서도 특히 가정 내에서 제공되는 서비스, 즉 가정방문(home-based services)으로 구분할 수 있다"고 했다.

1993년에 개정된 노인복지법 제11조에는 재가노인복지사업을 "신체적·정신적 장애가 있는 노인이 가정에서 계속 생활하면서 필요한 각종 보호와 지원을 받을 수 있도록 재가노인복지증진을 목적으로 하는 사업"으로 정의하고 있다. 이러한 노인복지법의 맥락에서 보면, 재가복지라는 용어는 가정보호(home care 또는 in-home care)와 지역사회보호(community care)를 포함하는 의미로 사용되고 있다. 가정보호(home care)는 노인이 가정에 머물러 있고 서비스 제공자가 가정에 와서 서비스를 제공하는 것을 말한다(최성재·장인협, 2003).

Kane & Kane(1987: 112)은 재가복지서비스의 개념을 광의와 협의로 나누어서 정의될 수 있다고 하였다. 광의의 재가복지 개념은 시설보호와 대비되는 지역사회보호(community care)를 위한 다양한 서비스를 제공하는 것을 의미하며, 자신의 집에서 서비스를 받는 것과 다양한 복지시설이나 기관을 이용하는 것이 모두 포함된다. 반면 협의의 재가복지서비스는 자신의 집에서 필요한 전문적 혹은 준전문적 서비스를 제공받는 것으로서 서비스의 내용으로는 주로 보건의료서비스와 가정봉사서비스가 포함된다.

위의 정의를 따른다면 우리나라에서 현재 실시되는 재가복지사업 중 가정봉사원 파견사업은 협의의 재가노인복지서비스이고, 주간보호사업과 단기보호사업은 광의의 재가노인복지서비스에 포함된다고 말할 수 있으며, 이 점에서 이가옥은 우리나라에서 이루어지는 재가노인복지서비스가 중간적 의미를 가진다고 지적한 바 있다(이가옥, 1997, 한혜경, 2000 재인용).

현재 우리나라는 2007년 8월에 노인복지법이 개정되면서 재가노인복지사업의 구체적인 범위로 방문요양서비스, 주·야간보호서비스, 단기보호서비스, 방문목욕서비스, 기타서비스로 나뉘어져 있어 정의에 있어 크게 변화가 없다.

4. 재가노인복지의 범위

1) 노인복지법상에 따른 범위

우리나라의 재가노인복지사업은 1989년 개정된 노인복지법에서 '가정봉사사업'이라는 명칭으로 시작되어 1993년 3차 노인복지법 개정에서 노인복지사업의 한 종류로 재가노인복지사업이 규정되어 가정봉사원파견사업, 주간보호사업, 그리고 단기보호사업이 세부 사업으로 명시되기에 이른다. 이후 가정봉사원교육사업이 포함된 것 외에는 큰 변화가 없다가 2007년 8월 노인복지법 개정에서 노인장기요양보험 실시를 앞두고 제38조에 노인재가복지시설의 서비스로 방문요양서비스, 주·야간보호서비스, 단기보호서비스, 방문목욕서비스, 그리고 그 밖의 서비스로 명시되어 지금까지 진행되고 있다.

매년 보건복지부에서 발간·배포하는 '노인보건복지사업안내'에서는 노인재가복지사업을 노인복지법에 제시된 사업을 기본으로 설명할 뿐 아니라, 시설에서 생활하는 노인이 아닌, 재가노인을 위한 여러 사업도 같은 범주에서 설명하고 있다. 예를 들면 독거노인 관련한 안전지킴이, 무료급식, 주거개선사업, 홀로 사는 노인결연, 경로당 사업 등 자신의 집에 거주하는 노인 중 돌봄이나 서비스가 필요한 경우도 포함하고 있다.

그러나 장기요양보험제도가 시작된 이후 2008년부터는 노인복지법의 재가노인복지시설 내 서비스만을 재가노인복지시설에 포함하고, 기존 독거노인을 위한 돌봄서비스나 무료급식 지원은 따로 소외된 노인보호와 관련한 사업으로 분리하고 있다.

여기서는 현 노인복지법에서 제시한 서비스에 대해서만 간단히 제시하면 다음과 같다.

(1) 방문요양서비스

가정에서 일상생활을 영위하고 있는 재가노인으로서 신체적·정신적 장애로 어려움을 겪고 있는 노인에게 필요한 각종 편의를 제공하여 지역사회 안에서 건전하고 안정된 노후를 영위하도록 하는 서비스이다. 우리나라의 방문요양서비스의 모태는 1980년 후반 민간기관(한국노인복지회, 은천노인복지회)에서 저소득층 노인을 대상으로 자원봉사자를 이용하여 무료로 실시하다가, 1989년의 법개정으로 가정봉사원이 교육을 받아서 활동을 하게 되었다. 또한 1993년의 법개정으로 유료 가정봉사원도 파견할 수 있게 되었고, 2007년의 법 개정으로 방문요양서비스로 개칭되었다.

(2) 주·야간보호서비스

부득이한 사유로 가족의 보호를 받을 수 없는 심신이 허약한 노인과 장애노인을 주간 또는 야간 동안 보호시설에 입소시켜 필요한 각종 편의를 제공하여 이들의 생활안정과 심신기능의 유지·향상을 도모하고, 그 가족의 신체적·정신적 부담을 덜어주기 위한 서비스이다. 우리나라의 주·야간보호서비스는 1992년부터 1994년까지 "주간 및 단기보호사업 운영" 지침에 의해 서비스가 제공되다가 1995년 별도의 사업지침을 마련하게 되었고, 2007년의 법 개정으로 주·야간 보호서비스로 개칭되었다.

(3) 단기보호서비스

부득이한 사유로 가족의 보호를 받을 수 없어 일시적으로 보호가 필요한 심신이 허약한 노인과 장애노인을 보호시설에 단기간 입소시켜 보호함으로써 노인 및 노인가정의 복지증진을 도모하기 위한 서비스이다. 우리나라의 단기보호서비스는 1992년부터 1994년까지 "주간 및 단기보호사업 운영" 지침에 의해 서비스가 제공되다가 1995년 별도의 사업지침을 마련하게 되었고, 2007년의 법 개정에서도 현행의 단기보호서비스로 사용하게 되었다.

(4) 방문목욕서비스

2008년 장기요양보험에서 재가급여 중 방문목욕서비스가 신설되면서 목욕장비를 갖추고 재가 노인을 방문하여 목욕서비스를 제공하는 것으로 방문목욕서비스는 기존 이동목욕장비를 갖추고 재가 노인을 방문하여 목욕서비스를 제공하는 이동목욕서비스에 기원을 두고 있다.

(5) 재가노인지원서비스

경제적·정신적·신체적인 이유로 독립적인 일상생활을 영위하기 어려운 노인과 복지사각지대 노인들에게 일상생활지원을 비롯한 각종 필요서비스를 제공함으로써 지역사회 내에서 건강한 생활을 영위하는 데에 어려움이 없도록, 예방적 복지 실현 및 사회 안전망 구축을 목적으로 2010년 신설되었다. 재가지원서비스는 재가노인지원서비스센터를 통해 서비스를 제공받을 수 있으며, 방문요양 및 노인돌봄, 가사간병서비스 등 유사서비스 대상자와 가급적 중복되지 않아야 하며, 동일 서비스 내용의 중복지원이 불가하다.

4장 재가노인복지사업의 주요 변천과정

우리나라 재가노인복지사업은 1980년 중반부터 한국노인복지회(현 한국헬프에이지)[1] 은천노인복지회(구 은천노인상담소)[2]에서 민간차원으로 지역에 거주하는 재가노인을 위한 사업을 실시하면서부터, 1987년 정부예산을 최초로 지원받아[3] 실시된 가정봉사원파견사업(구 재가노인봉사사업)을 시작으로 보고 있다. 재가노인복지라는 말이 생소하고 이들에게 사회적 서비스를 제공할 필요성조차 인식하지 못한 시기에 재가노인들의 욕구와 필요를 해결하고 충족하려는 노력들이 시도되었던 재가노인복지는 20여 년 동안 가정봉사원파견사업을 시작으로 노인주간보호사업, 노인단기보호사업, 가정봉사원교육사업 등 다양한 영역으로 사업을 확대하는 등의 노력을 기울였다.

---

1) 현재 한국헬프에이지로 명칭을 변경하였으나, 일반적으로 한국노인복지회로 통용되고 있어 이 용어를 주로 사용하고 필요에 따라서는 추가 설명하겠음.
2) 과거 은천노인상담소보다 현재 명칭인 은천노인복지회로 일반적으로 사용하여 은천노인복지회를 주로 사용하고 필요에 따라서는 추가 설명하겠음.
3) 당시 정부(보건사회부)의 재가사업지침(사업안내)이 없어, 1987~1989년 3년간은 '상담소사업'으로 지원받았음.

따라서 이 장에서는 시작전기라 할 수 있는 1990년 이전부터 시작하여 최근까지를 4개의 시기별 구분 기준에 따라 재가노인복지사업의 변천 과정에서 주요 변화 내용을 서술[4]하고자 한다.

1. 재가노인복지사업 시작전기(1990년 이전)

1) 1980년대 초반~1986년

사회복지정책을 일찍이 시작했던 선진국은 사회에서 자립하여 생활하기 어렵다고 판정된 아동, 장애인, 노인들에게는 지역사회로부터 분리하여 시설이라는 울타리 안에 따로 수용 보호하는 시설보호를 주된 정책으로 삼았다. 그러나 1950~60년대부터 주립정신병원과 수용시설의 문제점에 대한 연구가 발표되면서 시설보호의 비인권적인 처우와 수용시설 유지에 소용되는 비용의 비효율성, 재정지원방식 등이 지적되었고, 탈시설화에 대한 관심이 증대되어, 1970년부터 장기간 시설보호로 인한 시설병의 예방과 시설거주자의 삶의 질 향상 차원에서 지역사회에서 보호하고 서비스를 제공하는 탈시설화 정책이 전개되기 시작했다(전재일 외, 2000).

노인복지분야도 탈시설화 정책에 영향을 받으면서 1980년 복지서비스를 제공하는데 국가개입을 최소화하고 다양한 복지서비스를 민영화하고 시장, 민간 및 비공식 자원 등 복지서비스 공급을 다원화하는 복지다원주의(welfare pluralism)의 영향으로 시설중심의 노인복지가 갖는 획일적이고 낭비적인 서비스에 대한 부정적 인식이 커지면서, 탈시설 노인복지의 일환으로서의 재가복지에 대한 관심이 고조되었다(김순양 외, 2001).

이와 같은 복지정책 흐름에 반해 우리나라는 1980년대 이전까지 노인복지정책은

---

4) 재가노인복지사업의 세부사업별 변천과정은 제4부 재가노인복지 세부사업의 어제와 오늘에서 다루도록 한다.

65세 이상 전체 노인인구의 0.3%인 무의무탁 노인을 위한 시설보호사업을 중심으로 이루어져왔고 1980년에 들어서서야 노인복지에 관심을 보이기 시작했으나 재가노인을 위한 복지 및 서비스가 필요하다는 인식이나 관련된 사업을 실시하는 경우는 거의 없었다.

따라서 1981년 6월 노인복지법 제정 당시에도 노인복지에 대한 국가적 차원의 관심을 표명할 뿐 재가노인에 대한 서비스는 전혀 언급되지 않았다(최성재, 2000).

그러나 1980년대에 들어오면서 노인단독세대가 증가하고 저소득 노인으로서 거택보호를 받고 있는 노인들에 대한 특별한 사회보호와 건강보호의 필요성이 학계와 노인복지 서비스 현장에서 제기되었고 이러한 문제제기로 인하여 정부의 정책 당국자들이 재가노인을 위한 서비스의 필요성을 인식하게 되었다(주경식, 1984; 최성재, 2000에서 재인용). 또한 1981년 노인복지법 제정 이후 급증하는 노인인구의 복지증진을 위한 다양한 정책들이 논의되기 시작하면서 가정에서 생활하고 있는 노인들에게도 눈을 돌려 비로소 노인들이 복지의 주체이자 정책의 대상으로 떠오르는 계기를 갖게 되었다(한국재가노인복지협회, 2003).

따라서 1980년대 중반부터는 노인에 대한 시설보호 중심에서 가정에 있는 노인 즉, 재가노인에 대한 보호와 지원으로 전환할 필요성이 인식되기 시작했고(윤현숙, 2004), 이러한 흐름의 영향으로 양로원이나 요양원 등 생활시설 중심에서 재가노인을 위한 이용시설 중심으로 중심축이 이동하게 되었다(시립노원노인종합복지관 20주년 기념집, 2009). 또한 핵가족화에 따른 노인단독세대의 증가, 여성의 사회진출에 따른 맞벌이 부부의 증가, 그리고 부양가족의 질병, 출장 등으로 인하여 전통적 부양체계가 점차 허물어졌고, 이러한 사회적 상황과 가족부양체계의 변화로 재가노인복지사업의 필요성이 제기되었다(윤동성, 2001).

한편, 이 같은 사회적 변화에 대해 일본의 노인복지제도를 연구한 학자들과 일본의 노인복지제도를 잘 알고 있는 노인복지기관 실무자들이 가정봉사원제도의 도입의 필요성을 제안하기 시작하였고 실제로 가정봉사원이라는 이름이 사용된 서비스가 민간에서 제공되었다(김정자, 이경자, 김영옥, 1986). 이후 정부는 가정봉사원파견사업의 필요성과 제도 실시의 가능성에 대한 조사연구를 한국여성개발원에 요청하여 '가정봉사서비스제도에 관한 연구(1986)'를 통해 가정봉사원파견사업의 필요성을 더욱 확실히 인식하게 되었던 것으로 보인다.

또한 당시 1982년 6월 17일 개소하여 저소득층 재가노인을 대상으로 결연사업과 말벗사업을 시행했던 한국노인복지회는 1986년에 영국 Help Age International(영국의 국제노인복지회)의 재정적·기술적 후원에 의하여 가정봉사원파견사업을 최초로 도입하면서(한국재가노인복지협회, 2003) 1987년에 가정봉사원파견사업 계획안을 제안하여 보건사회부와 서울시로부터 가정봉사담당 사회사업가 1명과 유급 자원봉사자 1명의 인건비를 배정받아 우리나라에서 처음으로 정부 지원금을 받는 가정봉사원파견사업(재가노인봉사사업)을 실시하였다(한국노인복지회, 1988; 한국재가노인복지협회, 2003).

이렇게 볼 때 1980년 초반부터 1986년까지는 재가노인복지라는 개념은 공식적으로 사용되지 않았고 그 개념도 명확히 정의된 바도 없었지만, 재가노인복지사업의 가장 핵심적인 가정봉사원파견서비스가 민간에서부터 시작되어 정책당국이 인식함으로써 재가노인복지 서비스의 필요성이 인식된 초기였다고 할 수 있다(최성재, 2000).

1980년 초반부터 1986년까지의 재가노인복지사업의 주요 연혁은 <표 4-1> 과 같다.

〈표 4-1〉 재가노인복지사업 시작전기(1980년대 초반~1986년)

1981년 6월	노인복지법 제정
1982년 5월	경로헌장이 제정되면서 노인문제에 대한 국가차원의 관심이 고양되기 시작함.
1983년	한국노인복지회에서 무의탁 거택보호대상 노인결연 사업을 시작함.
1984년 5월	한국노인복지회에서 전화로 노인상담을 시작함.
1986년	한국사회복지협의회에서 노인결연사업을 함. 민간차원에서 가정봉사원파견사업 실시(한국노인복지회, 은천노인복지회) 한국여성개발원 정부 용역으로 '가정봉사서비스제도에 관한 연구' 실시

2) 1987~1989년

　　1980년대 후반기는 노인문제가 더욱 심각해진 시기였고 특히 노인의 욕구와 문제
가 더욱 다양하게 표출된 시기였다. 그러나 정부차원에서 재가노인을 위한 복지서비
스는 실시되지 못했고, 민간차원에서 그 필요성을 먼저 인식하여 재가노인에게 가정
봉사원을 파견하여 서비스를 제공하는 사업을 국내외 여러 자원을 동원하여 실시하면
서 정부의 관심과 지원을 요구하는 행동을 촉진하게 되었다. 아울러 학계와 복지계도
함께 사업의 중요성과 정부 지원을 요청하는 움직임이 높아져갔다.

　　이와 같은 노력의 결과로 1987년 당시 보건사회부는 가정봉사원을 파견하는 사업
도입 가능성을 검토한 후 시범적으로 가정봉사원을 파견하는 사업을 실시하기로 결정
하고 '노인상담시설 운영비' 명목으로 4,420천원의 예산을 한국노인복지회에 지원하
였다(한국재가노인복지협회, 2003). 이에 따라 한국노인복지회는 서울시에 거주하고
있는 생활보호법상 거택보호 노인(국민기초생활보호법 제정으로 2000년 이후부터
수급권자로 명칭 변경됨)을 대상으로 훈련받은 무급가정봉사원들을 파견하여 가사원
조, 상담서비스를 제공하는 가정봉사원파견사업[5]을 실시하게 된다.

　　시범사업에 대한 결과는 긍정적이었다. 따라서 1989년까지 별도의 지침 없이 '노
인상담시설 운영비' 명목으로 지원되었던 국고지원이 1990년부터 '재가노인봉사사
업비' 항목으로 변경되어 목적과 방침, 운영, 주요 사업내용 등을 내용으로 하는 '재가
노인봉사사업 지원'의 지침을 마련하고, 1986년부터 자체적으로 가정봉사원파견사
업과 데이케어센터(주간보호사업)를 실시하여 온 당시 은천노인복지회도 추가하여
지원을 하게 되었다(이병만, 2006). 1989년 당시 한국노인복지회와 은천노인복지회
2개소에 정부가 지원한 예산은 32,420천원이었다(노인복지사업지침, 1989).

　　이외에도 여러 형태로 가정봉사원파견사업 및 재가노인복지서비스가 나타나기 시
작했는데, 먼저 1989년 서울시는 서울시 단독 지원으로 서울 지역을 한강 중심으로

---

5) 처음에는 통일된 명칭이 없었으며, 1989년 재가노인봉사사업이라고 공식명칭으로 제시하였고,
　1993년 이후에는 가정봉사원파견사업으로 변경됨.

남과 북으로 구분하여 남부노인종합복지관(현 관악노인종합복지관)과 중부노인종합복지관(현 노원노인종합복지관)에서 가정봉사원파견사업을 실시하였다. 뿐만 아니라 1980년대 중반 이후부터 급속하게 늘어나기 시작한 지역사회복지관들도 노인, 장애인 및 소년소녀가장가정 등에 대해 자원봉사자를 이용한 가정봉사원파견서비스를 제공하기 시작하였다(한국재가노인복지협회, 2003). 특히 1989년 6월에 보건사회부 훈령 제458호로 제정된 사회복지관 설치운영규정에 의하여 가정봉사원 파견을 통한 목욕서비스, 식사서비스 등의 재가노인복지서비스가 법정서비스로 규정되기에 이르렀다(보건사회부, 1989).

이와 같이 재가노인을 위한 가정봉사원 파견 및 여러 형태의 서비스가 실시되면서 1989년 12월에 1차 노인복지법 개정을 통하여 "가정봉사서비스", "재가노인"이라는 용어를 공식적으로 사용하기 시작하였으며, 가정봉사원파견사업을 노인복지사업으로 규정하기에 이르렀다. 이로서 정부로부터 가정봉사원파견사업을 지원받을 수 있는 법적 근거가 마련되었다.

이처럼 1987년부터 1989년까지의 시기는 민간 차원에서 먼저 시작한 재가노인복지사업이 점차 활성화되면서 법적 근거와 지침이 마련되어 그간 시설보호를 중심으로 전개되었던 노인복지정책이 서서히 재가노인복지정책을 강조하는 방향으로 전환되기 시작했다. 그러나 재가복지사업의 필요성이 사회적으로 확실히 인식된 반면, 가정봉사원파견사업 외에는 다른 재가서비스가 제공되지 못했고, 서비스의 대상도 저소득층으로 제한하여 자원봉사자에 의한 서비스로 제공되고 있었기 때문에 서비스 질의 수준이 만족스럽지 못했고 실제 도움이 필요한 노인을 포괄하지 못하는 한계점을 지니고 있었다.

1980년 후반인 1987년에서 1989년까지의 재가노인복지사업의 주요 연혁은 <표 4-2>와 같다.

<표 4-2> 재가노인복지사업 시작전기(1987~1989년)

1987년	한국노인복지회 정부 지원금을 받는 가정봉사원파견사업 실시(상담소사업으로 지원)
1989년	· 노인복지사업지침에 재가노인봉사사업 제시, 사업비 지원이 '노인상담시설 운영비'에서 '재가노인봉사사업비'로 변경 · 한국노인복지회, 은천노인복지회의 상담소사업으로 정부지원 · 서울시 지원으로 남부노인복지관(현 관악노인복지관) 및 중부노인복지관(현 노원노인복지관)에서 가정봉사원파견사업 실시
1989년 6월	보건사회부 훈령 제458호로 재가노인복지서비스가 법정서비스로 규정됨.
1989년 12월	1차 노인복지법 개정을 통해 "재가노인"이라는 용어가 공식적으로 사용됨.
1990년	가정봉사원파견사업으로 지원

2. 재가노인복지사업 1기

1) 1990~1991년

1989년 노인복지법 1차 개정안이 반영되기 시작한 1990년부터 1991년까지는 '재가노인봉사사업'이라는 명칭으로 가정봉사원파견사업이 본격적으로 시작된 시기라고 할 수 있다. 재가노인복지사업에 있어 1989년 노인복지법 1차 개정이 갖는 의의는 무엇보다도 가정봉사원파견사업이 재가노인봉사사업이라는 법정 노인복지사업으로 규정되었다는 점이다. 즉, '가정봉사사업', '재가노인'이라는 용어가 공식적으로 처음 사용되면서 재가복지에 대한 관심을 불러일으키는 계기가 되었다. 당시 1989년 노인복지법 1차 개정 법률안의 주요내용은 노인복지정책에 대한 국가의 보다 적극적인 역할과 책임을 강조한 것으로 그 내용 중 하나가 '복지시설기관은 재가노인을 위한 가정봉사원제도 및 필요한 결연사업의 실시를 위하여 노력'으로 명시되면서 재가노인을 위한 가정봉사원파견사업을 노인복지사업으로 규정하는 한편, 노인을 위한 가정봉사원 및 필요한 결연사업의 실시를 위하여 적절한 지원을 할 수 있다고 명시함으로써 가정봉사원파견사업에 대한 사회적 관심을 높이는 계기가 되었다.

이 시기 가정봉사원파견시설에 대한 정부 지원은 1989년 2개소에서 1991년에 1개소(구 충북청주재가노인봉사원)를 추가하여 총 3개소에 그쳤지만, 1991년 한국사회복지협의회의 시·도 지부가 부설로 정부의 지원을 받아 지역복지봉사센터를 설치하면서 가정봉사원으로 활동할 수 있는 자원봉사자를 교육시키는 기능을 담당하여 재가복지사업이 더욱 활성화되는 계기가 되었다. 그러나 시·도 지부 부설 지역복지봉사센터에서는 주로 재가복지 대상자 및 시설복지 대상자를 위한 자원봉사자들의 일반교육만을 실시하고 직접적으로 노인들을 대상으로 하는 가정봉사원 서비스는 제공하지 않도록 되어 있었다(최성재, 2000).

이러한 상황에서 일반 사회복지관에서 가정봉사원 서비스를 제공하기 위해서 정부의 별도 지원이 필요하다는 요청이 있었고 정부는 재가복지사업의 중요성을 인식하여 1992년에 재가복지 사업기관을 획기적으로 확대하기에 이르는데 즉, 105개의 사회복지관 재가복지봉사센터에서 서비스대상자 중 노인을 포함하고, 10개의 재가노인복지사업기관에는 재가노인 대상으로 사업을 실시하게 된다[6](최성재, 2000).

1991년까지 재가노인을 위한 가정봉사파견사업 내용을 살펴보면 우선, 1989년부터 1991년까지 3년간 노인복지사업 지침에 따르면, "재가노인봉사사업은 단독세대 노인들을 정기적으로 방문하여 일상생활에 필요한 각종 서비스를 제공함으로써 노후 생활의 안정을 지원"(목적)하기 위한 사업으로 단독세대 노인을 주 대상으로 하되 저소득계층 또는 정신적·신체적·정서적 장애가 있는 노인세대를 우선 지원하는 것을 기본 방침으로 삼고 있었다. 이 당시 재가노인봉사사업에 명시된 주요사업내용은 정서적 서비스, 가사돕기, 거동부축서비스, 간병서비스, 여가서비스 등으로 사실상 가정봉사원파견시설에서 실시하고 있는 사업의 내용을 담고 있었다. 물론 이 시기는 가정봉사원파견사업이 갓 도입기에 이른 시기로, 사업에 대한 구체적 인식이 형성되지

---

6) 이외 재가장애인복지기관(16개소), 지역복지봉사센터(15개소)에서도 사업을 실시함.

않았던 만큼 그 내용이 간략하게 명시되어 세분화에 이르지는 못했다.

이렇게 1990년부터 1991년까지는 1989년 가정봉사원파견사업이 법정 노인복지사업으로 규정된 이후 전국 각 시·도에서 재가노인의 복지증진을 위한 가정봉사원파견사업을 1992년 적극적으로 실시하는 발판을 마련했던 기간이라고 볼 수 있다.

한편 1991년에는 정부와 서울시 지원으로 가정봉사원파견사업을 실시해 온 4개 시설(한국노인복지회, 은천노인복지회, 중부·남부노인종합사회복지관)은 가정봉사원파견사업의 발전방향 모색 및 직원의 자질향상을 목적으로 '한국재가노인복지협의회(현 한국재가노인복지협회)'를 발족시키는 첫발을 내딛게 되고 이듬해 2월 26일 정부 지원을 받는 8개 시설[7](한국노인복지회, 우리모두복지재단, 영락경로원, 애광원, 노아복지회, 이일성로원, 현양노인복지사업소, 성예요양원)이 모여 창립총회를 가졌다(한국재가노인복지협회, 2003).

1990년에서 1991년까지의 재가노인복지사업의 주요 연혁은 <표 4-3>과 같다.

〈표 4-3〉 재가노인복지사업 1기(1990~1991년)

1990년	가정봉사원 파견시설 2개소(한국노인복지회, 은천노인복지회) 정부지원 지속
1991년	· 시급이상 도시에 재가복지봉사센터 설치 및 운영. · 가정봉사원 파견시설 1개소 추가지원(충북청주재가노인봉사원)으로 총 3개소에 정부지원 됨. · 한국사회복지협의회 시·도지부의 지역사회봉사센터 설치·운영하여 자원봉사자 교육 실시 · 한국재가노인복지협의회(현 한국재가노인복지협회) 발족

---

7) 노인복지사업안내(1992)에서는 1992년 당시 정부지원을 받는 시설은 한국노인복지회, 은천노인복지회, 우리모두복지재단, 애광원, 한국노아복지회, 영락경로원, 현양노인복지사업소, 갈멜산복지회 등 8개소이며, 이일성로원, 광우복지원은 기금으로 지원되는 것으로 명기되어 있어 한국재가노인복지협의회 창립에 참여한 기관명이 명확하지 않음.

〈표 4-4〉 1992년 정부보조금 지원받은 시설 명단

1992년도 명칭	설립 년도	국고 보조금 지원연도	현 센터명	전화	주소	비고
한국노인복지회	1982	1987	재가노인 지원센터	02-26 31-32 12	영등포구 당산동 3가 36	상담소로 시작, 1992년부터 재 가복지로 변경
은천노인상담소	1986. 10.15	1989	은천재가 노인지원센터	02-22 49-05 80	동대문구 장안2 동 298-21	보조금은 상담 소로 지원받다 가 1992년 재 가복지로 변경
우리모두가정봉사 파견센터	1986.12 법인설립	1992. 5월	우리모두 재가노인 지원센터	02-74 4-857 3~4	종로구 이화동 90-11 2층	1984.8부터 용 돈 지원
영락재가노인 복지상담소	1952.11	1992	영락가정 봉사파견센터	031-7 93-93 69	경기도 하남시 풍산동 260번지	1992.1 영락재 가노인복지상담 소 개원
애광원	1992.1.1	1992	애광재가 노인복지기관	051-5 82-07 56	부산시 금천구 장 전 2 동 503-77	재가설치 즉시 국고보조 받음
노아복지회	확인하기 어려움	확인하기 어려움	대덕노인 복지센터	053-6 25-95 23	대구시 남구 대 명11동 1148-3	폐사 타기관 이전 2007 국고보조 받음
이일성로원	1992.1.1	1995	광주노인 복지센터	062-2 66-22 45	광주시 북구 두암2동 456-9	국고 2008년 종결(가파) 방 문요양
현양노인복지 사업소	1991.7.	1992	현양노인 복지센터	043-2 66-09 57	충북 청주시 흥 덕구 심봉동 26-6	
성예노인 재가봉사회	1991.7.1 무료급식 시발	1992	성예노인 복지센터	063-2 21-12 11~2	전주시 완산구 삼 천 동 3 가 774-15	사회복지재단 신명복지 1991.7 노인복 지사업소로 개 소

〈표 4-5〉 한국재가노인복지협회 임원 현황

설립발기인(가나다순)

성명	직위
박서춘	절영사회복지관 관장
박성만	화정노인의 집 소장
배창진	애광원 대표이사
변명순	순애원 원장
오태현	포항종합사회복지관 관장
윤동성	순천종합사회복지관 관장
이병만	은천노인복지회 회장
이부성	우리모두복지재단 소장
임종락	영락노인복지센터 원장
조기동	한국노인복지회 회장

1995~1998년 1대 이사

구분	성명	직위	임기
회장	조기동	한국노인복지회 회장	
이사	박서춘	남광재가노인복지관 관장	1995~1998
	배창진	애광재가노인복지관 관장	
	변명희	순애원 원장	
	윤동성	순창종합사회복지관 관장	
	이병만	은천노인복지회 회장	
	임종락	영락노인복지센터	

2) 1992~1996년

1992년부터 1996년은 제7차 경제사회발전 5개년 계획에서 시설보호에서 재가복지로 사회복지서비스 기본방향의 전환을 강조한 시기로, '재가노인복지사업의 제도적 기반 마련기'로 볼 수 있다. 또한 정부는 1992년부터 재가복지사업에 대해 예산을 투입하기 시작하였으며, '재가복지봉사센터운영지침'을 제정하여 사회복지관과 노인복지사업기관, 장애인종합복지관 내에 재가복지봉사센터가 설치되었다. 따라서 1992년을 우리나라 재가복지사업의 원년이라고 명하는 학자도 있다(김범수, 1996).

재가복지의 원년이라고 말할 수 있는 가장 큰 변화는 재가복지사업의 일원화를 위해 마련된 재가복지봉사센터 설치·운영계획(1991년)에 따라 정부는 1992년부터 전국적으로 전달체계가 비교적 잘되어 있던 종합사회복지관을 중심으로 재가복지봉사센터 144개소를 설치·운영하기 시작했다는 것이다. 62억의 예산으로 시(市)급 이상의 도시지역의 재가복지봉사센터(105개소), 재가노인복지사업기관(10개소), 재가장애인복지기관(16개소), 지역복지봉사센터(15개소) 등 144개소의 시설을 지정하여 재가복지봉사센터를 설치하면서 재가복지서비스의 양적 확대 시기를 맞게 된다.

그러나 1992년 재가복지봉사센터는 노인만이 아닌 장애인, 소년소녀가장까지 대상을 확대하여 재가복지서비스를 제공하여 여전히 생활보호대상자 중심으로만 대상을 국한할 수밖에 없었다는 점에서 재가복지서비스를 필요로 하는 일반 노인을 모두 포괄하지는 못했다. 즉, 재가서비스에 대한 인식과 필요성은 사회적으로 도모되었으나, 제도적으로 서비스 제공 대상을 보편화하지 못해 일반 노인이 서비스를 이용하는 것은 여전히 한계가 있었다.

그러나 1992년 재가복지봉사센터 설치가 확대되는 변화에 따라 당시 보건사회부(현 보건복지부)는 재가노인봉사사업에 대한 지침도 대폭 수정하고 실시주체를 시·군·구로 명시하고 재가노인봉사사업 실시기관에 대해 그 실적을 반년마다 보고하도록 하는 등 관리 시스템도 잡혀가기 시작하였다. 또한 1992년의 노인복지사업 지침을 보면 가정봉사원파견사업인 재가노인봉사사업의 목적을 "심신이 노쇠하여 일상생활

유지에 불편이 있는 노인 가정에 필요한 각종 사회적 서비스를 제공하여 지역사회 내에서 건전하고 안정된 생활을 영위하도록 도와주는 것"으로 보완되어 단독세대 노인이라는 한정된 대상에서 지역사회를 기반으로 한 노인가정으로 범위를 확대하는 등 재가노인봉사사업에 대한 인식이 조금씩 자리를 잡아가고 있음을 보여주었다. 이외에도 사업의 내용은 보다 구체적으로 명시되었는데, 당시 재가노인봉사사업의 주요 사업내용은 상담사업, 결연사업, 노인가족 및 보호자 교육·계몽, 가정봉사원파견사업으로 새롭게 구분, 정리되었다.

1992년의 또 다른 큰 변화의 획은 재가복지봉사센터의 설치로 가정봉사원파견사업이 공식적인 정부지원의 재가노인복지사업으로 된 것과 더불어 1986년 은천노인복지회에서 처음 실시했던 노인데이케어서비스가 1992년에 2개소(은천노인복지회, 한국노인복지회)의 주간보호사업으로 지정되어 정부의 지원을 받았고 6개소[8]의 단기보호사업을 시범적 실시하는 것을 정부가 인정함으로써 재가노인복지사업은 3가지의 프로그램으로 확대된 원년이 되었다(노인복지사업지침, 1992).

따라서 해마다 재가노인복지사업 기관이 증가하기 시작하였는데, 각 사업별 기관 현황을 보면 우선 정부지원을 받는 가정봉사원파견기관은 기금지원을 포함하여 1992년 10개 기관, 1994년 14개 기관, 1995년 23개 기관, 1996년 33개 기관으로 확대되었다. 주간보호사업 기관의 경우는 1992년 2개, 1993년 3개, 1994년 6개, 1995년 9개, 1996년 10개 기관이 되는 등, 1992년 이후 가정봉사원파견사업과 주간보호사업은 현재까지 계속 확대되어 왔다. 반면, 단기보호사업은 정부보조금이 지원되지 않아 1992년에 6개소로 확대된 이후 1995년까지 6개 기관 그대로 1999년까지 변화가 없는 상태였다. 즉 단기보호사업은 예산지원도 없는 상태여서 서비스 이용자도 거의 없어 유명무실한 상태에 있었다(최성재, 2000).

1992년 재가복지의 큰 변화에 따라 1993년 12월에는 '노인복지법'의 개정을 통하

---

8) 재가노인복지협회(2003) 자료에는 4개소로 명시되어 있고 은천노인복지회 이병만 회장의 최근 실증조사에서는 선희간병요양원은 해당되지 않았다고 증언하는 등 단기보호 시범사업 수가 자료에 따라 다르게 명기되어 있음.

여 재가복지사업의 개념이 정의되고, 노인복지사업의 한 종류로서 규정됨으로써 제도화되었다. 또한 재가노인복지사업의 세부사업으로서 가정봉사원파견사업, 주간보호사업, 그리고 단기보호사업이 명시되어 재가노인복지사업 체제가 구축된 중요한 법 개정이 이루어지게 되었다. 더 나아가 재가노인복지사업 관련 시설 설치가 사회복지법인이 아닌 민간기업체나 개인도 시·도지사의 허가를 받아 유료노인복지시설을 설치 운영할 수 있도록 하여 서비스 주체 및 서비스 대상을 확대하는 계기를 마련하였다. 나아가 1995년부터는 재가노인복지사업기관에서 활동하고자 하는 유·무급가정봉사원은 보건복지부장관이 지정한 가정봉사원교육훈련기관에서 교육을 이수하도록 함으로써 재가노인복지사업의 제도화를 이루게 되었다.

한편 가정봉사원파견사업에서 장애정도가 심한 노인을 대상으로 서비스를 제공하는데 무급자원봉사자를 가정봉사원으로 파견하는데 한계가 있다는 평가에 따라 한국노인복지회는 1993년부터 1995년까지 3년 동안 삼성복지재단의 지원으로 유급가정

〈표 4-6〉 가정도우미 관련 자료

구분	주체	책명	페이지	내용
도우미교육	서울시	현대재가복지사업 조기동 70순 기념책	325-326	서울특별시 경우 서울내부자료에 의하면 1999년 8월 현재 서울시 25개 구에서 유급가정봉사원에 해당하는 서울가정도우미 666명을 각 구로 배치하여 노인 3,600명 관리
안희옥 국장	서울시청	노인복지과		각 구청으로 분배됨(1996년 국장으로 근무)
원성춘 관장	북부 노인복지관			1996년 8~9월에 도우미교육을 한 것으로 생각됨(1996년 북부노인복지관 관장)
동대문구청	재가담당자			각 구청으로 배분된 사실을 확인 (2012년 현직)

봉사원제도를 시범적으로 시행하여 1996년에 최초로 유급가정봉사원인 서울시 가정도우미 527명이 서울시로부터 급여(시간급)를 받고 각 구청으로 배치되어 서울시 거주 거택보호 노인을 대상으로 서비스를 제공하게 되었다. 이러한 성과를 바탕으로 1996년부터 가정봉사원파견시설 33개소에 시설당 1-2명의 유급가정봉사원 인건비(월 180만원)가 정부 예산으로 지원되기 시작하였다. 재가노인복지사업 1기에 대한 자료가 충분하지 않아 <표 4-6>에 기록된 인물과 기관지의 도움을 많이 받았다.

〈표 4-7〉 유급봉사자 보조금 받은 내역(은천노인복지회 자료)

년도	금액(보조금)	산출근거
1996년	28,800,000원	800,000원 × 3명 × 12개월
1997년	19,200,000원	800,000원 × 2명 × 12개월
1998년	19,200,000원	800,000원 × 2명 × 12개월
1999년	19,200,000원	800,000원 × 2명 × 12개월
2000년	19,200,000원	800,000원 × 2명 × 12개월
2001년	19,200,000원	800,000원 × 2명 × 12개월
2002년	19,200,000원	800,000원 × 2명 × 12개월
2003년	19,200,000원	800,000원 × 2명 × 12개월
2004년	21,600,000원	600,000원 × 3명 × 12개월
2005년	21,600,000원	600,000원 × 3명 × 12개월
2006년	7,200,000원	600,000원 × 1명 × 12개월
2007년	21,600,000원	600,000원 × 3명 × 12개월
2008년	20,600,000원	600,000원 × 3명 × 12개월
2009년	21,600,000원	600,000원 × 3명 × 12개월

특히 중산층 이상의 노인으로부터 이용요금을 받는 유료가정봉사원도 활동하게 됨으로써 서비스 대상이 일반노인으로 확대하는 계기가 마련되기도 하였다. 따라서 1996년 지침부터는 재가노인복지사업의 대상을 시설 이용 기준에 따라 무료와 실비, 유료로 나누어 명시하기 시작하였다. 지침을 보면, 사업의 대상은 무료의 경우 65세 이상 생활보호대상 노인, 실비의 경우 4인 가족 기준 도시근로자 가구당 월평균 소득의 50% 미만인 가구의 65세 이상 노인, 유료의 경우 무료와 실비사업대상 이외의 60세 이상의 일반노인으로 정하였다.

1992년에서 1996년까지의 재가노인복지사업의 주요 연혁은 <표 4-8>과 같다.

〈표 4-8〉 재가노인복지사업 1기(1992~1996년)

1992년	· 한국재가노인복지협의회(현 한국재가노인복지협회) 창립총회 · '재가복지봉사센터운영지침'의 제정 및 재가복지봉사센터 144개소 설치 · 운영 · 주간보호사업 2개소, 단기보호사업 6개소 설치
1993년	· 노인복지사업 지침에 '주간 및 단기노인보호 시설 운영 지침' 명시 · 노인복지법의 2차 개정으로 노인복지사업의 한 종류로 재가복지사업이 규정되고 세부사업으로 가정봉사원파견사업, 주간보호사업, 그리고 단기보호사업 명시 · 한국노인복지회에서 삼성복지재단 지원으로 유급가정봉사원제도를 시범적으로 시행
1995년	· 1993년 노인복지법 제2차 개정안이 반영되기 시작 · 가정봉사원양성교육훈련에 관한 사항을 노인복지법에 제시
1996년	· 최초로 유급가정봉사원인 가정도우미 527명(각 구청 배치)이 서울시로부터 급여를 받고 서비스 제공 · 사업 대상을 무료, 실비, 유료로 구분 · 단기보호사업 10개소 국고지원 시작

3. 재가노인복지사업 2기

1) 1997~1999년

　재가노인복지사업 2기는 재가노인복지사업 관련 제도적 체제의 구축기임과 동시에 사업의 양적 확대기라고 할 수 있다. 그 시작은 제7차 경제사회발전 5개년 계획에 따라 노인복지정책이 재가노인복지사업을 중심으로 전환된 이후 재가복지사업은 1997년 노인복지법의 전문개정을 통해 한국형 재가노인복지사업의 체제를 제시했다. 즉, 재가노인복지사업의 종류에 가정봉사원양성교육사업이 추가되어 재가노인복지사업을 가정봉사원파견사업, 주간보호사업, 단기보호사업, 가정봉사원양성교육사업 등 4개 사업으로 확정하였다. 또한 세부사업별로 유형화된 재가노인복지시설을 법정 노인복지시설로 규정, 노인복지시설의 유형을 크게 주거복지시설, 의료복지시설, 재가노인복지시설 및 여가복지시설로 구분한 범주에 속하게 되었다.

　이 시기 재가노인복지사업 관련 제도의 주요변화를 살펴보면 1997년에 노인복지사업 지침에 가정봉사원의 교육훈련의무와 교육훈련기관이 명시되었고, 실비대상 노인이 4인 가족 기준 도시근로자 가구당 월평균 소득 미만 가구의 65세 이상 노인으로 확대되었다. 1998년에는 재가노인복지사업의 실시 목적이 "정신적, 신체적인 이유로 혼자서 일상생활을 수행하기에 불편이 있는 노인가정에 대하여 필요한 각종 서비스를 제공함으로써 지역사회 내에서 가족 및 친지와 더불어 건전하고 안정된 생활을 영위할 수 있도록 하고 가족의 수발부담을 덜어주도록 함"으로 수정되어 '가족의 수발부담 경감'이 목적에 포함되었다.

　1999년 노인복지법 7차 개정은 정부가 마련한 행정규제기본법에 의한 규제정비계획에 따라 노인복지시설에 대한 규제를 완화하는 것을 목적으로 하고 있었다. 때문에 개정안의 주요내용은 시설운영의 자율성을 높이는데 맞추어져 있었다. 또한 2000년부터는 국민기초생활수급자가 아닌 65세 이상의 노인 중 그 부양의무자로부터 적절한 부양을 받지 못하는 자를 무료 대상자에 새롭게 포함시키기 시작하였고, 이 내용은

2002년까지 유지되는데, 다만 이를 다룬 항목이 '사업대상'에서 '이용대상'으로 변경되었다.

한편, 이 시기는 '세계노인의 해'로 보건복지부는 1999년에 고령사회를 대비한 「노인보건복지 중장기 발전계획」을 발표하였다. 2000년 고령화사회로의 진입에 이어 2019년에는 고령사회로 2026년에는 초고령사회로 들어설 것으로 예견되면서 종합적인 노인복지대책 마련이 시급하게 요구되었기 때문이다. 「노인보건복지 중장기 발전계획」은 노인문제의 현황을 진단하고 2003년까지 정부에서 중점적으로 추진할 노인보건복지 기반을 조성한다는 목표 아래 경로연금 대상자 확대 및 지급액 인상, 치매노인 보호 체계 완비, 독거노인 보호체계 확립, 지역봉사지도원제를 통한 자원봉사 활성화와 더불어 재가복지서비스 기반 확충 등 5개 분야 주요 시책을 제시하였다.

이중 재가노인복지사업과 관련한 내용을 살펴보면 치매노인과 관련하여 시·군·구 보건소에 '치매상담신고센터'를 설치하고, 일차적으로 가정에서의 치매노인 보호를 위하여 재가복지봉사센터 등을 통한 간병 및 주간·단기보호 서비스를 확대하기로 하였다. 또 지역사회 치매노인 보호대책 강화를 위하여 치매노인 가족모임, 지역의 사회단체운동 활성화에 주력하는 한편 신원 확인 팔찌를 개발·보급하고, 경찰관서, 노인복지시설 등을 연계하여 치매노인의 실종을 예방할 수 있도록 하였다.

또한 독거노인의 영양상태 개선을 위한 Food Bank 사업을 활용, 급식서비스를 제공하도록 하고, 노인이 가정에서 각종 서비스를 받을 수 있도록 가정봉사원파견사업, 주간 및 단기보호사업을 위한 재가복지시설을 130개소(25천명)에서 250개소(50천명)로 확대하기로 하였다.

한편, 재가노인복지사업의 중요성이 부각되는 것과 동시에 노인보호의 보편화 서비스로 장기요양보호제도에 대한 필요성이 제기되기 시작하였다. 당시 사회복지학계 교수 출신인 차흥봉 보건복지부 장관 취임과 함께 노인장기요양보험을 검토하면서 노인복지종합대책을 대통령에게 보고하고 2000년 '노인장기요양보호정책기획단'(사무국: 한국보건사회연구원)을 설치하여 재가노인복지사업의 가장 큰 변화의 획이 그

<표 4-9> 재가노인복지사업 2기(1997~1999년)

1997년	· 노인복지법 5차 개정으로 재가노인복지사업에 가정봉사원파견사업, 주간보호사업, 단기보호사업, 가정봉사원교육사업이 포함 · 재가노인복지시설 규정 및 가정봉사원 교육훈련의무, 교육기관설치 명시, 시설평가제 도입
1998년	재가노인복지사업 실시 목적 내용에 '가족의 수발부담 경감'이 포함
1999년	· 노인복지법 7차 개정으로 노인복지시설에 대한 규제완화로 시설운영의 자율성을 높이는 계기 · 무료대상에 65세 이상 노인 중 부양의무자로부터 적절한 부양받지 못하는 자를 포함 · 보건복지부는 '노인보건복지 중장기 발전계획'을 발표, 재가노인복지사업과 관련된 내용 포함

* 가정봉사원 교육사업은 1996년부터 시작된 것으로 확인됨.

어지는 해를 맞이하게 된다.

1997년에서 1999년까지의 재가노인복지사업의 주요 연혁은 <표 4-9>와 같다.

2) 2000~2004년

2000년 이후부터 우리나라 노인복지정책은 새로운 전환기이자 이에 따른 '재가노인복지사업의 확장기'라 할 수 있다. 그 배경에는 고령인구의 급속한 증가로 인한 돌봄체계 구축의 미비가 사회의 위기문제로 부각되었기 때문이다. 따라서 2000년 고령화사회로의 진입 이후 우리나라는 노인복지에 대한 종합적인 대책마련이 요구되는 주요한 전환기를 갖게 된다. 즉, 그간의 정책이 노인을 대상으로 한 노인복지정책의 수행을 위해 제도적 기반 마련에 초점이 맞추어져 왔다면, 2000년대 이후는 고령사회에 대비한 노인보건복지의 종합대책을 마련하는데 주력하게 되었다.

이에 보건복지부는 고령사회에서 크게 문제화되고 있는 노인의 신체적 부양문제, 즉 장기요양문제가 우리나라에도 조만간 다가올 것이라는 인식 아래 2000년 보건복지부 내에 '노인장기요양보호정책기획단'을 설치하고 고령화사회에 대비하는 「노인장기요양보호대책」을 마련, 2001년부터 정부시책에 반영하기 시작하였다. '노인 장기요양보호정책기획단'은 2001년부터 재가노인복지사업을 중점 지원·육성하기로 하고 가족기능 강화, 지역사회 민간봉사활동 참여활성화, 재가노인복지사업의 대폭 확대라는 세 가지 기본 방침에 따라 구체적인 사업 시책을 마련하고 나섰다.

기획단은 2005년까지 가정봉사원파견시설 258개소, 주간보호시설 455개소, 단기보호시설 444개소 등 총 1,157개소의 재가노인복지시설이 필요하다고 추정, 이의 설치·확대에 주력하고 주간보호센터의 유형을 경증, 중증, 치매노인중심센터 등으로 구분하는 등 노인의 특성에 맞는 서비스가 제공될 수 있도록 하겠다고 밝혔다. 또 2004년 4월부터 치매, 중풍 등 노인성질환으로 거동이 불편하여 무료 경로식당을 이용하기 어려운 노인에게 무료로 식사를 배달해주는 식사배달서비스를 실시하기로 하고, 가정봉사원파견사업, 식사배달사업, 푸드뱅크, 지역봉사단체 등과의 연계 강화로 지역사회 치매노인 지원시스템을 구축하겠다는 것 등을 계획에 포함시켰다.

이와 함께 2002년 국무총리실 산하 '노인보건복지대책위원회'가 수립한 「노인보건복지종합대책」 역시 전환기에 이른 노인복지정책의 방향을 가늠하는 주요한 자료가 될 수 있겠다. 즉, 정부는 보건복지부만의 정책계획으로는 인구고령화에 대한 적절한 대응이 이루어질 수 없다는 판단 하에 2001년 말 국무총리실 산하에 '노인보건복지대책위원회'를 구성하고 2002년 7월 고령사회에 대비한 「노인보건복지종합대책」을 수립하였다.

「노인보건복지종합대책」은 노인의 다양한 복지욕구에 대응하기 위한 총체적·보편적 복지체계 구축이라는 추진 전략 하에 주요정책 과제 중 재가복지 인프라를 확충하는 것을 주요 정책과제로 삼고 주간보호시설, 단기보호시설, 가정봉사원파견시설과 인력을 지속적으로 확충하기로 하는 한편, 장기요양대상노인의 복지요구에 대응하기 위해 지역사회 재가노인복지시설을 지속적으로 늘려가기로 했다. 또한 가족동거여부 및 주간·야간 등 시간대별 수요 등을 고려하여 시설을 확충하고 서비스를 차별화시킨다는 계획이 포함되었다. 그리고 중산·서민층의 실비보호를 확대하기 위해 실비노인요양시설을 확충하고 입소자의 자격기준을 완화하는 등의 계획이 수립됨에 따라 2003년부터 중산·서민층 노인보호를 위한 실비주간보호사업이 실시되기 시작하였다.

한편, 정부는 2003년 3월 17일 공적노인요양보장제도 실행모형 개발을 위해 '공적노인요양보장추진기획단'을 발족하고, 고령화 사회에 대비해 노인의 자립생활지원 및 가족부담 경감과 증가하는 노인요양비 및 노인의료비 문제에 효율적으로 대응하기 위해 요양보호욕구가 있는 모든 노인이 필요한 서비스를 이용할 수 있는 보편적인 「공적노인요양보장제도」를 도입할 것을 밝혔다. 아울러 당시에는 이 제도의 중추인 서비스는 역시 재가복지임을 명확히 하였다(공적노인요양보장추진기획단, 2003).

또한 2003년 9월 대통령 직속 기구로 '인구·고령사회 대책 기획단'을 발족하여 급속한 고령화에 따른 국가차원의 종합대책을 추진하였다. 기획단의 기능 중에는 고령화에 따른 다양한 측면의 방법을 강구하는 것 안에 의료·요양보장 방안을 마련하는 것을 포함하여 노인의 의료 및 요양이 사회적 관심과 주요하게 대책을 마련해야 할 정책으로 대두되었다(인구·고령사회대책기획단 규정, 2003).

당시 재가노인복지사업 현황을 살펴보면, 2003년에 가정봉사원파견서비스를 실시하는 기관이나 단체는 120개소에서 국고의 지원으로 파견사업 실시를 위탁받고 있었으며, 국고지원을 받지 않고 서비스를 제공하는 가정봉사원 기관까지 포함할 때 전국적으로 가정봉사원파견사업 실시기관이나 단체의 수는 200여 개소에 달하고 있다고 추정되었다(보건복지부, 2003). 그러나 재가노인복지사업 관련 정부의 총 예산은 증가하였으나, 각 기관별로 배분되는 보조금은 거의 동결 수준이거나, 평가에 의한 차등지원으로 실제 운영에 있어 어려움은 해결되지 않았으며, 2005년에는 재가노인복지사업이 지방으로 이양되어 보조금이 일부지역을 제외하고 예산이 삭감 또는 동결되거나, 지역 간 격차가 발생하면서 운영의 어려움이 더 높아진 시기이기도 하다(이형숙, 2007).

따라서 이 시기는 고령사회에 대비한 보편적 노인요양제도 도입에 대해 사회와 정부 모두의 관심은 집중된 반면, 재가노인복지 서비스의 양적 증가에 비해 나날이 다양

〈표 4-10〉 재가노인복지사업 2기(2000 ~2004년)

2000년	보건복지부 내에 '노인장기요양보호정책기획단' 설치
2001년	'노인장기요양보호대책'을 정부시책에 반영하기 시작
2001년 말	국무총리실 산하 '노인보건복지대책위원회' 구성
2002년 7월	고령사회 대비한 '노인보건복지종합대책' 수립
2003년	중산·서민층 노인보호를 위한 실비주간보호사업이 실시되기 시작
2003년 3월	'공적노인요양보장추진기획단' 발족
2003년 9월	대통령 직속 기구로 '인구·고령사회 대책 기획단' 발족
2003년	가정봉사원파견서비스 기관 120개소가 국고지원으로 위탁 실시

해지고 있는 재가노인의 욕구를 충족할 수 없는 제도적 한계로 인한 제한된 서비스 제공과 재가노인복지사업 재원의 부족으로 사업 기관 운영의 어려움은 여전히 해결되지 않은 시기였다고 평가된다.

2000년에서 2004년까지의 재가노인복지사업의 주요 연혁은 <표 4-10>과 같다.

4. 재가노인복지사업 3기(2005년 이후)

재가노인복지사업 3기인 2005년 이후의 키포인트는 노인장기요양보험제도라 할 수 있다. 물론 2005년부터는 재가노인복지사업의 운영을 지방이양사업으로 추진하여 국가 차원의 부담은 줄었다고 볼 수 있으나, 시설의 안정성 있는 재가노인복지사업 운영은 예산 문제와 여러 가지 문제들로 인해 점차 어려워지게 된 변화도 있었다. 그러나 단연 이 기간의 화두는 노인장기요양보험제도 실행과 관련한 재가노인복지사업의 혼동과 새로운 정체감 형성의 필요성이 제기된 시기라는 것이다.

우리나라는 2000년에 들어서면서 노인과 관련하여 총체적·보편적 복지체계 구축이라는 추진 전략 하에 주요정책 과제 중 재가복지 인프라를 확충하는 것을 주요 정책과제로 삼고 장기요양대상 노인의 복지요구에 대응하기 위해 지역사회 재가노인복지사업을 강조하는 방향으로 흘러가는 듯 했다. 그러나 최종적으로 2008년 7월부터 실시된 장기요양보험제도는 자율시장 경쟁 원리가 도입됨에 따라 재정조달 방식이 기존의 정부지원 방식에서 서비스 수가 체계에 의한 조달 방식으로 전환되었고, 대상자 선정방법에 있어서도 신체기능과 소득기준을 통해 재가복지서비스 대상자를 선정한 반면, 노인장기요양보험체계에서는 신체 및 인지의 기능을 중심으로 대상자를 선정하고 있어 제도 도입 초기부터 최근까지 기존 재가노인복지사업 기관들은 혼란과 혼동을 경험하는 결과를 가져왔다.

그러나 각 시설의 혼란 속에서 2007년 4월 27일에는 노인장기요양보험법이 제정되었다. 이는 65세 미만의 자 중에서 노인성 질병으로 인하여 장기요양이 필요한 국민에게 장기요양 서비스를 제공하겠다는 근거가 마련된 것으로 시설급여와 재가급여, 그리고 서비스를 제공하는 요양보호사의 범위와 자격이 명시되어 있다. 또한 2007년 8월 3일에는 노인복지법 개정을 통해 노인장기요양보험 도입에 대비하여 노인복지시설 중 노인주거복지시설, 노인의료복지시설, 재가노인복지시설을 통합·개편하고 종전 "가정봉사원교육기관"은"요양보호사교육기관"으로 대체하였다.[9]

재가급여와 관련된 재가노인복지시설은 "가정봉사원파견시설"을 이용자 중심의 '방문요양서비스'로, '주간보호시설'을 '주·야간보호서비스'로, '단기보호시설'을 '단기보호서비스'로 각각 개편하고, 재가노인서비스의 종류에 방문목욕서비스를 신설하여 이 중 하나의 서비스를 제공하는 시설을 "재가노인복지센터"로 명칭을 통일하였고 방문요양, 방문목욕, 방문간호, 주·야간 및 단기보호 등의 서비스를 종합적으로 제공하는 시설을 재가노인지원센터로 운영할 수 있게 하여 "노인복지센터"로 규정하였다.[10]

---

9) 노인장기요양보험제도의 도입에 따른 재가노인복지사업의 변화에 대해서는 다음 장에서 좀 더 자세히 살펴보도록 하겠다.
10) 노인장기요양보험제도에서 장기요양급여 중 재가급여는 방문요양, 방문목욕, 방문간호, 방문간호, 주·야간보호, 단기보호, 복지용구이지만, 방문간호서비스와 복지용구를 제공하는 기관은 노인복

반면, 2010년 3월에는 장기요양보험 관련 재가급여 외에 '재가노인지원서비스'를 신설하였다. '재가노인지원서비스'는 경제적·정신적·신체적인 이유로 독립적인 일상생활을 영위하기 어려운 노인과 복지사각 지대 노인들에게 방문요양 일상생활지원을 비롯한 각종 필요서비스를 제공함으로써 지역사회 내에서 건강한 생활을 영위하는 데에 어려움이 없도록, 예방적 복지 실현 및 사회안전망 구축을 목적으로 방문요양 서비스 내용을 제외한 서비스를 계획하여 제공한다(노인보건복지사업안내, 2011). 예를 들면 일상생활지원, 정서지원, 주거환경개선지원, 후원·결연서비스 등의 직접서비스와 사회안전망을 구축하는 간접서비스, 그리고 긴급지원사업 등이다.

　재가노인복지사업의 이용대상자는 노인장기요양보험 대상인 '장기요양급여수급자'만이 아니라 '장기요양급여수급자 이외의 자(등급외자) 중 기초수급권자 및 부양의무자로부터 적절한 부양을 받지 못하는 자로서 혼자서 일상생활을 수행하기 어려워 재가서비스의 제공이 필요한자(시·군·구청장 의뢰)', 2008. 7. 1일 이전에 국가 및 지방자치단체로부터 운영비를 지원받는 시설을 이용하고 있는 등급외자 중 "기초수급권자" 및 "실비이용자"로 명시하고 있으며, '재가노인지원서비스'의 경우는 기타 자연재해 등으로 긴급지원이 필요한 노인을 포함하고 있다.

　장기요양보험제도 실시 초기에는 제도의 패러다임과 틀 안으로 기존 재가노인복지사업을 모두 포함하려는 방향이었으나, 기존 대상자의 장기요양급여 대상자 탈락, 지역의 재가노인복지의 사각지대 발생 등의 문제로 기존 재가노인복지사업의 일부를 다시 인정하므로 노인장기요양보험제도 실시 이후 새롭게 재가노인복지사업의 재정립이 필요한 시기가 되었다. 따라서 앞으로 재가노인복지사업은 장기요양보호서비스와 더불어 예방적 서비스를 제공할 수 있도록 개념, 대상, 서비스 내용 등의 논의가 좀 더 광범위하고 적극적으로 개진되고 그 결과로 재가노인복지사업의 정체감 형성의 기틀이 되도록 해야 할 것이다.

　2005년 이후 재가노인복지사업의 주요 연혁은 <표 4-11>과 같다.

　지법에 의한 노인복지시설은 아니며 노인장기요양보험법에 따라 설치신고된 재가장기요양기관임.

〈표 4-11〉 재가노인복지사업의 확장기(2005년 이후~)

2005년	재가노인복지사업의 운영을 지방이양사업으로 추진하여 실시
2005년 3월	노인복지법 일부개정: '가정봉사원교육기관 설치 시·군·구에 신고'로 개정
2007년 4월	노인장기요양보험법 제정
2007년 8월	노인복지법 개정, 노인복지시설의 통합·개편 및 방문목욕서비스 신설
2008년 4월 4일	재가노인복지시설로 명칭을 통일하고 서비스 종류로 구분: 방문요양서비스, 주·야간보호서비스, 단기보호서비스, 방문목욕서비스
2008년 7월	노인장기요양보험제도 시행 재가노인복지사업에서 사용되는 다양한 시설의 명칭은 ○○노인복지센터로 일원화
2009년	이용대상자에 '장기요양급여수급자'란 용어가 명시
2010년 3월	재가노인지원서비스 신설
2011년	서비스 제공 유형별 명칭 통일 –재가노인복지 서비스를 제공하는 기관: 00재가노인복지센터 –재가노인지원센터 운영: 00노인복지센터 –재가노인지원서비스: 재가노인지원서비스센터(선택사항)

5장 노인장기요양보험제도 도입에 따른 변화

1. 노인장기요양보험제도 도입과 발전과정

1) 노인장기요양보험 도입배경

2007년 4월 2일 국회를 통과하여 2008년 7월 1일부터 시행된 노인장기요양보험제도는 2001년 8.15 대통령 경축사에서 제도의 도입을 역설한 것으로 시작되었다고 보지만, 사실 노인장기요양보험제도의 시작은 보건복지부 내 '노인장기요양보호정책기획단'을 설치하면서 시작되었다. 이 기획단에서 2000년에 고령화사회에 대비하는 「노인장기요양보호대책」을 마련, 2001년부터 정부시책에 반영하기 시작하였다. '노인장기요양보호정책기획단'은 2001년부터 재가노인복지사업을 중점지원·육성하기로 하고 가족기능 강화, 지역사회 민간봉사활동 참여활성화, 재가노인복지사업의 대폭 확대라는 세 가지 기본 방침에 따라 구체적인 사업 시책을 마련하고 나섰다.

기획단은 2005년까지 가정봉사원파견시설 258개소, 주간보호시설 455개소, 단기보호시설 444개소 등 총 1,157개소의 재가노인복지시설이 필요하다고 추정, 이의 설치·확대에 주력하고 주간보호센터의 유형을 경증, 중증, 치매노인중심센터 등으로 구분하는 등 노인의 특성에 맞는 서비스가 제공될 수 있도록 하겠다고 밝혔다. 또 2004년 4월부터 치매, 중풍 등 노인성질환으로 거동이 불편하여 무료 경로식당을 이용하기 어려운 노인에게 무료로 식사를 배달해주는 식사배달 서비스를 실시하기로 하고, 가정봉사원파견사업, 식사배달사업, 푸드뱅크, 지역봉사단체 등과의 연계 강화로 지역사회 치매노인 지원시스템을 구축하겠다는 것 등을 계획에 포함시켰다.

이와 함께 2001년 말 국무총리실 산하에 '노인보건복지대책위원회(총괄간사: 변재관)'를 구성하고 2002년 7월 고령사회에 대비한 「노인보건복지종합대책」을 수립하였다. 「노인보건복지종합대책」은 특히 재가복지 인프라를 확충하는 것을 주요 정책과제로 삼고 주간보호시설, 단기보호시설, 가정봉사원파견시설과 인력을 지속적으로 확충하기로 하는 한편, 장기요양대상노인의 복지욕구에 대응하기 위해 지역사회 재가노인복지시설을 지속적으로 늘려가기로 했다. 또한 가족 동거여부 및 주간·야간 등 시간대별 수요 등을 고려하여 시설을 확충하고 서비스를 차별화시킨다는 계획이 포함되었다.

한편, 정부는 2003년 보건복지부 산하에 「공적노인요양보장추진기획단」을 구성·운영하면서, 노인수발보험제도 시행에 필요한 기본적인 사항을 검토·제시하였다. 동 기획단에서 제시된 기본골격을 토대로 2004년에는 「공적노인요양보장제도실행위원회」와 「실무기획단」을 설치·운영하면서 제도운영 방식, 재원조달 및 분담방안, 관리운영체계, 급여범위 및 요양수가 체계 등에 대한 구체적인 실행모형을 개발하였다. 2005년에는 실행위원회에서 건의한 실행모형을 토대로 구체적인 시행방안을 마련하고, 그 해 5월 당·정 협의회를 통해 "노인수발보험제도 기본안"을 확정하였다.

2005년 당시 노인수발보장법 제정안의 주요 내용을 보면, 수발보험료의 산정·징수는 건강보험료에 노인수발보험료율을 곱하여 산정, 건강보험료와 통합 징수, 신청대상 및 판정절차는 65세 이상 노인 또는 65세 미만 치매 등 노인성 질병을 가진 자로,

건강보험공단 직원의 방문조사, 수발등급판정위원회에서 수급자 여부를 판정, 수발급여의 종류는 재가수발(가정수발, 목욕수발, 간호수발, 주·야간보호, 단기보호수발)과 시설수발(노인요양시설 등에서 제공하는 수발급여) 및 특별현금급여(가족수발비, 특례수발비, 요양병원수발비)로 나눠지며, 급여 부담은 본인 일부부담 및 국가·지자체 부담으로 수급자는 재가수발 및 시설수발 급여비용의 20%를 부담(기초수급자는 본인부담 면제, 저소득층에 대해서는 경감규정 마련)하며, 관리운영기구는 국민건강보험공단으로 한다는 내용을 담고 있다.

이후, 2005년 10월 입법예고를 거쳐 2006년 2월 정부입법으로 국회 제출되어 2007년 4월 2일 국회 본회를 통과한 후 국무회의 의결을 거쳐 4월 27일에 제도가 공포되었다. 그러나 심의과정에서 초기 안으로 제출한 '노인수발보험법'이 '노인장기요양보험법'으로 변경되었고, 이외에도 대상자 및 본인부담금에 대한 일부 조정을 거친 후 2007년 6월 8일 시행령과 시행규칙을 입법 예고한 후 2008년 7월 제도가 시행되었다. 이 과정에서 제도의 안정적인 정착을 위하여 2005년 7월부터 2008년 6월까지 3차례에 걸쳐 시범사업이 실시된 후 본격적으로 장기요양보험이 시행되었다.

<표 5-1>은 노인장기요양보험 도입과정을 정리한 것이다.

〈표 5-1〉 노인장기요양보험 도입과정

2000년 12월 노인장기요양보호정책기획단에서 '장기요양보호 종합대책' 내놓음.
2001년 8월 '장기요양보호 종합대책'을 근거로 김대중 대통령 8.15 경축사에서 '노인요양보험제도 도입' 제시. 2001년부터 장기요양제도와 관련해 '보험'이라는 용어가 대통령과 보건복지부 공식적 발표마다 거론됨.
2002년 노무현 대통령 공약사항에 노인장기요양제도 도입 포함되면서 가시화됨.
2002년 2월 공약 실천을 위해 대통령직인수위원회가 요양보호노인(40만 명) 위한 공적제도 도입 추진 계획 수립
2002년 10월 총리실 '노인보건복지종합대책 실행계획' 발표
2003년 3월 '공적노인요양보장 추진기획단'이 구성되면서 제도 시행을 위한 작업 시작: 노인장기요양보험제도 시행에 필요한 기본적인 사항을 검토
2004년 4월 대통령 업무보고를 거침(중점토의 과제로 채택). 보건복지부는 2007년 시행을 목표로 공적노인요양보장제도 계획을 확정
2004년 1월 '참여정부 5개년 계획' 발표

2004년 2월 '공적노인요양보장 추진기획단' 해산

2004년 3월 '공적노인요양보장제도 실행위원회' 운영: 노인장기요양제도를 사회보험방식으로 운영할 것이 제안되기 시작. 구체적인 실행모형을 개발

2004년 4월 보건복지부 직제를 노인보건과에서 노인요양보장과로 개편

2005년 3월 국민건강보험공단에서 '노인수발보험실행준비단' 발족: 2008년 6월까지 3차례에 걸친 시범사업 시행

2005년 5월 당·정 협의 통해 '노인장기요양제도 기본안' 확정: 사회보험방식으로 도입하되, 2008년에 시행하는 것으로 함. 별도의 기관(가칭: 요양관리원)을 설치해 평가판정과 케어플랜, 급여심사, 서비스 질 평가 등 요양서비스에 관한 관리를 담당하는 것이 제기됨.

2005년 7월 노인요양보장법 초안 마련. 1차 시범사업 시작: 6개 시·군·구 65세 이상 노인을 대상으로 실시

2005년 8.26 제2차 평가운영위원회에서 법안 초안 발표: '노인수발보장법'이라는 명칭으로 보험자를 국민건강보험공단이 하되, '노인수발보장평가관리원'을 신설하여 전문적인 업무를 수행하도록 함.

2005년 9월 입법예고를 위한 공청회

2005년 10월 입법예고 거쳐 규제개혁위원회와 법제처의 심사 거침.: 이 과정에서 법의 명칭이 '노인수발보험법'으로 변경되고, 수발평가원의 업무규정이 대폭 축소

2006년 1월 수발평가원의 설치가 백지화된 상태에서 법안이 장관의 승인을 받게 됨. 이후 기획예산처, 차관회의를 차례로 통과

2006년 2.7 국무회의 통과

2006년 4월 2차 시범사업 시작: 8개 시·군·구 65세 이상 노인을 대상으로 함.

2006년 4.2 '노인장기요양보험법'이라는 명칭으로 국회 본 회의 통과. 이 과정에서 6명의 국회의원(정형근, 안명옥, 김춘진, 현애자, 장향숙, 고경화)에 의한 의원입법안이 보건복지위원회에 제출됨.

2006년 9.18 장기요양법안을 일괄상정

2006년 11.2 공청회 개최: 수급자범위, 관리운영주체, 재원부담에 대한 각계의 입장 밝히고 질의응답으로 진행함. 법안심사 소위원회 통과

2007년 2월 임시국회 개회, 의원들의 본인부담율 인하요구 제기. 그러나 보사부에서 수용하지 않음.

2007년 4.2 국회통과(부대결의내용 포함)

2007년 4.27 법률 제8403호로 노인장기요양보험법 공포

2007년 5월 3차 시범사업실시: 13개 시·군·구 65세 이상 노인을 대상으로 함.

2008년 4.15 장기요양보험제도 수급자 신청 받기 시작함.

2008년 7.1 본격적으로 노인장기요양보험제도 시행

2008년 7.18 7.18 기준으로 총 254천명이 장기요양보험제도 수급자 신청: 23만명 방문조사 실시, 18만 3천명에 대해 등급판정 완료 및 결과통보

한편, 2005년 7월부터 3년간 실시된 시범사업은 등급판정·수가·비용지불 등 운영체계 기술적인 부분 검증, 그리고 법 안에 있는 등급판정·서비스 이용지원 체계, 급여범위 및 내용, 수가산정, 서비스 이용시 본인부담 등 본사업과 유사한 형태 운영 및 검증을 주 사업 내용으로 삼고 이를 단계적으로 실시하였는데, 1차에서 3차까지의 시범사업 내용 비교는 <표 5-2>와 같다.

보건복지부에서는 장기요양보험의 처음 명칭이었던 '노인수발보험제도'를 2005년 7월부터 2008년 6월까지 3회에 걸쳐서 시범사업을 실시하고 1차 시범사업 결과를 발표하였다. 수발인정신청은 6개 시·군·구 기초수급노인 중 29.7%가 신청하였다. 평가판정 결과 1등급은 1.3%, 2등급은 1.8%, 3등급은 3.6%로 경중을 제외한 수발필요도가 높은 중증 이상의 1~3등급 총 비율은 6.7%로 나타났다. 평가판정위원회는 총 42회 개최되었으며, 지역 당 평균 6회 개최되었고, 회당 평균 판정건수는 80.1건이었다. 평가판정위원회의 내역별 판정비율은 심의건 31.1%이었으며, 심사건은 68.9%이었다. 심의건은 방문조사와 의사소견서 내용이 상이할 경우 토론을 통하여 결정하는 대상이며, 심사건은 일치하는 경우이다. 보건사회연구원과 노인수발 실행위원회에서 개발한 평가 판정도구를 시행해 본 결과 기본체계는 적절하나, 부분적으로 보완이 필요한 것으로 평가되었다. 평가판정기준은 ADL(일상생활수행능력) 12항목, 간호처치 및 재활 21항목, 인지기능 8항목, 문제행동 10항목 총 51항목으로 구성하여 기능평가가 수행되어 수발인정기간이 90분 이상이면 1등급으로 35분~40분 미만이면 5등급으로 판정하였다. 노인수발보험 1차 시범사업에서는 수가를 개발하여 집에서 받는 재가서비스로 가정수발, 주간보호, 단기보호, 간호수발서비스를 제공하였고, 시설에 입소하여 수발을 받는 시설서비스를 제공하였다. 재가서비스는 등급별 월 이용한도액 내에서 가정수발, 주간보호, 단기보호서비스를 이용하도록 하였다. 가정수발 수가는 1회당 120분까지 제공하였으나 1회당 수발시간이 더 필요하다는 지적이 있었고, 원거리 교통비 등에 대한 보상마련이 있어야 함이 지적되었다. 노인수발보험에서 가정, 수발 수가는 A형, B형, C형으로 구분하여 수가를 정하는데, A형은 60분 기준으로 1회 방문당 14,830원, B형은 90분 기준으로 1회 방문당 19,450

원, C형은 120분 기준으로 1회 방문당 24,070원이다.

〈표 5-2〉 1~3차 시범사업 내용 비교

구분	1차 시범사업	2차 시범사업	3차 시범사업
대상 지역	6개 시군구 (광주남구, 수원, 강릉, 안동, 부여, 북제주군)	8개 시군구 (1차 시범지역 외 부산북구, 전남완도 추가 지정)	13개 시군구 (2차 시범지역 외 인천부평, 대구남구, 충북청주, 전북익산, 경남하동 추가)
시범 기간	2005.7~2006.3	2006.4~2007.4	2007.5~2008.6
적용 대상	65세 이상 기초생활수급노인(1-5등급: 2,050명)	65세 이상 일반노인(1-3등급: 약 5,200명) ※ 재가서비스 이용 기초수급노인은 대상에 포함	65세 이상 노인(1-3등급)
사업 내용	등급판정 · 수가 · 비용지불 등 운영체계 기술적인 부분 검증	노인수발보험법(안)상의 등급판정 · 서비스 이용지원 체계, 급여범위 및 내용, 수가산정, 서비스 이용시 본인부담 등 본사업과 유사한 형태 운영 및 검증	
장기 요양 급여	-재가급여(5종): 방문요양, 방문간호, 주간보호, 단기보호, 표준장기요양이용계획서 -시설급여(2종): 요양시설, 전문요양시설	-재가급여(6종): 방문요양, 방문목욕, 방문간호, 주야간보호, 단기보호, 복지용구제공 -시설급여(3종): 요양시설, 전문요양시설, 소규모시설, 노인요양공동생활가정 -특별 현금급여(2종): 가족요양비, 요양병원 간병비	
평가 도구	5개영역 51항목	5개영역 44항목	5개영역 52항목
주안점	판정도구 개발, 수가의 적정성 등 기술적 측면 초점	본사업과 유사한 형태로 실시, 이용절차, 급여만족도, 서비스 전달체계 등 전반적 사항 점검	본 사업대비, 최종 점검기회로 활용, 모든 절차에서 이용노인의 불편사항 최소화
본인 부담	본인부담제도 미적용(기초수급자 대상)	-기초수급노인: 면제 -일반노인: 20% 적용 -경감자: 10% 적용	-기초수급노인: 면제 -일반노인: 시설20%, 재가 15%적용 -경감자: 시설10%, 재가 7.5%
재원	국고지원(19억원)	국고(76억원), 지방비(약 20억원) 및 이용자부담	국고(104억), 지방비 및 이용자부담

자료: 이연순(2007)

〈표 5-3〉 노인수발보험 1차 시범사업의 유형당 수발 수가

(단위: 원)

구분	A유형(60분 이상)	B유형(90분 이상)	C유형(120분 이상)
방문당	14,830	19,450	24,070

자료: 보건복지부, 2006년 보건복지부 보도자료(2006 7월 3일 조간)

〈표 5-4〉 노인수발보험 1차 시범사업 이용현황

서비스형태	방문간병, 수발	방문간호	단기보호	주간보호	기타	계
%(명)	55.8(455)	4.7(38)	1.2(10)	5.4(44)	32.9 (268)	100 (816)

자료: 보건복지부, 2006년 보건복지부 보도자료(2006년 7월 3일 조간)

　재가서비스 이용 현황을 보면 방문간병, 수발이 55.8%(455명), 방문간호가 4.7%(38명), 단기보호가 1.2%(10명), 주간보호가 5.4%(44명), 기타가 32.9%(269명)으로 나타났다. 그 중에 특이한 것은 노인 수발서비스가 가정수발서비스 하나만 이용이 55.8%로 가장 높았으며, 그 다음 혼합서비스(가정수발+간호수발 등) 이용이 32.9%, 주간보호만 이용 5.4%, 간호수발만 이용 4.7%, 단기보호만 이용이 1.2%순이었다.

　이와 같은 통계를 보면 우리나라 노인재가복지에서 노인들이 선호하는 부분은 가정수발 서비스로 나타났다. 이것은 노인이 가정의 재정적인 문제를 고려해서 가정에서 수발을 받기를 원하는 것도 있겠지만, 가장 근본적인 성향은 노인이 자신이 생활하던 가정에서 수발 서비스를 선호하는 것을 단적으로 보여주는 것이라고 하겠다(함근호, 2007).

　보건복지가족부 회의자료 등을 보면 2006년 4월부터 2007년 3월까지 경기도 수원 등 8개 시·군·구에서 실시한 2차 시범사업에서 7,678명이 보험적용등급을 받고도 4,314명만이 서비스를 이용했다. 사망·이주 등으로 보험에서 빠진 인원을 빼면 등급 유효 대상자 6,637명 가운데 35%인 2,323명이 서비스를 이용하지 않은 셈

이다. 보건복지가족부는 이번에 처음으로 기초생활수급자가 아닌 일반 노인을 대상으로 요양보험을 적용했다. 이렇게 보면 결국 해당지역 65세 이상 노인 20여 만명의 2%만이 보험 혜택을 받은 셈이다. 학자들과 전문가들은 이용 실적 부진 원인으로 우선 '요양보험 준비 부실'과 '경제적 부담'을 꼽는다. 이용자들의 욕구는 다양한데 서비스 종류는 제한적이고 시설 등 인프라도 심각하게 부족하다는 것이다. 게다가 미 이용자들 75.9%는 가족이 수발을 계속하거나 서비스 이용을 일단 미뤄놓아 서비스에 대한 불신을 드러냈다.

2007년 5월부터 전국 13개 지역에서 일반노인을 대상으로 노인장기요양보험 3차 시범사업이 진행되었고, 3차 시범사업의 목적은 2차 시범사업과 동일하게 등급판정, 서비스 지원체계, 급여범위 및 수가 등에 대한 전반적인 평가를 목적으로 하고 있으며 2차 시범사업에 더 추가되는 항목은 서비스 질 평가에 관한 시범사업의 목적을 포함하고 있다(이선영, 2007).

이렇게 2005년 7월부터 3년간 실시된 시범사업은 등급판정·수가·비용지불 등 운영체계 기술적인 부분 검증, 그리고 법 안에 있는 등급판정·서비스 이용지원 체계, 급여범위 및 내용, 수가산정, 서비스 이용 시 본인부담 등 본사업과 유사한 형태 운영 및 검증을 주 사업 내용으로 삼고 이를 단계적으로 실시하였다고 평가된다.

2) 노인장기요양보험의 이해

2008년 7월 1일부터 시행된 노인장기요양보험법은 첫째, 신청과 평가는 국민건강보험공단이 관리운영주체가 되어 실시하고, 서비스 제공은 각 개별 센터에서 제공하는 이원화 체제를 가지고 있으며 둘째, 필요한 재원은 장기요양보험료(사회보험)+국가지원+본인일부부담으로 구성하고 셋째, 대상 선정에서 그들의 소득 수준이 아닌, 요양서비스가 얼마나 필요한지 등급에 따라 누구든지 서비스를 신청하여 제공받을 수 있는 보편적 서비스 제공을 지향하고 있다.

2008년 7월 1일부터 시행된 노인장기요양보험법은 총12장 70조, 부칙 3조로 구

<표 5-5> 장기요양보험 보험료율

일시	보험료율
2007. 12. 31(2008년)	건강보험료액의 4.05%(소득 대비 약 0.2% 수준)
2008. 12. 31(2009년)	건강보험료액의 4.78%, 평균 3,090원(소득 대비로는 0.206%에서 0.243%로 인상)
2009. 12. 31(2010년)	건강보험료액의 6.55%, 평균 4,439원(보수월액의 0.24%에서 0.35%로 인상)

자료: 보건복지부 보도자료, 이은경, 2010 재인용.

성되어 있다. 2007년 9월 27일 대통령령 제20287호로 24조의 시행령이 제정되었으며, 2007년 10월 17일 보건복지부령 제418호로 22개 조문의 시행규칙이 제정되었다(이연순, 2007).

노인장기요양보험에 필요한 재원은 다음 세 가지에 의해 구성된다.

① 장기요양보험료: 보험료 납부자는 국민건강보험료 납부자와 동일하며, 장기요양보험료는 건강보험료액에 장기요양보험료율을 곱하여 산정된다. 보험료 고지에 있어서는 건강보험료와 통합고지하고, 독립회계처리한다.

② 국가지원: 보험료예상수입액의 20% 부담(국고), 의료급여수급권자 장기요양급여 비용(국가와 지자체가 각각 분담)

③ 본인일부부담금: 시설급여는 20%, 재가급여는 15%를 본인이 부담한다. 저소득 계층은 본인부담금의 50%를 감면한다(이연순, 2007).

장기요양보험료는 건강보험료액의 일정비율로 장기요양위원회 심의를 거쳐 대통령령으로 정한다. 따라서 장기요양 보험료율에 변동이 없더라도 건강보험료액에 따라 변동할 수 있다. 장애인 1~2등급 및 회귀난치성질환자 중 수급자가 되지 못한 자(등급자)는 장기요양보험료의 30%를 경감 받을 수 있다.

의료급여수급권자의 장기요양 급여비용, 의사소견서 발급비용, 관리운영비 전액을 국가(80%)와 지방자치단체(20%)가 나누어 분담한다. 단, 서울시만 국가와 지자체가 50%씩 부담한다. 기초생활수급권자에 대해서는 지자체가 분권교부세, 지방비 등을 재원으로 급여비용 등을 부담한다. 급여수혜자는 시설급여의 경우 급여비의 20%, 재가급여의 경우 15%를 본인이 부담해야 한다. 단, 의료급여수급권자, 천재지변 등으로 보건복지부 장관이 인정하는 자는 본인부담금을 50% 경감해주고, 기초생활수급권자는 본인부담이 면제된다. 그러나 비급여 항목(식사재료비, 상급침실 이용에 따른 추가비용, 이·미용비, 원거리 외출 시 교통비, 여가활동 소요 비용 등)과 장기요양급여의 월 한도액 초과비용에 한해서는 본인이 전액 부담해야 한다(이은경, 2010).[1]

장기요양보험의 급여대상은 65세 이상 또는 65세 미만 중 노인성 질병을 가진 환자로 여기서 노인성 질병은 치매, 뇌혈관성질환, 파킨슨병을 말한다. 단, 6개월 이상 혼자서 일상생활을 수행하기 어렵다고 인정되는 자로서 먼저 장기요양인정을 신청하게 되면 국민건강보험공단 소속의 장기요양 직원이 직접 방문하여 '장기요양인정조사표'에 따라 항목을 조사하게 된다.(<표 5-6> 참조)

〈표 5-6〉 장기요양인정조사표

영역	항목	
신체기능 (12항목)	옷 벗고 입기, 세수하기, 양치질하기, 식사하기, 목욕하기, 체위변경하기, 일어나 앉기, 옮겨 앉기, 방밖으로 나오기, 화장실 사용하기, 대변 조절하기, 소변 조절하기	
인지기능 (7항목)	단기기억장애, 지시 불인지, 날짜 불인지, 상황 판단력 감퇴, 장소 불인지, 의사소통·전달장애, 나이·생년월일 불인지	
행동변화 (14항목)	망상, 서성거림/안절부절못함, 물건 망가뜨리기, 환각/환청, 길을 잃음, 돈/물건 감추기, 슬픈 상태/울기도 함, 폭언/위협행동, 부적절한 옷 입기, 불규칙수면/주야혼돈, 밖으로 나가려 함, 대/소변불결행위, 도움에 저항, 의미 없거나 부적절한 행동	
간호처치 (9항목)	기관지 절개관 간호, 경관 영양, 도뇨 관리, 흡인, 욕창간호, 장루간호, 산소요법, 암성통증강호, 투석간호	
재활(10항목)	운동장애(4항목)	관절제한(6항목)
	우측상지, 우측하지, 좌측상지, 좌측하지	어깨관절, 팔꿈치관절, 손목 및 수지관절, 고관절, 무릎관절, 발목관절

1) 노인장기요양보험 홈페이지 참조(www.longtermcare.or.kr)

조사 후 조사결과를 입력하여 '장기요양인정점수'를 산정하게 되고 이 후 등급판정위원회의 심의와 판정을 거쳐 등급을 판정하여 통보한다. '장기요양등급판정위원회'는 장기요양인정 및 장기요양등급 판정을 위한 심의기구로 시·군·구 단위로 의료법에 따른 의료인, 사회복지사, 장기요양에 관한 학식과 경험이 풍부한 자 15인(위원장 포함)으로 구성된다. 최종 등급판정위원회에서 결의한 등급판정에 따라 1~3등급에 해당되는 자가 요양급여 이용을 할 수 있다. 등급판정은 '심신의 기능상태에 따라 일상생활에서 도움(장기요양)이 얼마나 필요한가?'를 지표화한 장기요양인정점수를 기준으로 하여 2012년 기준으로 95점 이상이면 1등급, 75점 이상~95점 미만이면 2등급, 53점 이상~75점 미만이면 3등급으로 판정한다. 만약 등급판정이 비급여 대상이 되면 필요에 따라 노인복지사업 내용 중 하나인 노인돌봄서비스를 이용할 수 있다. 구체적인 과정은 <그림 5-1>과 같고, 장기요양이 필요한 기능상태와 수준을 등급별로 살펴보면 <표 5-7>과 같다.

〈그림 5-1〉 장기요양보험 급여서비스 전달체계

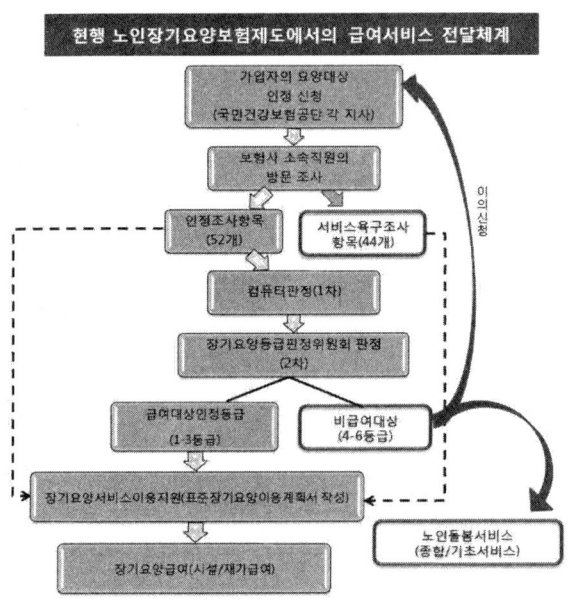

〈표 5-7〉 등급별 기능상태 수준

등급	기능상태 수준
최중증 (1등급)	와상상태로서 거의 일상생활이 불가능한 상태 -하루종일 침대 위에서 생활하는 자로 스스로 움직일 수 없는 와병상태 -일상생활활동의 식사·배설·옷 벗고 입기의 모든 활동에선 전적으로 다른 사람의 도움 필요
중증 (2등급)	일상생활이 곤란한 중증의 상태 -휠체어를 이용하지만 앉은 자세를 유지하지 못함 -식사·배설·옷 벗고 입기 등에서 다른 사람의 완전한 도움이 필요 -하루 중 대부분의 시간을 침대 위에서 지내는 경우가 많음
중등증 (3등급)	상당한 장기요양보호가 필요한 상태 -식사·배설·옷 벗고 입기 등에서 다른 사람의 부분적 도움이 필요

장기요양급여의 실시는 '노인장기요양보험법 제27조'에 따라 장기요양인정서가 도달한 날부터 가능(돌볼 가족이 없는 등 대통령령이 정하는 부득이한 사유가 있는 경우에는 장기요양인정신청서를 제출한 날 장기요양인정서가 도달되는 날까지의 기간 중에도 장기요양급여를 받을 수 있음)하며 자신이 받고자 하는 급여를 제공하는 시설 또는 재가장기요양기관과 계약을 체결하고 급여를 이용하면 된다.

급여의 종류(노인장기요양보험법 제23조~26조)는 크게 재가급여(재가장기요양기관), 시설급여(시설장기요양기관), 특별현금급여로 나누어진다. 재가급여는 방문요양, 방문간호, 방문목욕, 주·야간보호, 단기보호, 복지용구를 대여하거나 가정방문을 통해 재활에 관한 지원을 제공하는 '기타재가급여'로 구분된다. 시설급여는 노인전문병원을 제외한 노인의료복지시설에 장기간 입소하여 신체활동지원, 심신기능의 유지, 향상을 위한 교육, 훈련 등을 제공하며, 특별현금급여는 가족요양비와 특례요양비, 요양병원간병비로 나눠진다. 가족요양비는 장기요양기관이 현저히 부족한 지역(도서·벽지)에 거주하는 자, 천재지변 등으로 장기요양기관이 실시하는 장기요양급여를 이용이 어렵다고 인정된 자, 신체.정신.성격 등의 사유로 가족 등이 장기요양을 받아야 하는 자에게 지급하고 있고, 특례요양비와 요양병원 간병비는 제도 초기에는 시행을 유보하고 있다.

　장기요양보험의 재원은 국민건강보험공단이 장기요양보험료를 건강보험료와 통합하여 징수하되 독립회계로 관리하는 장기요양보험료와 매년 예산의 범위 안에서 당해 연도 장기요양보험료 예상수입액의 100분의 20에 상당하는 금액을 공단에 지원하는 국가부담, 그리고 본인부담[재가급여는 비용의 15%, 시설급여는 비용의 20%(국민기초생활수급권자는 전액 무료, 의료급여수급권자, 소득·재산 등 보건복지부장관이 정하여 고시하는 일정금액 이하인 자는 본인부담금을 50% 경감]으로 충당되며, 급여비용은 장기요양급여의 종류 및 내용에 따른 표준장기요양이용계획서(장기요양 필요 영역 및 주요 기능 상태, 장기요양 목표, 장기요양 필요 내용, 수급자의 희망급여, 표준장기요양이용계획 및 비용, 유의사항 등)를 고려하여 필요한 범위 안에서 적정하게 제공하도록 되어 있다.

　장기요양보험료 징수율을 살펴보면 2010년 상반기 기준 장기요양보험료의 97.2%로 직장징수율은 99.1%, 지역징수율은 90.8%로 높은 편이라 할 수 있다. 단 부과된 보험료로 장기요양보험 이용비용 충당을 할 수 있는지가 중요한 과제로 등장하고 있다.

〈표 5-8〉 장기요양보험료 징수율

구분	2009 상반기	2009		2010 상반기	2010	
		1분기	2분기		1분기	2분기
부과액(억원)	6,041	2,885	3,156	9,320	4,395	4,925
-직장	4,572	2,140	2,433	7,161	3,303	3,858
-지역	1,469	746	723	2,159	1,092	1,067
징수액(억원)	5,780	2,719	3,061	9,056	4,243	4,814
-직장	4,516	2,096	2,420	7,097	3,266	3,831
-지역	1,264	623	641	1,959	976	982
징수율(%)	95.7	94.2	97.0	97.2	96.5	97.7
-직장	98.8	98.0	99.5	99.1	98.9	99.3
-지역	86.0	83.5	88.6	90.8	89.4	92.0

자료: 장기요양보험 주요통계(2010)

<표 5-9> 가산율을 적용한 방문요양수가

구 분	일반	기초	의료급여	경감	2009.6	2010.6
장기요양 요양급여비계	7,541	2,872	125	877	7,319	11,434
재가급여	4,863	1,218	16	536	3,791	6,702
-방문요양	3,828	1,001	69	430	2,780	5,327
-방문목욕	232	55	3	25	155	316
-방문간호	21	8	0	3	28	33
-주야간보호	270	48	4	22	278	343
-단기보호	224	42	2	26	335	295
-복지용구	288	64	6	31	214	389

자료: 보건복지부(2010)

이와 같은 추이는 장기요양보험이 시작된 2년 사이의 비용을 비교하는 것으로도 알수 있는데 2010년 상반기에 공단이 지급한 요양급여비의 총액은 1조 1,192억원이며, 월평균 요양급여비는 1,865억원이다. 이는 2009년 상반기 월평균 1,220억원 대비 1.53배 증가한 것이다.

또한 장기요양보험제도 수요자는 2010년 4월 기준 약 30만명(전체 노인 중 5.6%)이며 급여 이용자는 약 26만명(전체 노인 중 4.9%)으로 2008년 약 14만(이용자 약 7만), 2009년 약 26만(이용자 약 18만)과 비교하면 증가폭이 점점 커지고 있다(보건복지부, 2010 노인장기요양보험제도의 성과지향적 발전방안 모색 노인장기요양보험제도 시행 2주년 기념 심포지엄).

입소시설 현황을 살펴보면 2010년 8월 기준 입소시설은 3,547개소이며, 재가기관은 11,459개소로 2008년 6월과 비교하면 입소시설은 1,271개소에서 2.8배 증가하였고, 재가기관은 3,762개소에서 3배 증가하였다.

장기요양급여수급자로 인정받지 못한 경중의 대상자는 복지예방의 필요 대상으로 분류되어 지자체에서 실시하는 보건복지 서비스를 제공받을 수 있다. 시·군·구에서는 노인돌보미, 보건소방문간호, 치매검진/관리, 독거노인생활관리, 노인복지관 프

〈그림 5-2〉 입소시설의 현황

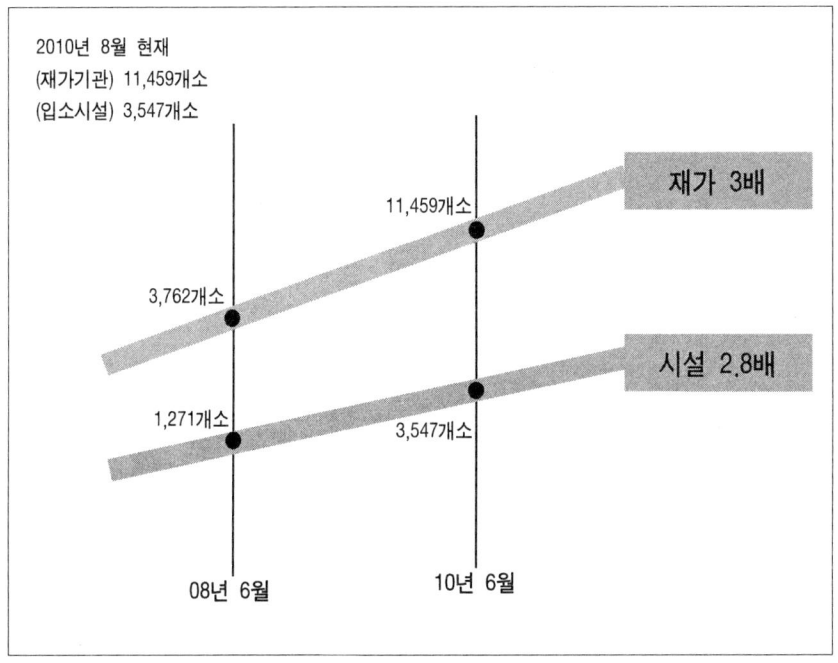

2010년 8월 현재
(재가기관) 11,459개소
(입소시설) 3,547개소

11,459개소

재가 3배

3,762개소

시설 2.8배

1,271개소

3,547개소

08년 6월   10년 6월

로그램 등 최소한 하나 이상의 서비스를 제공할 계획에 있으며, 국민건강보험공단은
주기적으로 등급외자의 신체상태를 관리하고, 그 증상이 악화되면 즉시 장기요양서
비스로 연계할 계획에 있다. 이처럼 복지예방에서부터 간병수발까지 일괄적인 서비
스 제공체계마련을 위한 계획을 수립하고 있는 실정이다(장재혁, 2008). 그러나 서비
스를 이용하기 위해서는 과거에는 무료로 서비스를 제공받을 수 있었지만, 현재는 일
정한 비용을 부담하여야 한다는 것이고 비보험서비스를 받기 위해서 과거 간단한 기
준만으로도 가능했던 것이 복잡한 등급판정조사를 받아야만 하는 행정절차를 거치도
록 하고 있다.

　노인장기요양보험이 도입된 지 약 2년이 지난 2010년 5월 등급인정자 31만명 중
서비스 이용자 27만명을 대상으로 조사한 결과, 노인장기요양보험의 시행으로 인해
가족 부양부담이 해소되고 노인 건강상태가 호전되었다는 보고가 있다. 세부적으로

는 등급이 높을수록 개선을 나타내는 요양등급은 2.38등급에서 2.43등급으로 상승했으며, 낮을수록 개선을 나타내는 문제행동 개선은 2.27점에서 1.21점으로 하락했고, 의사소통장애도 25.6%에서 19.2%로 호전되었으며, 욕창발생율도 6.3%에서 3.7%로 감소하였다. 이렇듯 성과를 거두고 있는 노인장기요양보험의 실시는 주기적인 평가를 통해 내실화를 다져가야 할 것이다. 특히, 장기요양등급인정자 중 77%가 치매·중풍·근골격계 질환의 환자였다는 점에서 장기요양 이용자의 기능 및 건강개선을 위한 선제적 조치가 필요하고, 장기요양기관 평가체제를 보완하기 위해 객관적 지표에 의한 성과평가체계의 구축이 필요하다. 또한 등급외자 중 치매·중풍자가 21.5%인 2만8천명에 이르러, 보호가 필요한 중증 노인에 대한 최소한의 보호가 시급하다. 2011년부터 2015년 제2차 저출산·고령사회 기본계획에 따르면 재가급여와 지역사회서비스, 그리고 의료서비스 연계 강화 및 소비자 중심의 집중적 사례관리 모형이 개발되고, 2012년에는 운영방안에 마련될 것이라고 하며, 임상적 성과를 중심으로 평가지표를 개발하고 장기요양기관 평가 시에 시범 적용할 것이라 한다(보건복지부, 2011).

2. 노인장기요양보험제도에서의 노인재가복지서비스

노인재가복지서비스는 2008년 7월 노인장기요양보험제도 실시 이후 이용대상 및 서비스의 유형과 내용에 큰 변화를 가져왔다. 우선 장기요양보험법에 의한 재가급여는 앞서 제시한 것처럼 방문요양, 방문목욕, 방문간호, 주야간보호, 단기보호, 복지용구(구입·대여)로 구분된다. 방문요양은 수급자 가정 등을 방문하여 신체활동 및 가사활동 등을 지원하는 것이며, 방문목욕은 목욕설비를 갖춘 장비를 이용하여 수급자 가정 등을 방문하여 목욕을 제공하고 있다. 방문간호는 간호사 등이 수급자의 가정을 방문하여 간호, 진료의 보조, 요양에 관한 상담 또는 구강위생 등을 제공한다. 주야간보호는 수급자를 하루 중 일정한 시간 동안 신체활동 지원 및 심신기능의 유지·향상을 위한 교육·훈련 등을 제공하고 있다. 단기보호는 수급자를 일정기간 동안 신체활동 지원 및 심신기능의 유지·향상을 위한 교육·훈련을 제공하는 것이며 복지용구는 수급자의 일상생활·신체활동 지원에 필요한 용구를 제공하는 것이다.

그러나 노인복지법에서 의거한 시설 중 재가노인복지시설은 방문요양서비스, 주야간보호서비스, 단기보호서비스, 방문목욕서비스, 재가노인지원서비스로 방문간호서비스와 복지용구는 해당되지 않는다. 단, 노인복지법에 의거한 서비스와 더불어 종합적으로 제공하는 경우는 재가노인지원센터라는 명칭으로 운영이 가능하다.

이용대상은 장기요양급여수급의 조건이 갖추어지면 누구나 서비스를 받을 수 있으며, 등급자 외에도 기초수급권자 및 부양의무자로부터 적절한 부양을 받지 못하는 자로서 혼자서 일상생활을 수행하기 어려워 재가서비스의 제공이 필요한 자 중에서 시·군·구청장의 의뢰를 받은 경우, 또는 2008. 7. 1일 이전에 국가 및 지방자치단체로부터 운영비를 지원받는 시설을 이용하고 있는 등급외자 중 "기초수급권자" 및 "실비이용자" 등도 이용이 가능하다. 물론 장기요양 등급을 받지 않은 일반노인은 본인이 전액을 부담하면 서비스 이용이 가능한 보편적 서비스로 변경되었다. 그러나 비용을 부담할 수 없는 일반노인은 서비스를 이용할 수 없다는 면에서 여전히 사각지대에 놓여 있는 대상이 있다는 면에서 여전히 사각지대가 존재한다고 볼 수 있다. 서비스 이용절차는 <표 5-10>과 같다.

〈표 5-10〉 장기요양보험 재가노인복지서비스 이용절차

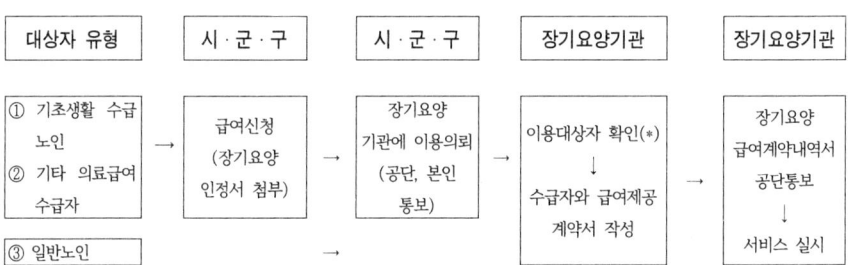

* 기초생활수급노인이나 기타 의료급여수급권자에 대한 서비스 제공시 시군구청장이 이용의뢰하지 않았거나 이용의뢰서가 공단으로 통보되지 않은 자에 대한 서비스 비용은 수급자가 전액 본인 부담한다.
자료: 보건복지부(2009), 노인보건복지사업 안내

<표 5-11> 재가급여의 월 한도액

등급	1등급	2등급	3등급
2008. 7. 1~ 2008. 12. 31	1,097,000원	879,000원	760,000원
2009. 1. 1~	1,140,600원	971,200원	814,700원

자료: www.longtermcare.or.kr, 이은영, 2010 재인용.

　　관련 서비스 비용은 재가급여의 총 비용 일부를 이용자 본인 부담금으로 지불하고 나머지를 보험자에게 청구, 심사 후 지불받도록 하고 있으며, 이용자의 입장에서 보험급여로써 받을 수 있는 총 급여액이 한정되어 있다. 우선 재가급여 서비스의 본인부담율은 일반소득자의 경우 총비용의 15%, 저소득자는 7.5%, 기초수급자는 무료이며 저소득자와 기초수급자의 자기 부담 할인액은 국가가 부담한다. 등급별 한도액은 2010년 기준 1등급의 경우 월 1,140.6천원(시설급여 1,467천원)이며, 2등급은 971.2천원(시설급여 1,358,7천원) 3등급은 814.7천원(시설급여 1,250.1천원)이다.

　　재가급여의 일반원칙은 재가급여는 수급자가 가족과 함께 생활하면서 가정에서 장기요양을 하는데 도움을 주는 방법으로 제공하여야 하며, 수급자의 재가급여 월 한도액 범위 내에서 급여제공 계획을 수립하여 비용효과적인 방법으로 제공하여야 한다. 월 한도액은 <표 5-11>에서 보는 바와 같이 등급별로 차이가 있으며, 2009년에 금액이 1차 조정되었다.

　　재가급여 비용 관련한 세부 내용은 다음과 같다(장기요양민원사례집, 2010).

　가. 재가급여 월 한도액은 방문요양, 방문목욕, 방문간호, 주·야간보호, 단기보호 급여를 이용하는 경우에 적용하며, 방문요양의 원거리 교통비, 방문간호지시서 발급비용, 복지용구 급여비용은 포함하지 아니한다.
　나. 재가급여 월 한도액의 적용기간은 매월 1일부터 말일까지로 한다. 다만, 최초 장기요양인정 또는 시설급여에서 재가급여로 변경 등의 사유로 월 중에 재가급

여를 개시하는 경우에는 1개월분의 월 한도액을 적용한다.

다. 월 중 장기요양등급이 변경되는 경우에는 높은 등급의 월 한도액을 적용한다.

라. 재가급여는 장기요양등급별 월 한도액 범위 내에서 이용하여야 하며, 월 한도액을 초과한 비용은 본인이 전부 부담한다.

마. 수급자가 가족요양비 등 특별현금급여를 받다가 재가급여를 이용한 경우 등에는 월 한도액에서 기 지급된 특별현금급여액을 제외한 금액 범위 내에서 재가급여를 이용할 수 있다.

이외에도 재가급여는 다음과 같은 일반원칙을 세우고 있다(장기요양민원사례집, 2010).

1. 방문요양, 방문목욕, 방문간호, 주·야간보호는 2종류 이상의 급여비용을 동시(동일한 시간)에 산정할 수 없다. 다만, 방문목욕과 방문간호는 제공시간이 일부 중복된 경우에도 급여비용을 각각 산정할 수 있다.

2. 방문요양 및 방문간호의 급여제공 시간은 요양보호사, 간호사(또는 치과위생사, 간호조무사) 등이 수급자의 가정에 도착했을 때부터 필요한 서비스를 제공하기 위한 준비, 서비스의 제공 및 마무리에 소요된 총 시간을 말하며, 주·야간보호의 급여제공 시간은 직원이 수급자의 가정에 도착했을 때부터 가정에 모셔다 드린 시간까지로 한다.

3. 방문요양, 방문목욕, 방문간호 및 주·야간보호의 경우 요양보호사, 간호사(또는 치과위생사, 간호조무사) 등의 이동에 소요되는 교통비는 따로 산정하지 아니한다.

4. 노인요양시설, 노인요양공동생활가정(이하 '입소시설'이라 한다) 및 단기보호기관에 입소하거나 타법령에 의해 의료기관(보건기관 포함)에 입원한 수급자에게 다른 종류의 재가급여를 제공한 경우 그 비용은 별도 산정하지 아니한다.

5. 방문요양, 방문목욕, 방문간호를 제공하는 급여(이하 '가정방문급여'라 한다)

일반원칙

가. 가정방문급여는 수급자의 가정(가정집 등 수급자의 사적인 공간)을 방문하여 제공하여야 한다. 다만, 수급자의 병원방문 도움 등 특별한 사유가 있는 경우에는 예외로 한다.

나. 가정방문급여는 당해 방문시간 동안 수급자 1인에 대하여 전적으로 제공하여야 하고 수급자 2인 이상에 대하여 동시 또는 순차적으로 가정방문 급여를 제공하는 경우 급여비용을 산정하지 아니한다. 다만, 수급자간의 관계가 부부, 형제자매, 직계혈족 등 특별한 사유가 있는 경우에는 그러하지 아니하며, 이 경우 급여비용은 요양보호사가 실제 급여를 제공한 시간을 수급자별로 배분하여 산정한다.

다. 가 및 나의 특별한 사유 등에 대한 세부 급여기준은 급여심사위원회의 심의를 거쳐 공단 이사장이 정한다.

재가급여 이용 현황을 보건복지부 통계자료를 통해 살펴보면 방문요양의 경우 한 달 기준 전체의 35.1%가 90~120분 미만의 서비스를 이용하고 있고, 반면 31.3%가 4시간 이상의 서비스를 이용하고 있다. 방문목욕의 경우는 전체의 52%가 월평균 3~4회 서비스를 이용하고 있으며, 전체의 22.6%는 월평균 8회 이상의 서비스를 이용하고 있었다. 방문간호는 전체의 59%가 30~60분 미만의 서비스를 이용하고, 전체의 75%는 월평균 4회 이상의 서비스를 이용하고 있었다. 주야간보호서비스의 경우는 전체의 74.5%가 1일 8~10시간 형태의 서비스를 이용하고 있었으며, 월평균이용 일수는 1등급이 16.7일, 2등급과 3등급이 17.6일과 17.7일, 단기보호의 경우는 1등급 13.6일, 2등급 13.7일, 3등급 13.8일로 나타나 등급별 이용일수 차이는 거의 없는 것으로 보인다.

장기요양보험제도 이후 재가노인복지에 해당되는 서비스 내용을 간략하게 살펴보면 방문요양서비스 내용은 신체활동지원서비스, 가사활동지원서비스, 개인활동지원서비스, 그리고 정서지원서비스이며, 주·야간보호서비스는 아침 8시부터 저녁 22

시까지 노인을 보호하면서 생활지도 및 일상동작훈련 등 심신의 기능회복을 위한 서비스, 급식 및 목욕서비스, 송영서비스, 노인가족에 대한 교육 및 상담 서비스를 제공한다. 단기보호서비스는 월 15일(수급자의 경우는 특별 요청 있는 경우 연간 2회에 한해 월 15일 초과 이용 가능) 이내에 가족 등의 외유·외출, 집안 경조사 등 갑작스러운 사정으로 인해 수급자를 돌볼 수 없는 경우, 주거환경의 일시적인 변화(이사, 시설 설비 등) 등의 이유로 보호를 받으면서 급식, 치료, 그 밖의 일상생활에 필요한 편의를 제공하는 서비스, 그 밖에 노인요양시설 또는 노인요양공동생활가정의 사업에 준하는 서비스를 받을 수 있다. 그리고 장기요양보험제도에서 새로운 서비스로 등장한 방문목욕서비스는 목욕준비, 입욕 시 이동보조, 몸 씻기, 머리 말리기, 옷 갈아입히기 등이며, 목욕 후 주변정리까지를 포함하여 서비스 내용으로 본다.

장기요양보험기관과 다르게 재가노인복지시설에는 재가노인지원서비스가 추가되어 있다. 재가노인지원서비스는 앞서 제시한 서비스 이용자 외에도 기타 자연재해 등으로 긴급지원이 필요한 노인(장기요양 서비스 이용자 포함)도 추가하여 방문요양서비스 내용과 중복되지 않는 범위에서 예방적 복지와 안전망 구축을 실현하기 위하여 영역별 프로그램(중분류) 계획을 수립하고 프로그램 안에서 다양한 서비스(소분류)를 개발하여 제공하는 것을 원칙으로 하고 있다. 단, 긴급지원사업은 필요시 장기요양서비스 및 노인돌봄서비스 여부와 관계없이 제공가능하다. 또한 지역협의체 구성 및 사례관리를 통하여 서비스의 중복을 방지하고, 필요서비스의 즉각 지원을 도모하고 있다.

3. 노인장기요양보험제도의 재가급여의 문제점

1) 재가노인복지의 정체성 혼돈

노인장기요양보험제도가 도입되기 전까지 우리나라의 재가노인복지사업은 대부분 전통적으로 지역사회 내에서 재가복지서비스를 제공해왔던 노인복지관련 기관들을 중심으로 재가노인복지사업이 운영되어왔다. 그러나 2008년 7월, 노인장기요양보험제도가 본격적으로 도입되면서 기존에 재가노인복지사업을 제공하던 기관들이 장기요양보험제도 체제 하에 장기요양기관으로 편입되었고, 노인장기요양보험제도를 중심으로 재가노인복지서비스를 제공하는 체제로 변화 되었다. 공적 영역에서 저소득층노인을 대상으로 재가서비스를 제공하였지만 장기요양보험제도 하에서는 비용에 따라 장기요양보호대상자에게만 장기요양서비스만을 제공할 수밖에 없게 되면서 재가노인복지의 운영, 대상, 서비스내용 등 모든 차원에서 변화가 왔다. 하지만 기존의 재가노인복지사업기관과의 조정과 재구축의 문제에 있어, 충분한 논의와 구체적인 방안이 제시되지 않았고 이는 결국 기존의 재가노인복지사업을 해오던 기관들의 정체성에 대한 고민을 하게 하는 상황을 낳았다.

2) 서비스대상자 범위의 문제: 복지사각지대의 노인 증가

노인장기요양보험제도에서 서비스 대상자는 신체적 기능장애가 중증인 노인으로 한정되어 있다. 이는 경증의 수발욕구가 있는 노인은 서비스 제공에 있어 배제되는 것으로 기존에 서비스를 제공받아왔던 재가대상자가 노인장기요양보험 체계에서는 요양등급 1-3등급에 포함되지 않을 경우, 서비스 대상자에서 제외되는 문제가 발생한다. 즉, 노인장기요양보험의 서비스를 받기 위해서는 장기요양 1-3등급으로 인정되어야 하기 때문에 신청자 중 등급내로 판정받지 못한 노인의 경우, 복지 사각지대에 남게 되는 문제가 발생한다. 2010년 8월 31일 기준으로 노인장기요양보험 등급판정결과 현황[2]을 볼 때, 450,651명의 노인만이 노인장기요양보험의 혜택을 누리고 있고, 등급 외 판정을 받은 138,021명의 노인은 요양서비스에 대한 욕구가 있음에도 불구하고 요양서비스를 제공받지 못하는 상황에 놓이게 되었다. 등급 외 판정을 받은 노인의

---

2) 노인장기요양보험 홈페이지(http://www.longtermcare.or.kr/).

일부는 기존의 재가노인복지사업을 통해 요양서비스를 받았던 저소득 노인들이다. 또한 등급외 판정조차도 받지 못하였으나 생활에서 지원이 필요한 노인들도 모두 서비스를 받지 못하게 되는 노인복지서비스 사각지대노인이 증가할 수밖에 없는 실정이다.

3) 재가노인복지서비스 중복성

노인복지관, 사회복지관 등에서 제공하는 재가노인복지서비스는 장기요양보험의 재가급여와 유사하여 이들 기관이 장기요양보험제도 이후에도 지역복지사업은 계속되기 때문에 노인복지 전달체계가 장기요양보험과 지역복지사업으로 이원화되고 있다. 장기요양보험의 급여를 받는 노인의 경우 장기요양서비스 이외 필요한 서비스가 있더라도 서비스 중복의 문제로 지역의 재가노인복지서비스를 받을 수 없게 되어 있다. 실제 내용에 있어 서비스의 중복이 아니지만 장기요양보험과 지역시설에서 서비스를 받는 것은 중복으로 처리되고 있어 장기요양보험의 급여를 받는 재가노인들은 오히려 역차별의 현상이 벌어지고 있다. 재가노인복지서비스의 중복성의 다른 면은 노인복지관, 사회복지관 등 지역복지시설에서 서비스 대상 및 내용이 유사하여 중복 수혜 가능성을 배제할 수 없다.

4) 서비스 절차상의 문제

기존의 노인돌보미바우처, 독거노인생활관리사제도가 통합되면서 '노인돌봄서비스'로 전환되었다. 이 '노인돌봄서비스'는 기존의 독거노인생활관리사 서비스 영역은 노인돌봄기본서비스로, 노인돌보미바우처는 노인돌봄종합서비스로 구성되었다. 기존의 노인복지서비스가 기초수급자와 저소득층의 요양욕구가 있는 노인들을 대상으로 서비스를 제공하였다면, 노인장기요양보험이 도입된 이후에는 소득수준과 무관하게 일정수준 이상의 요양욕구가 있는 노인을 대상으로 서비스가 제공된다. 노인돌봄서비스를 비롯한 노인을 대상으로 하는 서비스는 장기요양보험과의 중복지원을 금하고 등급 외 A, B에 대해 서비스가 제공되고 있다(이윤경, 2009). 그러나 노인돌봄서비스를 받기 위해서는 먼저 건강보험공단에 장기요양인정신청을 하고, 등급외의 판정을 받아야 하며, 동 판정결과를 시군구에 통보하여 사후 처리하는 절차를 수행하기 때문에 서비스 절차상의 어려움이 있다. 등급판정을 받기 위해 소요되는 시간이 길어져 서비스가 급박한 대상자인 경우라도 기다리는 경우가 많아 제때에 서비스를 받지 못하는 문제가 발생한다.

5) 자율시장 경쟁 원리 도입으로 인한 운영난

장기요양서비스에도 자율시장 경쟁 원리가 도입됨에 따라 재정조달 방식이 기존의 정부지원 방식에서 서비스 수가 체계에 의한 조달 방식으로 바뀌었다. 기존에 노인복지법에 의거하여 설립된 가정봉사원파견시설의 경우 재가장기요양기관으로 전환하더라도 사회복지사 1명을 의무 채용하여야 한다. 그러나 방문요양의 경우 의무채용인력이 관리책임자와 요양보호사 3인으로 사회복지사는 필수인력에서 제외되어 있어 서비스 수입으로 인건비를 충당할 수 없는 상황이 발생된다. 뿐만 아니라 관리책임자의 경우 급여를 180만원 기준으로 수가가 책정되어있어 기존 종사자 중에 경력자들은 호봉을 삭감하거나 연봉제에 의한 계약직으로 이전함에 따라 상대적으로 열악한 근무환경이 되었다. 이에 대한 대안으로 각 지자체가 기존 지원금의 80% 수준에서 계속 지원하기로 하였으나 지원을 받지 못하는 시도 기관들은 운영난에 봉착하게 되었다(이준우·서문진희, 2009).

6) 치매전문 재가서비스 기관 부재

3등급 치매노인의 경우 매우 제한적인 경우를 제외하고는 요양시설에 입소하지 못하기 때문에 대부분의 노인은 재가서비스를 이용해야만 한다. 그러나 치매노인의 경우 주야간보호나 단기보호 서비스를 신청했다가도 본인이 적응을 못하거나 다른 입소자들에게 방해가 되기 때문에 퇴소해야 하는 경우가 많이 발생하고 있다. 장기요양보험제도의 도입 전에 치매노인을 담당하는 치매전문 재가시설이 있었으나 모두 장기요양보험의 시설로 편입되면서 사실 상 일반 재가노인인 등외판정 노인들이 이용할 수 있는 치매전문 재가노인시설은 부재하다고 하겠다. 노인장기요양보험 제도의 근본 취지가 치매, 중풍 등으로 고생하는 노인과 그 가족들의 부담을 덜어주기 위해 실시되는 점을 감안할 때 일반대상자와 구별된 치매노인들의 재가서비스를 위한 치매시설이 필요하다(이준우 · 서문진희, 2009).

3부 재가노인복지 세부사업의 어제와 오늘

6장 가정봉사원파견사업의 어제와 오늘

가정봉사원파견사업은 재가노인복지사업에서 가장 최초로 실시된 사업이다. 즉, 1980년대 중반에 한국노인복지회에서 시작하여 1987년 정부지원의 시범사업, 그리고 1990년 정부지원의 정식사업으로 시행하게 되었던 재가노인봉사사업이 바로 가정봉사원파견사업이었다. 이후 1992년 이후 정부지원의 주간보호사업과 단기보호사업 등이 추가되면서 초기 재가노인봉사사업은 재가노인복지사업으로 변경되고 가정봉사원파견사업은 세부사업에 포함되다가 2008년 7월 장기요양보험제도가 실시되면서 방문요양서비스라는 명칭으로 변경되었다.

1. 가정봉사원파견사업 시작전기(1990년 이전)

가정봉사원파견사업의 시작은 1971년부터 1985년까지 서울시에서 16,784명의 가정봉사원을 배출하여 주로 가정부녀자들의 소득증대를 목적으로 가정봉사원제를 운영한 것이 모태가 된다(김정자 외, 1986; 정상양, 1996에서 재인용). 비록 노인을 대상으로 하지 않았지만, 가정봉사원을 집으로 파견하는 재가복지서비스라는 면에서 노인복지에도 그 필요성을 갖게 하는데 영향을 주었다고 할 수 있다. 1985년에 부산에서는 152명의 가정봉사원이 노인가정, 미성년세대주가정, 영세 여성세대주 환자가정을 방문하여 세탁, 식사준비, 학습지도, 자녀상담 등 건전가정을 위한 봉사활동을 전개했다(김정자 외, 1986; 정상양, 1996에서 재인용). 이 사업은 가족기능이 취약한 생활보호대상 노인만이 대상이 된 제한점이 있지만 가정에 거주하는 노인에게 서비스를 제공하였다는 면에서 노인을 대상으로 한 재가복지의 필요성을 갖게 하는데 의의가 있었다.

이처럼 재가노인복지서비스에 대한 관심이 연구자와 노인복지 실천가를 중심으로 민간차원에서 시작되면서 1986년에 드디어 정책당국인 보건사회부(현 보건복지부)는 한국여성개발원에 가정봉사원파견사업의 필요성과 제도실시의 가능성에 대한 조사연구를 요청하게 되었다. 한국여성개발원은 생활보호대상노인 등의 저소득계층과 일반노인을 대상으로 한 "가정봉사서비스제도에 관한 연구(1986)" 결과, 가정봉사원의 파견을 희망하는 비율이 3분의 2인 66.5%로 나타났고, 그중에서 저소득계층의 노인과 농촌거주노인, 노인단독세대 및 배우자가 없는 독거노인에게 가정봉사원을 희망하는 비율이 높게 나타나, 가정봉사서비스 도입의 필요성이 정책적으로 제기되었다(김정자 외, 1986; 정상양, 1996에서 재인용).

한편, 민간 차원에서도 재가노인복지 사업의 필요성이 높아지기 시작하였는데, 먼저 한국노인복지회(현 한국헬프에이지)에서는 1983년부터 불우 노인돕기 결연사업을 시작하여 4년간 연인원 12,800명에게 총 6,400만원의 용돈을 전달하였으며(한국노인복지회, 1990), 1986년 말 가정봉사원파견사업 운영자료와 재정을 마련하기 위해 국제노인복지회(Help age International)로부터 급하금을 받고, 1987년 1월~2월에는 서울시에 거주하는 무의탁 거택 노인 200명을 대상으로 한 생활실태조사에서 60명(30%)이 가정봉사원파견을 희망하는 것으로 나타나자, 당시 보건사회부에 가정봉사원사업 계획안을 작성, 공식적인 재정지원을 요청하여 보건사회부와 서울시의 예산 지원으로 1987년 5월부터 가정봉사원제도 시범사업을 실시하게 된다(한국재가노인복지협회, 2003; 정상양, 1996).

이어 은천노인복지회(구 은천노인상담소)는 1986년 11월부터 가정봉사원제도에 대하여 자체적으로 시범사업을 실시하였다. 은천노인복지회는 1986년 11월에 22명의 노인에게 후원자를 연결하여 1인당 5,000원씩 지급하면서, 가정을 방문하여 상담 및 방문 서비스를 제공하였는데, 이를 통해 1987년 2월 2일 동대문구청의 허가를 받아 우리나라 재가노인만을 대상으로 하는 가정봉사원파견 사업을 시작하게 된다(은천복지재단 20년사, 2006).

이와 같이 민간차원의 노력과 요청, 그리고 1987년 한국노인복지회의 시범사업 결과는 정부로 하여금 그 필요성을 확실히 인식하게 한 계기가 되었던 것으로 보인다. 1987년 한국노인복지회 시범사업 실시 이후 1988년 당시 보건사회부의 재가노인봉사사업으로 인정되면서 한국노인복지회가 9,900천원의 보조금을 지원 받은 이후 1989년에는 은천노인복지회까지도 포함하여 예산을 지원(총 32,420천원, 개소당 16,210천원)받았다. 그 뒤를 이어 중부노인종합복지관(현 노원노인종합복지관), 남부노인종합복지관(현 관악노인종합복지관)은 서울시 지원으로 1989년 9월부터 확대 실시하게 되었다(한국재가노인복지협회, 1999, 윤동성 2001, 재인용).

당시 사업에 대한 열정의 한 예로 남부노인종합복지관의 경우는 사업을 시작하는 1989년 9월, 세종문화회관에서 성대한 발대식을 가지며 100명의 가정봉사원이 한강 이남지역 13개구 지역을 관할하여 각 구별 100명의 무의탁 노인을 대상으로 활동을 시작하였다(관악노인종합복지관 20년사, 2009). 특히, 서울시 행정체계 중 하나인 부녀회 조직을 이용하여 중부노인종합복지관과 남부노인종합복지관이 합하여 320명의 가정봉사원을 모집하였는데, 이들에게 3천원~5천원 정도의 비용을 교통비 항목으로 지급하였다. 이와 관련하여 한국노인복지회의 경우 가정봉사원 워크숍을 통해 가정봉사원 관리의 어려움과 비용 지불로 인한 봉사정신의 순수성을 잃는다고 문제를 제기하여 비용을 받지 않고 순수한 의미로 봉사하고자 했던 일도 있었다(시립노원노인종합복지관, 2009).

1980년 중반부터 학계 및 실천 영역에서 시작된 가정봉사원제도는 시간이 흐르면서 그 필요성과 긍정적 결과는 더욱 확고해지고 있었으나, 관련 지침의 마련은 1989년부터라 할 수 있다. 가정봉사원파견사업에 대한 지원규정이 없던 1987년까지는 '노인상담시설 운영비' 명목으로 예산이 지원되었다가, 노인복지사업의 지침에 재가노인봉사사업 지원 조항을 마련하여 '재가노인봉사사업비'로 지원되었다(한국재가노인복지협회, 2003). 이 지침이 마련되면서 '재가노인'이라는 용어가 처음으로 등장하게 되었는데, 여기에는 재가노인봉사사업의 목적과 방침, 운영, 주요사업 등에 대한 내용이 간략하게 수록되었는데 그 내용은 <표 6-1>과 같다.

이 외에도 재가복지와 가정봉사원 파견에 대한 법적인 뒷받침이 마련되었다.

〈표 6-1〉 1989년 노인복지사업 지침 내 재가노인봉사사업 전문

1) 목적
단독세대 노인들을 정기적으로 방문하여 일상생활에 필요한 각종 서비스를 제공함으로써 노후생활안정 지원

2) 방침
∘ 자원봉사자를 육성 활용하여 봉사실시
∘ 단독세대 노인을 주 대상으로 하되 저소득계층 또는 정신적, 신체적 장애가 있는 노인세대를 우선 지원

3) 운영
∘ 운영주체: 사회복지법인
∘ 지원내역: 인건비, 운영비 및 사업비 일부를 다음 비율에 의하여 보조
　-서울(국고 50%, 지방비 50%) / 지방(국고 80%, 지방비 20%)

4) 주요사업내용
∘ 정서적 서비스(말벗, 상담, 책읽기 등)
∘ 가사돕기(부엌일 세탁, 청소, 장보기 등)
∘ 간병서비스(팔다리 주무르기 등)
∘ 여가서비스

1989년 6월에 보건사회부 훈령 제458호로 제정된 사회복지관 설치운영규정에 의하여 가정봉사원 파견을 통한 목욕서비스, 식사서비스 등의 재가노인복지서비스가 법정서비스로 규정되었다(보건사회부, 1989). 이후 1989년 12월에 1차 노인복지법 개정을 통하여 "가정봉사서비스", "재가노인"이라는 용어를 공식적으로 사용하기 시작하였으며, 가정봉사원파견서비스를 노인복지사업으로 규정하였다.

1980년대 중반 이후 발전한 가정봉사원파견사업은 의존인구에 대한 가정보호와 관련하여 몇 가지로 정리된다. 첫째, 의존인구의 문제에 개입하기 위해 전문가 뿐 아니라 비전문가들, 특히 자원봉사자들의 참여가 두드러졌다. 둘째, 정기적인 '가정방문'이 강조되고 있다. 이 사업에서는 이전의 어느 시기보다도 가정방문에서 방문시점의 정기성이 중시되고 있다. 셋째, 의존인구에 대한 대인복지서비스의 제공이 가장 중요시되는 원조내용이다. 이전 시대까지만 하더라도 구호에 비중이 두어진데 비해 가정봉사원파견사업이나 재가복지사업에서는 비물질적 서비스, 즉 대인복지서비스에 비중이 두어지고 있다는 점이다(한국노인복지회, 2000).

지금까지 가정봉사원파견사업이 본격적으로 시작되기 전인 1980년대 주요 내용을 살펴보았는데 이를 표로 정리하면 다음과 같다(<표 6-2> 참조).

〈표 6-2〉 1980년대 주요 연혁

1981년	노인복지법 제정
1986년	은천노인복지회에서 자체적으로 가정봉사원파견서비스 시범사업을 시행함.
1987년	한국노인복지회에서 가정봉사원파견서비스 정부지원 시범사업을 시행함.
1988년	한국노인복지회에서 가정봉사원파견서비스에 대한 정부지원을 받음.
1989년	은천노인복지상담소가 가정봉사원파견서비스에 대한 정부지원을 받음. 남부노인복지관과 북부노인종합복지관 가정봉사원파견사업 실시(서울시 지원) 가정봉사원파견사업 관련 지침 마련 "노인복지사업 지침 내 재가노인봉사사업" 1차 노인복지법 개정에서 "가정봉사서비스", "재가노인" 용어 공식 사용.

2. 가정봉사원파견사업 1기(1990~1996년)

1) 1기 주요변화내용

1989년 노인복지법 1차 개정안이 반영되기 시작한 1990년부터는 가정봉사원파견사업이 시범사업을 거쳐 본 사업으로 시작되었다. 노인복지법 개정에서는 가정봉사원파견사업을 노인복지사업으로 규정하는 한편, 노인을 위한 가정봉사원 및 필요한 결연사업의 실시를 위하여 적절한 지원을 할 수 있다는 규정을 명시함으로 가정봉사원파견사업에 대한 사회적 관심을 높였다. 비록 1991년까지 가정봉사원파견시설은 서울, 대구, 충북 등 총 7개 기관에서 실시하고, 이중 정부 지원은 1990년 2개소[3](보건복지백서, 1990), 1991년에 3개소[4]를 지원하는 것에 그치고 있었지만, 정부는 사업의 확산을 위해 재정 지원을 확대할 계획을 세우고 있었다(보건복지백서, 1991).

이 같은 방향은 1992년부터 시작된 제7차 경제사회개발 5개년계획의 사회보장부문에서 사회복지서비스분야의 기본방향 제시로 재가복지의 기폭제가 되면서 가정봉사원파견사업 또한 활성화되는 계기를 마련한다. 기본방향 중 하나로 '시설보호에서 재가복지서비스 확충으로'라는 설정에 따라 1992년부터는 62억의 예산으로 시(市)급 이상의 도시지역의 재가복지봉사센터(사회복지관 부설)(105개소), 재가노인복지사업기관(8개소), 재가장애인복지관(16개소), 지역복지봉사센터(사회복지협의회 부설)(15개소) 등 144개소의 시설을 지정하여 재가복지봉사센터가 설치되면서 재가복지 서비스의 양적 확대 시기를 맞게 된다(<표 6-3> 참조).

이를 통해 재가복지사업에 대한 사회적 인식과 필요성이 확대된 큰 계기가 되었는데, 반면 노인을 위한 재가복지는 기존에 가정봉사원파견사업을 실시했던 노인복지 관련 시설이 아닌, 당시 종합사회복지관을 중심으로 지원이 되었다는 점에서는 노인복지 관점에서는 아쉬움이 남는다. 특히 당시 가정봉사원파견사업을 실시했던 실무

---

3) 한국노인복지회, 은천노인복지회
4) 충북청주재가노인봉사원 추가

〈표 6-3〉 재가복지봉사센터의 현황

종류	주무부서 (보건복지부)	근거법령	재가복지기관 수				
			1992	1993	1994	1995	1996
재가노인복지 사업기관	노인복지과	노인복지법 및 노인복지 사업지침	10	10	14	23	33
재가장애인 복지기관	장애인복지과	장애인복지 사업지침	16	19	21	24	24
재가복지봉사 센터 (사회복지관 부설)	복지자원과	재가복지봉사센터 운영 국고보조 사업지침	105	105	112	131	147
지역복지봉사 센터 (사회복지협 의회 부설)	복지자원과	지역복지봉사센터 운영지침	15	15	15	15	15
계			146	149	162	193	219

자의 증언처럼 처음 62억의 예산은 재가노인을 대상으로 하여 재가노인복지 관련 시설에 지원하기로 계획되었던 것이었는데, 계획이 변경되어 노인만이 아닌, 아동 및 장애인 등 재가복지가 필요한 대상에게까지 확대하여 진행되었다면, 재가노인복지의 관점에서는 사업이 크게 확대될 기회를 놓치게 된 사건이라 할 수 있다.

그러나 재가복지봉사센터는 그 대상이 거동이 불편한 노인, 장애인, 그리고 소년소녀가장 등 가족기능이 취약한 저소득계층인 반면, 노인복지사업기관의 재가복지봉사센터는 노인을 중점 대상으로 하여 서비스를 제공하게 되었고, 가정봉사원파견사업의 수요에 부응하기 위해 가정봉사원파견사업의 실시를 담당할 재가복지봉사센터 보건복지부 운영 규정 및 지침이 마련되는 등 가정봉사원파견사업도 어느 정도 확대의 계기를 맞게 되었다(한국재가노인복지협회, 2003).

1993년에는 '노인복지법'이 다시 개정되어 재가노인복지사업 및 내용에 대해 명시하게 된다. 즉, 개정의 주요 골자는 재가복지가 사회복지법 개정을 통해 사회복지사업의 한 종류로 규정되면서 같은 해 12월에 '노인복지법'도 2차로 개정되어 재가복지사업이 노인복지사업의 한 종류로서 규정되고 제도화되었다. 2차로 개정된 노인복지법에서는 재가노인복지사업의 세부사업으로서 가정봉사원파견사업, 주간보호사업, 그리고 단기보호사업을 명시하였다(한국재가노인복지협회, 2003).

그러나 재가노인복지사업의 한 축이 된 가정봉사원파견사업은 1989년 4개소에서 1993년에는 전국에 12개 기관 정도만 설치 운영되고, 이 중에서 10개 기관5)에 운영비를 지원하는 수준에 머물렀으며(보건복지백서, 1993), 지원비의 규모도 사회복지관 기준으로 사회복지사 2인(과장급 1명 포함), 사무원 1인, 운전기사 1인의 인건비와 일부 운영비 및 사업비를 보조하는 수준이어서 재정적 어려움이 많았다. 특히 대상자에게 가정봉사원을 파견하는데 있어 무료 자원봉사자만을 활용할 수밖에 없고, 이들의 교육도 의무적이지 않아 자원봉사자인 무급가정봉사원이 봉사자 개인의 사정에 따라 활동에 변동이 많고 제공하는 서비스 빈도 및 내용이 제한적인 관계로 적절한 수발이 이루어지지 못하는 경우가 발생하게 되었다.

특히 요보호노인 등 장애정도가 심한 노인을 대상으로 서비스를 제공하기에는 한계가 있다는 평가가 나타나(최정화, 2002), 1992년 이후 한국사회복지관협회에서 개최된 재가복지봉사센터 세미나에서 유급가정봉사원의 필요성이 제기되어왔고(김범수, 1999), 이러한 문제를 보완하기 위해 한국노인복지회는 1993년부터 1995년 2년 동안 삼성복지재단의 지원을 받아 유급가정봉사원 프로젝트를 시행하였다.

이 방법은 노인복지관에서 일정한 자격을 갖춘 사람을 가정봉사원으로 지정하고 이 사람이 저소득층 노인에게 봉사할 경우는 노인복지기관으로부터 보수를 받고 중산층이상에게 봉사할 때는 수혜자로부터 직접 보수를 받는 방법이다(한국노인복지회, 2000). 이러한 과정을 거쳐, 1996년에는 유급가정봉사원 제도가 최초로 도입되는 계기가 된다.

---

5) 한국노인복지회, 은천노인복지회, 우리모두복지재단, 애광원, 한국노아복지회, 영락경로원, 현양복지재단, 갈멜산복지회, 광우복지원, 이일성로원

이 같은 정책의 변화로 1996년에 유급가정봉사원인 서울시 가정도우미 527명이 서울시로부터 급여(시간급)를 받고 서울시 거주 거택보호 노인을 대상으로 서비스를 제공하게 되었으며, 같은 해에 전국의 가정봉사원 파견시설 33개소에서 시설 당 1-2명의 유급 가정봉사원 인건비가 정부예산으로 책정되었다. 그리고 생활보호대상자가 아닌 저소득층 노인은 실비를, 일반노인은 서비스 비용 전부를 부담하고 서비스 혜택을 받을 수 있도록 하여 이들이 지불한 비용으로 유료가정봉사원 활동을 가능하게 하였으며, 이용 비용을 받는 시설의 경우는 개인에게도 설치, 운영할 수 있도록 허용하여 사업기관 및 대상이 확대되는 등의 변화가 있었다. 정부로부터 지원받는 가정봉사원파견사업은 1992년에는 10개소에 머물렀지만, 1995년에는 23개소, 1996년에 33개소로 확대되었다.

1990년대에 있어서 재가노인복지사업은 1980년대에 비하여 상당히 확대되었지만 서비스 대상은 저소득층에 국한되어 욕구와 수요에는 거의 응답하지 못하였다. 1993년 노인복지법이 개정되어 재가노인복지사업도 유료로 제공 가능하게 되었고 또한 영리단체도 유료사업 참여가 가능하게 되었지만 현재까지 거의 활성화되지 못하고 있다. 유료재가노인복지사업이 활성화되지 못하는 데는 그 시설과 서비스가 저소득층 중심으로 시설과 서비스의 수준이 높지 못하여 중산층이 이용을 꺼리는 것, 재가노인복지 서비스 기관과 시설에 대해 중산층이 정보를 잘 모르고 있는 것, 노인이나 가족이 전반적으로 경로효친 사상과 체면문화로 가족 이외의 타인의 서비스를 수용하려는 의지가 약한 것, 사업가능기관이 적극적으로 제공을 하기에 불확실한 요인이 너무 많아 적극적으로 서비스 제공에 참여하려는 의향이 약한 것 등이 원인이 된다(한국노인복지회, 2000).

지금까지 가정봉사원파견사업이 본격적으로 시작되고 정착된 1990년부터 1996년까지 주요 내용을 살펴보았는데 이를 표로 정리하면 <표 6-4>와 같다.

〈표 6-4〉 1기(90~96년) 주요 연혁

1990년	노인복지법 1차 개정으로 가정봉사원파견사업 실시
1991년	가정봉사원파견사업 3개소 지원
1992년	재가복지봉사센터 설치에 따라 재가복지사업에 예산 투입 시작(146개소)
1993년	노인복지법 2차 개정: 재가노인복지사업 개념 정의, 가정봉사원파견사업 외 세부사업 명시
1993년~1995년	한국노인복지회 삼성복지재단 지원으로 2년간 유급가정봉사원 프로젝트 시행
1995년	한국재가노인복지협회 사단법인 등록
1996년	전국 가정봉사원 파견시설 33개소에 시설 당 1-2명의 유급 가정봉사원 인건비 정부예산으로 책정 유급가정봉사원 교육사업비 예산지원(한국노인복지회, 순애원 등)

2) 법적기준 및 정책내용

정책당국이 재가노인에 대한 복지서비스의 필요성을 인식하고 그 지침을 마련한 시작은 1989년이었다. 1987년부터 시범적으로 운영되었던 가정봉사원파견사업은 1988년까지 '노인상담시설 운영비' 명목으로 예산이 지원되었다가, 1989년 보건사회부는 당시 유일한 재가노인복지사업이었던 가정봉사원파견사업에 대한 지원규정을 마련하기 위해 노인복지사업의 지침에 '재가노인봉사사업 지원' 조항을 마련하였다(한국재가노인복지협회, 2003). 이 지침은 '재가노인'이라는 용어가 처음으로 등장하였다는데 의의가 있으나, 앞서 제시한 <표 6-1>에서 보듯이 내용으로는 재가노인봉사사업의 목적과 방침, 운영, 주요사업 등에 대해서만 간략하게 수록된 수준이었다.

가정봉사원파견사업을 주 내용으로 하고 있던 1989년 6월 재가노인봉사사업 지침은 목적, 방침, 운영, 주요사업 내용으로 구분된다. 이 지침은 단독세대 노인 중에서 저소득계층 또는 정신적·신체적·정신적 장애가 있는 노인세대가 주 대상이라는 점,

그리고 자원봉사자를 육성하여 활용한다는 방침을 가지고 있었는데, 이는 기존에 민간의 몇 기관에 의해 시범적으로 실행되고 있던 사업을 정부가 지원하는 것이었기 때문에 사업 수행상의 지침이라기보다 국고 지원의 근거를 마련해야 하는 목적으로 만들어진 것이라 하겠다(한국재가노인복지협회, 2003). 즉, 기존에 사업내용을 그대로 제시한 것일 뿐, 정부 차원에서 가정봉사원파견사업 전개 방향과 운영에 대한 고찰의 흔적이 거의 없는 아쉬움이 있다. 예를 들면 재가노인봉사사업의 내용은 정서적서비스, 가사돕기, 거동부축서비스, 간병서비스, 여가서비스 등만을 제시하고 있는데, 이 외에 가정봉사원 파견을 통해 제공되어야 할 서비스 내용의 체계성, 포괄성도 부족하고 그 내용도 세분화하여 제시되지 않고 있다.

1992년 전국 각 시·도에 재가복지봉사센터가 설치·운영되면서 가정봉사원파견사업을 좀 더 세분화하여 설명한 지침이 마련되었다. 1992년 재가노인봉사사업 지침에 따르면 사업은 크게 재가노인봉사사업과 주간 및 단기노인보호 시설 운영으로 나누고 있으며, 현재 가정봉사원파견사업인 재가노인봉사사업은 다시 목적, 실시주체, 실시기관, 예산지원, 대상, 대상자선정, 주요사업 내용, 행정사항으로 구분하여 내용을 제시하고 있다.

이 지침의 특징은 첫째, 실시주체를 시·군·구로 제시하여 그 책임의 소재가 누구인지를 명확히 하고 있으며, 둘째, 실시기관을 사회복지 법인에서 비영리법인으로까지 확대한 점, 대상자도 저소득 단독세대 노인에서 일반노인까지도 확대하는 등 서비스 주체와 대상을 확대하고 있다. 셋째, 대상을 선정하는 방법을 제시하여 타당하고 적절한 대상자에게 서비스를 제공하고자 하였으며, 넷째, 사업내용도 상담사업, 결연사업, 노인가족 및 보호자 교육·계몽, 가정봉사원파견사업 등으로 세분화하고 있다. 그리고 마지막으로 지침에 처음으로 '가정봉사원'이라는 용어를 사용하였으며, 자원봉사자인 가정봉사원에 대한 교육과정, 활동시간 등 파견방법에 대해서도 제시하여 지침으로서의 형태를 갖추게 되었다.

1992년 재가노인봉사사업 지침은 1989년 지침에 비해 확실히 그 실시기관, 대상, 사업내용 등이 확대되고 세분화된 것은 분명하다. 그러나 대상자의 우선순위가 65세 이상의 거택 및 자활보호대상 노인가정으로 제시되어 여전히 저소득 단독세대 노인에게 서비스가 국한되었으며, 서비스 인력인 가정봉사원도 자원봉사자로만 활용되고 있어 지속적이고 질적 서비스 제공에 제한이 있다는 부분에서는 1989년 지침과 크게 다르지 않다고 평가된다.

1992년 이후 지침은 1994년까지 큰 변화 없이 제시되었다. 단 1994년 지침에서 현재 가정봉사원파견사업을 지칭했던 '재가노인봉사사업'을 '재가노인복지사업'으로 개칭하였다가, 1995년에는 1993년 노인복지법 2차 개정 내용을 반영하여 재가노인복지사업 안에 가정봉사원파견사업, 주간보호사업, 단기보호사업으로 규정하여, 현재의 '가정봉사원파견사업'이라는 용어가 등장하게 된다.

이후 1996년 재가노인복지사업 지침 내 가정봉사원파견사업의 주요 특징은 첫째, 사업기준으로 1개팀 기준 목표량으로 대상 노인수를 80명으로 규정하여 명시하고 이를 기준으로 직원 배치기준 및 가정봉사원 1인당 담당 노인 수를 제시하고 있다(<표 6-5> 참조). 둘째는 기존의 '가정봉사원 모집 및 교육' 항이 '가정봉사원양성교육훈련'에 관한 사항으로 개칭되고 이를 위탁교육훈련기관에 한해서만 교육을 실시할 수 있도록 지정하여 교육훈련비를 지원하면서 교육과정도 유급과정과 자원봉사과정으로 구분하여 양성교육과 보수교육을 실시하였고, 관련하여 강사배당기준 및 수강료, 운영 및 관리 등에 대해서도 세부적인 기준을 제시하는 등 가정봉사원 양성과 교육을 체계화하였다. 셋째, 사업비 지원에 대해 공통사항인 집행기준과 기관별 지원기준 및 기준 예시를 제시하여 각 기관별 지원비를 공시하였다

〈표 6-5〉 1996년 노인복지사업 지침 내 가정봉사원파견사업 기준

· 사업대상노인수: 80명(1개팀기준 목표량)
· 직원의 배치기준: 사업기관의 장, 사회복지사(노인 80명당 1인 기준), 사무원, 보조원(운전기사), 가정봉사원(노인 8명당 1인 기준), 노인결연(500명이상) 담당 사회복지사 1인(해당 사업기관에 한함)
※ 사회복지시설이나 주간보호사업기관에 병설하는 겨우 완화적용(10인 미만 제외)

〈표 6-6〉 가정봉사원파견사업 지원 규정(1990-1998)

년도	지원규정
1990~1991	서울: 국고 50%, 지방비 50% 지방: 국고 80%, 지방비 20%
1992~1998	서울: 국고 50%, 지방비 50% 지방: 국고 70%, 지방비 30%

자료: 보건복지부(각년도)

1996년에 재가노인복지사업 지침 내 가정봉사원파견사업의 가장 큰 변화는 가정봉사원을 유료와 자원봉사로 구분하고 이들의 교육훈련을 또 하나의 사업으로 구분하여, 좀 더 질적인 서비스 제공을 위한 정책을 마련하였다는 것이며, 특히 가정봉사원파견사업이라는 용어가 재가노인복지사업 내 하나의 세부 사업으로 자리 잡게 하였다는 면에서 의의가 있겠다.

가정봉사원파견사업의 운영비 지원에 대하여 1989년부터 1991년까지는 재가노인봉사사업 지침은 그 운영주체인 사회복지법인에 대해 인건비, 운영비 등 사업비 일부를 서울의 경우 국고 50%, 지방비 50%의 비율로 지방의 경우 국고 80%, 지방비 20%의 비율로 보조한다고 명시하였다. 그러다가 1992년 제7차 경제사회발전 5개년 계획에 따라 노인복지정책의 기본방향이 재가복지사업의 확충으로 전환되면서 가정봉사원파견사업이 전국적으로 확대됨에 따라 당시 보건사회부는 1992년부터 지방에 대한 국고지원비율을 80%에서 70%로 하향조정하였다. 이후 1993년 노인복지법 2차 개정에 의해 지침이 대폭 수정된 1995년에는 재가노인복지사업의 지원기준을 가정봉사원파견사업, 주간보호사업, 단기보호사업 등 각 사업별로 명시하기 시작했는데, 이 때 가정봉사원파견시설은 그간의 지원기준이 변함없이 1998년까지 유지된다.

1987년 시범사업 이후 가정봉사원파견시설은 꾸준히 증가 추세를 보였다. 1991년까지는 3개소(사회복지관 병설 재가복지봉사센터 미포함)였지만, 이후 재가복지로의 정책 전환과 사업의 확대 등으로 1996년에는 33개소의 가정봉사파견사업 시설이 설치되었다. 이로 인해 국가 지원도 증가추이를 보였는데, 시범사업을 시작한 1987년 4,420천원이 1996년에는 2,196,970천원 규모가 되었으며 개소 당 평균으로도 66,575천원이 지원되었다. 지원 금액의 출처는 정부 국고 및 지방비이기도 하지만 기금에 의해서 충당되기도 하였다(<표 6-7>, <표 6-8> 참조).

〈표 6-7〉 재가노인봉사사업(88-96년)의 예산 및 시설 수

(단위: 개소, 천원)

년도	88년	89년	90년	91년	92년
사업자수	1개소	2개소	2개소	3개소	일반: 8개소 기금: 2개소
사업비	9,900	32,420	38,239	58,859	227,438
년도	93년	94년		95년	96년
사업자수	일반: 8개소 기금: 2개소	일반: 11개소 기금: 3개소		일반: 20개소 기금: 3개소	일반: 30개소 기금: 3개소
사업비	일반: 349,624 기금: 82,156 계: 431,780	계: 595,529		일반: 941,532 기금: 133,080 계: 1,074,612	일반: 2,039,040 기금: 157,930 계: 2,196,970

자료: 노인복지사업지침 안내, 보건사회부(각년도, 1988 - 1996).

〈표 6-8〉 재가노인봉사사업 시설 및 재정

(단위: 개소, 천원)

년도	실시기관	비고	년도	실시기관	비고
88년	한국노인복지회		95년	동국재가노인복지회 은천노인복지회 우리모두복지재단 천사양로원 은파복지사업소 애광재가복지관 남광재가복지원 영진재가복지원 노아복지회	기금
89년	한국노인복지회 은천노인복지회				
90년	한국노인복지회 은천노인복지회				
91년	한국노인복지회 은천노인복지회				

	충북청주재가노인봉사원			대전요양원 원광수양원 광주노인복지회 신양요양원 영락경로센타 한국복지재단 속초종합사회복지회관 현양복지상담소 성예요양원 순천종합복지관 어린이재단 화정노인의집 경남종합사회복지관 애광원	기금
92~ 93년	한국노인복지회 은천노인복지회 우리모두복지재단 애광원 한국노아복지회 영락경로원 이일성로원 현양노인복지사업소 갈멜산복지회 광우복지원	기금 기금			기금
94년	한국노인복지회 은천노인복지회 우리모두복지재단 천사양로원 애광재가노인복지기관 한국노아복지회재가봉사센터 대전요양원 광주노인복지회 영락경로원부설재가봉사센터 신양요양원 현양노인복지사업소 성예재가노인복지봉사회 어린이재단 화정노인의집	기금 기금 기금	96년	한국노인복지회 은천노인복지회 우리모두복지재단 서부재가노인복지센타 은파복지사업소 연꽃마을 애광재가복지관 남광재가복지원 영진재가복지원 상리종합복지관 노아복지회 한국복지재단대구지부 인천시사회복지협의회 대전요양원 원광수양원 광주노아복지회 신양요양원 영락경로센타 효경의 집 춘천종합사회복지관 속초종합사회복지관 동해종합사회복지관 현양재가복지상담소 산남재가복지회 성예요양원	기금 기금

					부송종합사회복지관 순천종합사회복지관 조례종합사회복지관 포항종합사회복지관 구미종합사회복지관 경남종합사회복지관 화정노인의집 애양원	기금

자료: 노인복지사업지침 안내, 보건사회부(각년도, 1991~ 1996).

3) 사업내용(목적, 주체, 대상, 사업내용)

가정봉사원파견사업은 1989년 재가노인봉사사업에서부터 그 내용을 살펴볼 수 있다. 여기서는 공적 서비스로서 가정봉사원파견사업의 시작이라 할 수 있는 1989년, 그리고 노인복지정책의 기본방향이 재가복지사업의 확충으로 전환되면서 가정봉사원파견사업이 전국적으로 확대된 1992년, 노인복지법 2차 개정에 의해 지침이 대폭 수정된 1996년 노인복지사업 지침을 기준으로 살펴보도록 하겠다.

(1) 목적

가정봉사원파견사업의 처음 목적은 단독세대 노인을 방문하여 그들의 일상생활을 돕는 것이 목적이었다. 즉, 노인 혼자 사는 세대 중에서 일상생활에 어려움을 서비스 제공을 통하여 그들의 생활을 안정하도록 하는 것이 목적이었다. 그러다 1992년 지침에서는 '단독세대 노인'이라는 명칭 대신 '심신이 노쇠하여 일상생활 유지에 불편을 가진 노인가정'으로 변경하여 그 대상이 심신이 노쇠한 노인가정까지 확대하였으며, 목적달성도 노후생활안정에서 지역사회 내 건정하고 안정된 생활 영위로 변경하여, 재가복지의 궁극적 목적과 일치하게 명기되었다. 1996년에도 이와 같은 목적은 크게 변화되지 않았으나 심신이 노쇠하다라는 표현을 정신적·신체적인 이유로 수정하였고, 재가노인복지사업의 공통 목적과 각 사업의 목적을 명기한 점이 다르다고 하겠다.

〈표 6-9〉 가정봉사원파견사업 목적(1989, 1992, 1996)

년도	내용
1989년	단독세대 노인들을 정기적으로 방문하여 일상생활에 필요한 각종 서비스를 제공함으로써 노후생활안정지원
1992년	심신이 노쇠하여 일상생활유지에 불편이 있는 노인가정에 필요한 각종 사회적 서비스를 제공하여 지역사회내에서 건전하고 안정된 생활을 영위하도록 도와주는 것을 목적으로 함
1996년	① 공통사항 정신적·신체적인 이유로 혼자서 일상생활에 불편이 있는 노인가정에 대하여 필요한 각종 서비스를 제공하므로써 지역사회 내에서 건전하고 안정된 생활을 영위할 수 있도록 함. ② 가정봉사원파견사업의 목적 -정신적·신체적인 이유로 혼자서 일상생활을 영위하기 어려운 노인이 있는 가정에 노인의 일상생활에 필요한 각종 서비스 제공 -지역사회 안에서 건전하고 안정된 노후생활 도모

(2) 주체

가정봉사원파견사업의 주체를 국가로 본 것은 1992년 지침에서였다. 그 이전에는 실시주체는 명기되지 않았고 단지 가정봉사원파견사업을 하는 운영주체를 사회복지법인에 국한하여 명기하고 있다. 이는 당시 가정봉사원파견사업에 관심을 가지고 민간차원에서 실시했던 기관이 사회복지법인이라 이를 운영주체로 명기한 것일 뿐 큰 의미는 없는 것으로 보인다. 그러면서 재가복지봉사센터가 국가의 정책 아래 전국 사회복지 관련 기관으로 확대되면서 1992년 지침에서는 실시주체를 시·군·구로 그리고 운영주체라 할 수 있는 실시기관을 사회복지법인 뿐 아니라 비영리법인으로 확대하여 제시하였다. 1996년에는 실시주체가 허가권자로 변경하여 시·군·구의 장으로 변경되었고, 사업기관은 유료로 운영하는 경우는 사회복지법인 및 비영리법인 외에도 개인과 기업도 가능하도록 하였다.

〈표 6-10〉 가정봉사원파견사업 주체 및 운영기관

년도	내용
1989년	실시주체 명기되지 않음 운영주체: 사회복지법인
1992년	실시주체: 시·군·구 실시기관: 사회복지법인 등 비영리법인
1996년	허가권자: 시장, 군수, 구청장(노인복지법시행규칙 제 21조) 사업기관: 국가 또는 지방자치단체 사회복지사업법인, 비영리법인 ※ 유료: 개인, 기업, 사회복지법인, 비영리법인

(3) 대상

가정봉사원파견사업에서 대상이 제시된 것은 1992년부터이다. 그 이전에는 목적에서 제시한 '단독세대 노인'이라는 것으로 짐작할 수 있을 뿐이었다. 그러나 1992년에는 대상을 예외적 상황을 제외하고는 65세 이상이라는 연령기준으로 명확히 제시하면서, 단독세대 뿐 아니라 노인이 있는 가정으로 가족이 있어도 일상생활을 돕는 것이 어려울 때는 대상이 될 수 있다고 하였다. 그러나 그 대상을 선정하는 우선순위에서 65세 이상의 거택 및 자활보호대상 노인가정을 1순위로 두고 있어 실제 현장에서는 생활보호대상자 노인 중심으로 서비스가 제공되었다. 1992년도 대상자 명기에서 특이한 점은 대상자를 선정하는 방법으로 단지 기관에 신청하거나, 지역사회 순회를 통해 발견하는 것뿐 아니라, 지역사회의 여러 관련 단체 및 기관을 통해서도 의뢰받아 대상자를 결정할 수 있도록 하고 있다는 것이다.

1996년 지침에서 주요한 변화는 대상 명기를 가정봉사원파견사업 내에 별도로 제시하지 않고 '재가노인봉사사업실시'의 공통사항에 수렴한 것이다. 또한 1995년까지 대상 선정의 우선순위를 생활보호, 단독세대 노인, 맞벌이 부부의 노인가정 등으로 선정한 내용을 삭제하고 무료 시설은 65세 이상의 생활보호대상 노인, 실비는 도시근로자 월평균 소득기준, 유료는 그외 노인 등으로 소득수준에 따라 시설 이용을 구분하

〈표 6-11〉 가정봉사원파견사업 사업대상 평가내용

년도	내용
1989년	제시하지 않음. 그러나 목적에서 단독세대 노인이라는 내용 있음
1992년	○ 대상 정신적·신체적으로 일상생활을 자신 또는 가족의 힘으로 영위하기 어려운 노인 중 다음의 우선순위에 따라 대상을 선정함 (가) 65세 이상의 거택 및 자활보호대상 노인가정 (나) 65세 이상 단독세대 노인가정 (다) 65세 이상 노인을 부양하고 있는 맞벌이 부부의 노인가정 (라) 기타 동 서비스 제공이 필요하다고 인정되는 노인가정 단, 60세 이상 65세 미만 노인의 경우 반드시 동서비스 제공이 필요하다고 인정되는 경우 운영 기관장의 판단에 이해 실시할 수 있다. ○ 대상자 선정 다음 신청자 중 실시기관이 결정함 (가) 관내 동사무소, 구청, 보건소 등 공공기관을 통한 신청자 (나) 부녀회, 노인정, 노인회관 등을 통한 신청자 (다) 실시기관에 직접 신청자 (라) 사회복지사 등 노인복지사업 수행자의 순회 가정방문을 통한 선정
1996년	○ 사업대상 1) 무료: 65세 이상 생활보호대상 노인 2) 실비 ◦ 4인가족 기준 도시근로자 가구당 월평균 소득(180만원)의 50% 미만인 가구의 65세 이상의 노인으로 함 ※ 가구원 1인 증감 시 10만원씩 가감 ◦ 실비이용대상자의 비용부담 기준 별표로 제시 3) 유료 ◦ 1), 2) 대상 이외의 60세 이상 일반노인 ○ 사업대상 평가 ◦ 정부에서 지원하는 재가사업기관에서는 사업대상자 선정 시 사업기관의 사회복지사가 별표 실태조사표 및 관리카드에 의거 생활정도와 신체기능 등의 서비스 수요조사를 실시, 재가사업대상 적격여부를 평가한 후 선정하며 이에 따라 서비스 종류, 기간, 빈도 등을 결정함

고 있다는 점이다. 즉 가정봉사원파견사업이 정부지원과 유료시설로 구분되면서 대상을 생활보호대상 노인만이 아닌 일반노인까지 확대하여 실시하였다. 그러나 정부의 관심은 여전히 생활보호대상 노인이었고, 이들에게 가정봉사원파견사업을 실시하는 경우에만 정부지원비를 사용할 수 있게 하였으며, 정부지원금을 받은 이유로 이들을 선정하고 관리하는 사업 대상 평가 내용을 지침에 명시하였다.

(4) 사업내용

가정봉사원파견사업이 시작된 당시 1989년 지침을 보면 사업내용은 정서적서비스, 가사돕기, 간병서비스, 여가서비스로 구분하여 간단한 내용만을 제시하고 있었다. 그러나 그 후의 가정봉사원파견사업의 주요 항목인 가사지원서비스, 건강관리서비스, 정서적 서비스, 그리고 사회적 서비스와 비슷한 항목으로 사업 내용을 제시하고 있다. 1992년 지침에서 사업내용은 매우 세부적으로 제시된다. 우선 가정봉사원파견기관은 가정봉사원파견사업 외에도 기존에 하고 있던 상담사업, 결연사업, 노인가족 및 보호자 교육과 계몽 등도 사업내용을 포함하였다. 그리고 가정봉사원파견사업은 가사지원서비스, 건강관리서비스, 정서적 서비스, 그리고 사회적 서비스로 구분하고 각 항목별로 구체적인 행위를 설명하고 있어, 각 서비스별로 어떻게 해야 하는지 보여주고 있다. 그러나 1995년에 와서는 가사지원서비스, 건강관리서비스, 정서적 서비스, 그리고 사회적 서비스 항목 중에서 건강관리서비스가 제외되었고, 각 항목별 구체적 행위도 대표적 서비스 행위만을 제시하였다.

〈표 6-12〉 가정봉사원파견사업 서비스 내용

년도	내 용
1989년	정서적 서비스(말벗, 상담, 책읽기 등), 가사돕기(부엌일 세탁, 청소, 장보기 등) 간병서비스(팔다리 주무르기 등), 여가서비스
1992년	(가) 상담사업: ①노인의 생활 및 신상에 관한 상담 및 조언, ②법률 상식 제공, ③노인시설 관련 정보 및 입소절차 상담, ④단독세대 노인 전화 말벗 및 확인 사업 (나) 결연사업: 저소득층 노인과 지역내 주민, 기업체, 공공단체 등과 결연을 맺어 후원금 지원 및 초청방문·위문 등을 실시 (다) 노인가족 및 보호자 교육·계몽: ①신체장애 노인 가족 및 보호자교육: 기능회복 관련 동작훈련 방법, 목욕방법 등, ②치매노인 가족 및 보호자교육: 간호방법, 치매노인, 주거환경 관리방법 등, ③ ①,② 교육 시 봉사자 참여 교육 (라) 가정봉사원파견사업 1) 가사서비스: ①식사준비 및 취사, ②의류 등 세탁 및 정리·수선, ③집안청소, 난방 등, ④시장보기, 생필품구매, ⑤기타 가사원조 2) 건강관리서비스: ①병문안 및 수발, ②위생관리(목욕, 머리감기, 손톱깎기 등), ③적절한 신체운동지도, ④병원안내·동행·수속대행, ⑤기타 의료보조용구의 수선의뢰 등 3) 정서적 서비스: ①상담 및 조언(전화서신, 면접상담), ②말벗(전화, 방문), ③책 읽어주기 4) 사회적 서비스: ①편지 써주기, ②민원서류 작성·발급협조, ③동사무소 지원물품 수령(쌀, 버스표, 노령수당 등), ④노인관련 정보제공, ⑤지역사회 자원연결
1995년	·가정봉사에 관한 사항 -가사지원서비스: 식사시중, 시장보기, 주변정도, 생필품의 구매 등 가사에 관한 서비스 -개인활동서비스: 신체청결, 외출 시 부축동행 등 개인활동에 관한 서비스 -우애서비스: 말벗 등 정서에 관한 서비스 ·상담 및 교육에 관한 사항 -노인생활 및 신상에 관한 상담 서비스 -장애노인 및 보호자의 교육 ·노인결연에 관한 사항 -무의탁 노인 후원을 위한 결연사업(정부지원사업기관에 한함)

3. 가정봉사원파견사업 2기(1997~2005.6)

1) 2기 주요변화내용

1997년부터 2005년까지의 2기에서의 변화는 1996년에 기존의 가정봉사원 양성 교육사업을 재가노인복지사업에 추가한 것과, 세부 사업별로 유형화된 재가노인복지 시설을 법정 노인복지시설로 규정한 것이다(김충식 외, 2006). 이와 같은 변화에 힘입어 1990년 말부터 가정봉사원파견사업기관은 양적으로 급속하게 증가하게 되었다. 즉, 2기에는 가정봉사원파견사업이 재가복지에서 매우 중요한 제도로 자리 잡기 시작하였다.

<표 6-13>에서 보듯이 국고지원을 받는 가정봉사원파견사업 기관은 1997년 48개소였는데 1999년에는 전국적으로 74개소 그리고 2003년에는 120개소, 2005년 399개소로 무려 약 1,200%로 증가하였으며, 노인장기요양보험 1차 시범사업 기간 내였던 2006년에는 523개소 약 1,500%가 늘었다. 국고지원을 받지 않고서 서비스를 제공하고 있는 가정봉사원 시설기관을 포함할 때 가정봉사원파견사업을 실시하고 있는 기관이나 단체의 수까지 포함한다면 기하급수적인 성장이라 할 수 있다. 수발노인수도 2002년 14,667명에서 2004년도 24,836명, 그리고 2005년도에는 32,752명으로 대폭 증가하는 추세를 보이고 있다. 그 원인은 2008년 7월 노인수발보험제도의 도입에 대비하여 치매·중풍시설기관 중중질환노인을 입소 보호하는 노인요양시설이 정부 지원을 통해 대폭 확충되고 있는 점과 민간사업자가 참여하는 유료노인복지시설이 지속적으로 확충되고 있다는 점을 들 수 있겠다(이형숙, 2007).

이와 같은 증가 추세는 노인인구의 급성장으로 노인정책에 대한 관심이 집중된 것과 연관이 깊다. 우리나라는 2000년에 65세 이상의 노인인구가 전체 인구의 7.2%를 차지하여 고령화사회에 진입하게 되는데 이를 전후로 하여 한국사회에서는 사회복지의 주요 대상으로 노인이 등장하고, 이들의 사회적 부양 부담을 감소하기 위한 여러 정

〈표 6-13〉 가정봉사원파견사업 기관수 및 이용자수 변화(1997~2006년)

년도	1997	1998	1999	2000	2001	2002	2003	2004	2005	2006
개소수	49	52	78	78	105	165	228	300	399	523
이용수						14,667	18,785	24,836	32,752	42,832

-2003~2005년: 2006년도 노인복지시설현황, 보건복지부(2006).
-2002년: 2003년도 노인복지시설현황, 보건복지부(2006).
-1997~2000년: 보건복지백서
-2001년은 통계에서 보건복지백서에서 88개소, 2003년은 129개소(국고받는 기관만 명시), 2004년 299개소(미지원시설포
 함), 2006년 이후는 확충된 시설수만 나옴.

책들이 등장하기 시작하였다.

특히 참여정부가 들어선 2002년 이후에는 노인인구의 증가에 대해 그 심각성을 인식하고 많은 예산을 투입하고 노인복지의 활성화에 심혈을 기울였다. 재가노인복지에 대해서는 지속적으로 정책을 개발하고 활성화하는 면에서 의지할 곳이 없거나 정신적·신체적인 이유로 혼자서 일상생활을 수행하기에 불편이 있는 노인 가정을 대상으로 노인의 생활과 관련된 문제점 해결과 안정된 생활의 유지를 도모하는데 필요한 각종 서비스를 제공함으로써 노인이 지역사회에서 가족 및 친지와 더불어 건전하고 안정된 생활을 영위할 수 있도록 하고, 가족의 수발부담을 덜어주도록 하는 재가노인을 위한 가정봉사원파견사업을 중요한 노인재가복지사업으로 추진하였다.

하지만 서비스 내용면에서는 실제 가정봉사원파견사업의 서비스 실시기간이 비교적 짧고 서비스에 대한 인식이 부족할 뿐 아니라 서비스를 이용하는 노인들의 욕구와 특성 즉 건강상태, 가정 및 주거환경, 서비스 관심도 등에 따른 요구사항을 적절하게 반영하지 못하고 있으며, 서비스의 종류 및 내용면에 있어서도 기본적인 수준의 서비스 제공에 머무르고 있었다. 또한 가정봉사원에 의해 제공되는 서비스의 질에 대한 평가가 전혀 이루어지지 않았는데, 이는 이용자 중심의 서비스 제공이라기보다 공급자 중심으로 획일적인 서비스가 제공되고 있음을 의미한다.

이 시기의 재가복지사업의 발전방향에 대해 제시한 선우덕(2002)[6]은 가정봉사원

파견사업의 문제점으로 서비스대상, 서비스의 내용, 비용부담을 지적하였다. 서비스 대상의 문제로는 공공부문에서 제공되고 있는 서비스 대상을 생활보호노인으로 한정하고 있고, 서비스내용에 있어서는 현행 가정봉사원이 거의 자원봉사에 의존하고 있기 때문에 간단한 가사지원 및 안부방문 정도에 그치고 있어 실제 일상생활에 불편을 느끼고 있는 중증 장애노인이나 외상, 치매노인을 위한 서비스는 제공하지 못하고 있다고 하였다. 또한 일반노인이 서비스를 이용하고자 하는 경우에는 비용부담 때문에 문제가 되므로 이를 국가와 이용자가 일정 부분 부담하는 비용부담체계를 도입하는 방안을 제시하였다.

따라서 이 시기는 가정봉사원파견서비스가 양적으로는 증가하였으나, 나날이 다양해지고 있는 재가노인들의 욕구에 비해 제한된 노인복지사업지침에서 벗어나지 못하였다고 평가할 수 있다. 이와 같은 결과와 관련하여 김충식 등(2006)은 서비스를 제공하는 가정봉사원의 전문성에 초점을 두고, 이들은 전문적인 경험과 지식이 부족하여 고도의 수발을 요하는 병약한 노인들을 돌보는 것이 불가능하여 현실적으로 가정봉사원이 제공하는 서비스의 내용과 범위가 매우 단편적인 수준에 머물러 있는 실정이어서 우리나라의 가정봉사원파견서비스가 서비스 내용에 있어서 오래 전에 제도화된 선진국과 맥락을 같이 하고 있다지만 실제로 제공되는 서비스는 매우 제한적이고 서비스 내용 또한 다양하지 않아 재가노인과 그 가족이 서비스를 받는다고 해도 그들이 감당해야 할 고충이 여전히 남아 있는 등, 효과적인 가정봉사원파견서비스가 적절하게 제공되었다고 보기 어렵다고 주장하고 있다.

2) 법적 기준 및 정책내용

1997년 이후부터 노인장기요양보험이 실시되기 전까지 재가노인복지사업 관련 법적 기준 및 정책은 큰 변화 없이 제도적 발전에 따라 세부적 사항이 수정·보완된 시

---

6) 선우덕(2002), 재가노인 보건복지정책의 방향, 보건복지포럼, 통권 제71호, 45-51.

기라고 평가할 수 있다. 따라서 앞서 언급한 바와 같이 재가노인복지서비스의 확대에 힘입어 전국의 시·군·구에 1개소씩 운영할 계획을 1996년부터 제시하고, 2004년에 비로소 300개소를 확보하는 양적인 확충 정책과 관련하여 서비스 내용을 추가하거나, 관리 운영에 문제가 발생하지 않도록 세부적 지침 내용을 첨가하는 수준이었다. 단, 2003년부터는 재가노인복지사업 중 '가정봉사원파견사업'이라는 세부사업 분류가 '가정봉사원파견시설'로 제시되는 변화가 있었다.

이 시기에 주요 관심은 가정봉사원파견사업의 양적증가에 비해 질적 서비스 수준을 높이는데 필수적인 인적, 물적 자원의 확보였다. 재가노인복지시설의 예산은 정부지원금, 찬조후원금 그리고 자부담으로 구성되는데, 1999년의 경우 가정봉사원파견사업의 총 예산 중 정부지원금이 차지하는 평균비율은 78%로 조사되었는데(원종욱, 2000), 이와 같은 비율은 매년 비슷한 양상이라 할 수 있다. 즉, 정부보조금에 의존한 운영체제라고 할 수 있는데, 재가노인시설 평가보고서(한국보건사회연구원, 2000)에서 가정봉사원 파견시설은 당시 국고예산으로는 최소한의 필요예산에도 미치지 못하고 있는 것으로 분석되었고, 그 결과 호봉이 높은 직원의 경우 인건비조차도 충당되지 못하여 잦은 이직문제가 초래하는 실정이었다(선우덕, 2002, 박현정 외, 2003, 재인용). 더욱이 2005년에는 보건복지부 사업 중 재가노인복지사업을 포함한 67개 사업을 지방이양으로 돌려져 보조금이 일부지역을 제외하고 예산이 삭감 또는 동결되거나, 지역 간 일반 운영비 격차가 발생하여 더욱 운영에 어려움을 겪는 상황이 발생하기도 하였다. 재가노인복지 사업의 지방이양은 국가 차원의 부담이 줄었다고 볼 수 있으나 파견사업 시설의 안정성 있는 복지사업은 경제적 이유와 여러 가지 문제들로 인해 점차 회복되기 어려워질 것으로 전망하였다(이형숙, 2007).

가정봉사원 파견시설에 대한 국가 예산은 <표 6-14>에서 보듯이 1997년에 11.2% 증가한 후 2002년까지 거의 동결수준이었다가도 2003년과 2004년에 소폭 증가하였다. 더욱이 동결수준이었던 1997년에서 2002년에는 평가결과에 따라 우수, 보통, 미흡으로 구분하고 미흡시설에서 보조금을 삭감하여 우수시설에 인센티브로 지급하는 정책을 실시하였다. 이와 같은 결과는 앞서 말했듯이 가정봉사원파견사업

<표 6-14> 가정봉사파견사업 보조금의 연도별 추이[7]

연도	1996	1997	1998	1999	2000	2001	2002	2003	2004	2005
금액	67,200	75,000	75,000	75,000	76,500	77,000	79,500	90,800	104,280	109,494
증가율	-	11.2%	-	-	1%	1%	1%	11.4%	11.5%	1%
비고	기존:서울 73,200 기존:지방 67,200 신규:서울 58,300 신규:지방 52,800	기존 75,000 신규 68,750	시설당 75,000	우수시설 77,000 보통시설 75,000 미흡시설 73,000	우수시설 78,500 보통시설 76,500 미흡시설 74,500	우수시설 77,000 보통시설 79,000 미흡시설 74,500	지원기준 79,500 우수시설 82,000 신규시설 77,000	기존시설 90,800 신규시설 89,000	균등지급	균등지급

<표 6-15> 가정봉사원파견사업 지원 규정(1997~2005년)

년도	가정봉사원파견사업
1997년	서울: 국고 50%, 지방비 50% 지방: 국고 70%, 지방비 30%
1998년	서울: 국고 50%, 지방비 50% 지방: 국고 70%, 지방비 30%
1999년	실적별 차등지원
2000년	실적별 차등지원
2001년	실적별 차등지원
2002년	실적별 차등지원
2003년	국고 40%, 지방비 60%, 실적별 차등지원
2004년	국고 40%, 지방비 60%
2005년	인건비, 운영비 등 사업비 일부를 지방자치단체에서 보조 ※지방비 지원금을 초과하는 부분에 대해서는 운영주체 자체부담으로 충당

은 재원을 대부분 국고와 지방비보조에 크게 의존하고 있어 재정자립도가 취약한 시
설이기 때문에 당연히 가정봉사원 훈련, 우수인력 확보, 양질의 서비스 제공의 확보는

---

7) 조영표(2005). 지방이양후 재가시설 보조금 예산 현황과 대책, 한국재가노인복지협회 제15차 재가
노인복지세미나 pp 46-47에서 제시한 재가복지사업 보조금 연도별 추이를 가정봉사원파견사업만
분리하여 증가율을 계산함. 비고는 한국재가노인복지협회(2003), 재가노인복지사업 10년 발자취에
서 발췌함.

거의 불가능하였다.

<표 6-15>는 2기의 기간 동안 가정봉사원 예산지원기준 및 지원규정의 변화를 표로 나타낸 것으로, 1998년까지 서울은 국고와 지방비 각각 50%였고 지방의 경우 국고 70%, 지방비 30%였으나 1999년부터 2002년까지는 실적별로 차등 지원하였고, 2003년에는 다시 국고 60%, 지방비 40%로 변경한 후 2005년부터 지방자체단체에서 지원하도록 규정이 변경되었다.

가정봉사원파견사업의 주무부서는 2004년을 기준으로 운영주체별로 살펴보면, 민간이 위탁운영하고 보건복지부는 노인지원과에서, 서울시는 노인복지과, 기타 각시·도는 가정복지과, 그리고 시·군·구에서는 가정복지과에서 업무를 담당하였다. 한편 노인 및 기타 재가복지서비스를 제공하고 있는 재가복지봉사센터, 노인종합복지관, 서울시 가정도우미 팀 운영센터는 그 주무부서가 가정봉사원파견사업과 달라 서비스를 효율적으로 제공하지 못하는 문제를 갖고 있기도 하였다(<표 6-16 참조).

〈표 6-16〉 가정봉사원파견사업 전달체계

구분	내용
보건복지부 지원 가정봉사원파견시설	보건복지부(노인지원과) → 지방정부(서울시 노인복지과/시·도 가정복지과) → 시·군·구(가정복지과) → 가정봉사원파견시설 → 노인
재가복지봉사센터	보건복지부(복지지원과) → 지방정부(서울시 노인복지과/시·도 복지정책과) → 시·군·구 사회복지과 → 노인·장애인·아동
노인종합복지관	서울시: 서울시노인복지과 → 구 사회복지과 → 노인종합복지관 → 노인 시·도: 시·도 가정복지과 → 시·군·구 가정복지과 → 노인종합복지관 → 노인
서울시 가정도우미 팀 운영센터	서울시 노인복지과 → 구 가정복지과 → 동사무소 사회계 → 가정도우미 팀 → 노인

자료: 한국재가노인복지협회, 서울시 노인복지과. 2003

〈표 6-17〉 2004년 노인복지사업 지침 내 가정봉사원파견사업 기준

· 사업대상노인수: 80명(1개 시설당)
· 직원의 배치기준
  시설장, 사회복지사(1인), 사무원(1인), 보조원 또는 운전기사(1인), 가정봉사원(무급가정봉
  사원의 경우 1인당 노인 1~5명, 유급가정봉사원의 경우 1인당 노인 8명 기준), 노인결연
  (500명이상)시, 전담직원 1인 별도 배치(해당사업기관에 한함)
  ※ 사회복지시설에 병설하는 경우에는 사회복지사 및 가정봉사원외의 직원은 사업에 지장
    이 없는 범위안에서 시설의 직원이 겸임 가능

2기에서의 노인복지사업 지침 내 가정봉사원파견사업 기준은 1기와 거의 유사하
지만 가정봉사원 1인당 8인이었던 기준이 무급과 유급을 기준으로 나누어졌다. 무급
가정봉사원의 경우 1인당 노인 1~5명 기준이며, 유급가정봉사원의 경우 1인당 노인
8명 기준이다. 또한, 사회복지시설에 병설하는 경우에는 사회복지사 및 가정봉사원
외의 직원은 사업에 지장이 없는 범위 안에서 시설의 직원이 겸임 가능하다.

3) 사업내용(목적, 주체, 대상, 사업내용)

1997년부터 2005년까지 가정봉사원파견사업의 목적, 주체, 대상, 사업내용은 기
존 재가노인봉사사업에서 크게 벗어나지 않고 단지, 내용을 추가하거나, 수정하는 특
징을 보여주고 있다. 여기서는 2003년도 노인보건복지사업안내를 중심으로 추가되
거나 변경된 내용을 살펴보도록 하겠다.

(1) 목적

가정봉사원파견사업의 목적은 2기에 이르도록 커다란 변화 없이 이어져 2003년
가정봉사원파견시설은 목적을 "정신적·신체적인 이유로 혼자서 일상생활을 영위
하기 어려운 노인이 있는 가정에 가정봉사원을 파견하여 노인의 일상생활에 필요한
각종 서비스 제공", "이를 통해 가정 및 지역사회 안에서 건전하고 안정된 노후생활
도모"라고 제시하였다. 이전 목적과 비교하면 가정봉사원을 파견한다는 내용을 추가

〈표 6-18〉 가정봉사원파견사업 목적 변화내용(1997, 2003, 2004)

년도	내용
1997년	· 정신적 · 신체적인 이유로 혼자서 일상생활을 영위하기 어려운 노인이 있는 가정에 노인의 일상생활에 필요한 각종 서비스 제공 · 지역사회 안에서 건전하고 안정된 노후생활 도모
2003년	· 정신적 · 신체적인 이유로 혼자서 일상생활을 영위하기 곤란한 노인이 있는 가정에 가정봉사원을 파견하여 노인의 일상생활에 필요한 각종 서비스 제공 · 이를 통해 지역사회 안에서 건전하고 안정된 노후생활 도모
2004년	· 정신적 · 신체적인 이유로 독립적인 일상생활을 영위하기 어려운 노인이 있는 가정에 가정봉사원을 파견하여 필요한 각종 서비스 제공

하여 서비스 제공자를 구체적으로 제시하고 있고, 두 번째 목표에서 '이를 통해' 라는 문구를 추가하여 첫째 목적이 우선순위임을 분명히 하고 있다. 이후 2004년 목적에는 '혼자서'라는 용어가 '독립적인'이라는 용어로 변경되어 그 의미를 분명히 전달하고 있고, '일상생활'은 삭제하여 제공되는 서비스가 일상생활에 국한되지 않음을 제시하고 있다. 또한 두 번째 목적으로 제시된 "이를 통해 가정 및 지역사회 안에서 건전하고 안정된 노후생활 도모"는 삭제되어, 가정봉사원파견사업의 중요한 목적이 무엇인지를 명확하게 나타내고 있다(<표 6-18>참조). 결과적으로 2기 기간 동안 목적은 큰 변화는 없고 사업의 목적이 좀 더 분명하고 명확하게 수정 보완되었을 뿐이다.

(2) 주체

1993년 개정된 노인복지법을 반영하는 새로운 지침이 비로소 완성된 1996년의 재가복지사업 안내에서도 실시주체 또는 사업주체(실시기관)는 노인재가복지사업 공통사항에 수록하고, 사업별 지침에서는 이를 별도로 기재하지 않았다. 다만, 2003년도만 공통사항에 시 · 군 · 구를 재가노인복지사업의 실시주체로 명시하고 국가, 지방자치단체, 법인 또는 개인이라고 명기된 사업주체는 각 사업별로 명시한 후, 2004년 이후에는 실시주체는 삭제하고 공통사항에 사업주체로 시 · 군 · 구로 명기하여 그

〈표 6-19〉 사업주체의 변화(1997, 2003, 2004)

년도	내용
1997년	· 허가권자: 시장, 군수, 구청장(노인복지법시행규칙 제 21조) · 사업기관: 정부지원사업 : 국가 또는 지방자체단체 사회복지사업법인, 비영리법인 ※ 유료: 개인, 기업, 사회복지법인, 비영리 법인
2003년	· 실시주체: 시 · 군 · 구 · 사업주체: 국가, 지방자체단체 법인 또는 개인 · 시설설치: 노인복지법 제39조, 노인복지법시행규칙 제 29조 및 재가노인복지사업의 시설 · 기준과 운영기준에 의한 신고후 신고필증교부
2004년	· 실시주체: 삭제 · 사업주체: 시 · 군 · 구 · 시설설치: 2003년과 동일.

책임이 국가에 있음을 밝히고 있다. 시설 및 운영기준에 대해서는 공통사항에서 시설의 설치는 당시 '노인복지법 제39조에 의하면 재가노인복지시설은 국가 또는 지방자치단체 외의 자가 시설을 설치하고자 하는 경우 시장 · 군수 · 구청장에게 신고하여야 한다'고 규정하고 당시 노인복지법시행규칙 제29조 및 재가노인복지사업의 시설기준과 운영기준에 따라 시설설치 신고 및 변경신고 방법을 제시하였다.

또한 사업주체를 정부지원의 유무를 기준으로 개인에게 제한을 두었던 규정을 2003년부터 삭제하고 재가노인복지시설에서 실비 또는 유료로 비용을 수납하고자 할 경우에는 노인복지법시행규칙 제34조 제2항의 규정에 의거 시장, 군수, 구청장에게 비용수납을 신고하고, 실비이용자를 전체 이용 정원의 20% 이내로 제한하고, 이용인원이 80명을 넘을 때는 그 초과인원에 대해서는 실비로 이용할 수 있도록 하였다.

(3) 대상

1996년도부터 2002년까지 가정봉사원파견사업의 대상은 별도로 제시되지 않고 공통사항에 수렴하여 제시하다가 2003년부터 공통사항에 이용대상을 명기하고 가정봉사원 파견시설의 대상을 명시하였다. 새롭게 명시된 가정봉사원파견시설의 파견대상세대는 ①일상생활수행능력(ADL)에 지장이 있는 자, ②노인성 질환 또는 노쇠로 인해 심신의 장애가 있는 자, ③일반 질환으로 인해 일시적인 일상생활서비스가 필요한 자, ④독거노인으로서 일상생활 서비스가 필요한 자, ⑤기타 복지실시기관장이 가정봉사원의 서비스가 필요하다고 인정한 자 등이다. 이와 같은 규정은 가정봉사원 파견시설이 유지되는 2008년까지 동일하게 적용되었다.

(4) 사업내용

가정봉사원파견사업 내용을 가정봉사에 관한 사항, 상담 및 교육에 관한 사항, 노인결연에 관한 사항으로 구분하여 제시된 1995년에 사업 안내는 커다란 변화 없이 유지되다가, 2002년 노인결연에 관한 사항이 상담 및 교육에 관한 사항으로 흡수되어 크게 가정봉사에 관한 사항과 상담 및 교육에 관한 사항으로 재정리되었다. 또한 가정봉사에 관한 사항에 간병서비스가 신설되어 주로 가사지원이나 개인활동지원 중심이었던 서비스가 재가노인 중 중증질환 노인을 대상으로 재가간병 및 병원 간병 지원도 가능하도록 확대되었다.

그러나 2003년에는 신체적 수발에 관한 사항, 일상생활지원에 관한 사항, 상담 및 교육에 관한 사항, 지역사회 복지자원 발굴 및 네트워크 구축에 관한 사항으로 나뉘어졌다. 신체적 수발에 관한 사항에서는 2002년에 사용된 간병서비스라는 용어를 사용하지 않고 그 내용도 식사하기, 화장실 이용하기, 옷 갈아입기, 목욕하기, 머리감기, 노인수발 등의 서비스라고 명기하여 간병과 관련된 용어 및 서비스 내용은 없어졌다. 또한 지역사회 복지자원 발굴 및 네트워크 구축에 관한 사항이 추가되면서 상담 및 교육에 관한 사항으로 흡입되었던 노인결연에 관한 사항이 무의탁 노인 후원을 위한 결연사업으로 수정되었고 지역사회 자원봉사자 등 인적자원 발굴사업이 추가되었다.

이와 같은 사업 내용은 다시 큰 변화 없이 2005년까지 지속되었다.

〈표 6-20〉 2기 가정봉사원파견사업 사업내용의 변화

년도	내용
1997년	**가정봉사에 관한 사항** -가사지원서비스: 식사시중, 시장보기, 주변정도, 생필품의 구매 등 가사에 관한 서비스 -개인활동서비스: 신체청결, 외출시 부축동행 등 개인활동에 관한 서비스 -우애서비스: 말벗 등 정서에 관한 서비스 **상담 및 교육에 관한 사항** -노인생활 및 신상에 관한 상담 서비스 -장애노인 및 보호자의 교육 **노인결연에 관한 사항** -무의탁 노인 후원을 위한 결연사업(정부지원사업기관에 한함)(1996년도와 동일함)
1998년 ~ 2001년	**가정봉사에 관한 사항** -가사지원서비스: 취사, 시장보기, 청소·주변정돈, 생필품 구매, 의류세탁, 관계기관 연락 등 가사에 관한 서비스 -개인활동지원서비스: 신체청결, 외출시 부축동행 등 개인활동에 관한 서비스 -우애서비스: 전화 및 방문 말벗, 편지써주기, 생활상담 등에 관한 서비스 **상담 및 교육에 관한 사항** -지역사회 내에서 노인의 자립생활에 관한 상담서비스 -장애노인 수발자를 위한 상담 및 교육 **노인결연에 관한 사항** -무의탁 노인 후원을 위한 결연사업(정부지원시설)
2002년	**가정봉사에 관한 사항** -간병서비스: 재가노인 중 중증질환 노인을 대상으로 재가간병 및 병원 간병 지원(신설) **상담 및 교육에 관한 사항** -지역사회 내에서 노인의 자립생활에 관한 상담서비스 -장애노인 수발자를 위한 상담 및 교육 **노인결연에 관한 사항**: 무의탁 노인 후원을 위한 결연사업

	신체적 수발에 관한 사항 -식사하기, 화장실 이용하기, 옷 갈아입히기, 목욕하기, 머리감기, 노인수발 등 **일상생활지원에 관한 사항** -가사지원서비스: 취사, 시장보기, 청소·주변정돈, 생활필수품구매 등 가사에 관한 서비스 -개인활동서비스: 외출시 부축 동행 등 개인활동에 관한 서비스 -우애서비스: 전화 및 방문, 말벗, 편지써주기, 생활상담 등에 관한 서비스 **상담 및 교육에 관한 사항** -지역사회 내에서 노인의 자립생활에 관한 상담서비스 -장애노인 가족을 위한 상담 및 교육 **지역사회 복지자원 발굴 및 네트워크 구축에 관한 사항** -무의탁 노인 후원을 위한 결연사업 -지역사회 자원봉사자 등 인적자원발굴사업
2003년	

4. 가정봉사원파견사업 3기(2005.7~현재)

1) 3기 주요변화내용

정신적·신체적 이유로 혼자서 일상생활을 하기가 곤란한 노인을 위하여 식사시중, 목욕·용변수발, 병원안내 등 각종 생활편의를 제공하는 법정 가정봉사원파견시설은 2005년 말에 이르러서는 399개소나 되었다. 그러나 지금까지의 가정봉사원파견사업은 대부분 저소득 재가노인을 중심으로 정부지원의 민간위탁 기관이 극히 미약한 정부보조금만으로 운영되는 등 소극적이고 제한적인 서비스 제공에 머물러 있었다.

한편 우리나라는 핵가족화, 여성의 사회참여 증가 등으로 가정 내에서 지속적인 도움이 필요한 가족구성원이 발생하였을 때 이들에게 필요한 보호와 돌봄을 적기에 제공하기 어렵거나, 돌봄에 대한 부담감으로 가족의 유대감이 상실되어지고 나아가서는 가정의 파괴까지도 발생하는 등 요양이 필요한 노인의 돌봄이 부양자가 없는 일부

노인에게만 발생하는 문제가 아닌 사회문제로 인식하기 시작했다. 더욱이 급속한 노령화로 인해 치매, 중풍 등 장기요양서비스가 필요한 노인이 급증하고, 보호기간의 장기화(평균 2년) 등으로 요양이 필요한 노인을 개인 또는 가정에서 돌보는 것에 한계를 느낀 가족은 사회서비스를 찾아보지만, 법정 저소득층 노인을 제외한 중산 및 서민층 노인이 이용할 수 있는 요양시설이 절대적으로 부족하고, 있다고 하더라고 유료시설 이용 시 비용부담도 과중(월100~250만원)하여 노인이 방치되는 문제도 급속도록 발생하였다. 또한 사회에서는 만성질환 노인 증가 등으로 노인의료비가 큰 폭으로 증가하는 추세였는데, 전체의료비에서 노인의료비가 차지하는 비율이 2001년에 17.8%에서 2004년에 23%로, 2006년에는 25.9%로 급속하게 증가하고 있었다(최인숙, 2008).

따라서 지금까지 노인재가복지서비스의 자원과 인력, 시설규모로는 이 모든 문제를 해결할 수 없다고 판정한 정부는 전국민을 대상으로 하는 노인장기요양보험제도 도입을 고려하게 되었고 드디어 2008년 7월1일부터 모든 국민을 대상으로 실시하는 '노인장기요양보험제도'를 실시하기에 이르렀다. 노인장기요양보험은 사실 의료비 증가로 인해 재정운용에 부담을 느낀 정부가 노인요양서비스를 민간으로 이양하여 정부와 시장이 업무를 분담하는 노인복지정책이라 할 수 있다. 오랫동안 가족의 부담이었던 치매·중풍 등 중증 노인에 대한 장기간에 걸친 간병, 장기요양 문제를 국가만이 아니라 사회가 분담하면서도 시장기능의 원리를 채택하여 서비스를 제공하기에 이른 것이다. 선별주의 입장을 견지해 온 공공부조 정책과는 달리 노인의료복지 정책의 상당 부분이 시장기제에 맡겨짐으로써 보편주의로 변화를 시도하게 된 것이다.

이에 따라 2005년 7월부터 3차례에 걸친 시범사업을 실시한 후 2008년 7월부터 노인복지정책의 핵심이라고 할 수 있는 재가노인복지 정책의 가정봉사원파견 서비스 대상이 국민기초생활보호대상자뿐만 아니라 일반 국민들까지 확대되어 누구나 보험에 가입하고 서비스를 이용할 수 있게 되었다. 따라서 가정봉사원파견 서비스는 그동안 정부가 민간의 노인복지시설에 위탁하여 업무를 담당하도록 해왔지만 노인장기요양보험 제도가 시행되어 기존의 전달체계와 시장지향적 전달체계가 공존하는 양상을 띠게 되었다(오세윤 외, 2007).

2008년 7월 노인장기요양보험이 실시되기 전까지는 가정봉사원파견사업은 존속하였지만, 장기요양보험의 시범사업이 2008년 6월까지 3차에 걸쳐서 실시되면서 장기요양보험에 종속되는 운명을 앞두고 있었다. 즉, 장기요양보험이 실시된 이후 가정봉사원파견사업이라는 용어는 더 이상 사용하지 않고 대신 방문요양서비스로 바뀌게 된다. 그러나 서비스 내용은 기존 가정봉사원파견사업의 서비스 내용과 비슷하게 요양보호사가 집을 방문하여 목욕, 배설, 화장실 이용, 옷 갈아입히기, 머리감기, 취사, 생필품 구매, 청소 및 주변정돈을 도와주는 서비스(보건복지부, 2011)로 이는 가정봉사원의 업무와 일맥상통한 것이라 할 수 있다.

노인장기요양보험 실시 이후 새로운 서비스로 방문목욕서비스가 포함되었는데 여기서는 방문요양서비스를 중심으로 우선 살펴보고, 마지막에 방문목욕서비스에 대해 주요 내용을 설명하도록 하겠다.

2) 법적 기준 및 정책내용

이 시기는 1987년에 시작되었던 가정봉사원파견사업이 종결되고 동시에 노인장기요양보험 실시로 방문요양서비스 및 방문목욕서비스로 변경되어 시작된 기간이다. 따라서 가정봉사원파견사업은 장기요양보험의 재가급여 시설 확충의 목적으로 2006년 523개소까지 확대된 후, 장기요양보험 실시 이후 장기요양보험 수가에 따라 서비스 비용을 받는 서비스 시설로 변경되는 과도기를 맞이한다.

따라서 지금까지 진행된 가정봉사원파견사업에 대해 정리를 해보면 첫째, 사업 내용은 주로 신체적 수발 서비스, 일상생활 지원을 위한 가사지원서비스와 개인활동서비스, 그리고 정서적 도움을 위한 우애서비스가 다수를 차지하였는데, 이는 인력의 질수준 문제 때문이기도 하지만, 대상자인 노인들도 가장 선호하는 서비스였다. 둘째, 가정봉사원파견사업은 사업 지침은 있지만, 구체적으로 개별 기관 자체가 신청 또는 의뢰를 받아 조사, 판정, 서비스 제공, 그리고 종결까지 모든 과정을 책임지고 실시하

〈표 6-21〉 가정봉사원파견사업의 전달체계

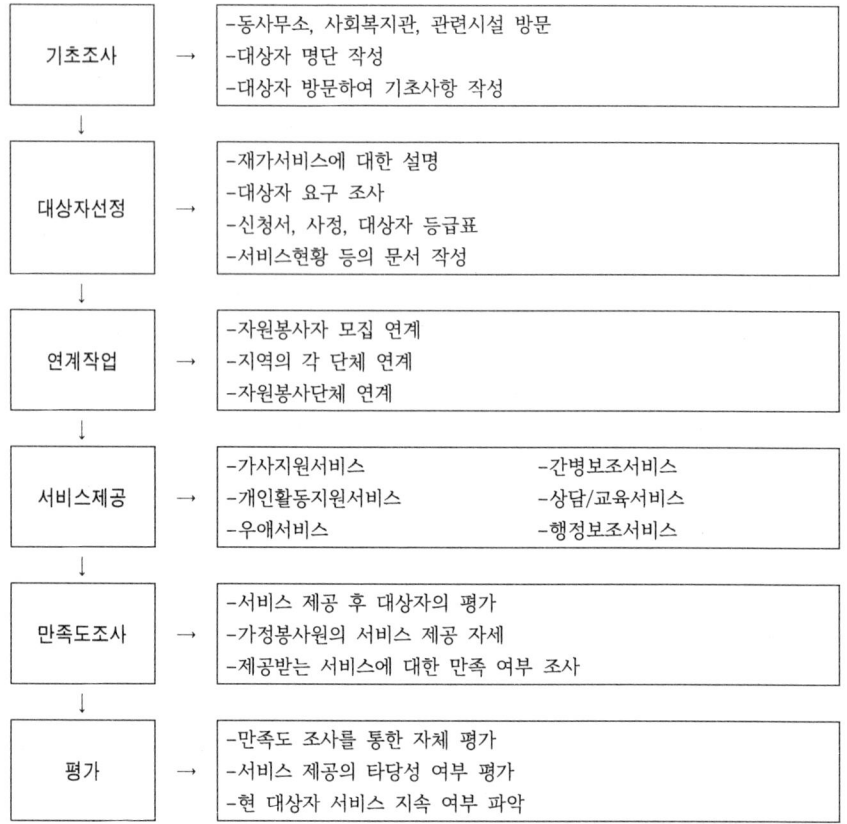

기초조사	→	-동사무소, 사회복지관, 관련시설 방문 -대상자 명단 작성 -대상자 방문하여 기초사항 작성
대상자선정	→	-재가서비스에 대한 설명 -대상자 요구 조사 -신청서, 사정, 대상자 등급표 -서비스현황 등의 문서 작성
연계작업	→	-자원봉사자 모집 연계 -지역의 각 단체 연계 -자원봉사단체 연계
서비스제공	→	-가사지원서비스　　　　　-간병보조서비스 -개인활동지원서비스　　　-상담/교육서비스 -우애서비스　　　　　　　-행정보조서비스
만족도조사	→	-서비스 제공 후 대상자의 평가 -가정봉사원의 서비스 제공 자세 -제공받는 서비스에 대한 만족 여부 조사
평가	→	-만족도 조사를 통한 자체 평가 -서비스 제공의 타당성 여부 평가 -현 대상자 서비스 지속 여부 파악

는 개별화된 전달체계를 가지고 있었다(〈표 6-21〉 참조). 셋째, 서비스 대상은 실비와 유료 이용도 가능하지만, 주로 정부의 보조금을 지원받아 법적 저소득층 노인이 대상이 되어 다수의 노인은 혜택을 받지 못하는 큰 단점이 있었다.

반면 2008년 7월 1일부터 시행된 노인장기요양보험제도에서 재가급여 중 방문요양서비스와 방문목욕은 이전 가정봉사원파견사업과 거의 동일한 내용이지만, 국민건강보험공단이 관리운영주체가 되어 실시하고, 서비스 제공은 보건복지부의 지도감독으로 각 개별 센터가 시장경쟁 체제로 제공하는 이원화 체제를 가지고 있으며, 필요한 재원이 장기요양보험료(사회보험)＋국가지원＋본인일부부담으로 구성되어 요양 서

〈표 6-22〉 시범사업 및 현행 방문요양서비스 적용 수가 수준 비교

구분	1등급	2등급	3등급	비고
1차 시범사업		24,070		
2차 시범사업		23,900		
3차 시범사업		24,340		120분 기준
현행		26,700		

자료 1: 노인장기요양급여비용· 산정기준 및 비용청구방법, 보건복지부 · 국민건강보험공단, 2008
    2: 노인수발보험시범사업 수가산정 및 비용청구지침,
보건복지부 · 국민건강보험공단, 2005, 2006, 2007

비스가 제공 가능 등급에 따라 누구든지 서비스를 신청하여 제공받을 수 있는 보편적인 서비스 제공을 지향하고 있다.

방문요양은 서비스 방문당 수가형태를 지닌다. 방문요양서비스의 경우, 1,2차 시범수가 간 차이는 거의 없었으며, 월한도액은 2차 시범수가가 100,000원 정도 높았다. 이는 1, 2차 시범수가를 경제 변수를 고려하지 않고 비교한 것으로 서비스 제공자의 임금상승률과 관리운영비의 소비자 물가 상승률을 고려하면 요양시설과 방문요양 수가는 1차 시범수가에 비해 낮았으며 나머지는 1차 시범수가에서 임금상승률과 소비자 물가상승률을 반영한 것과 비슷한 수준인 것으로 평가된다. 3차 시범수가는 2차 시범수가와 큰 차이가 없었다.

<표 6-22>는 3차례에 걸쳐 수행된 시범사업 기간 동안 적용하였던 수가 수준과 현재 적용하고 있는 수가수준을 비교한 것이다. 방문요양은 서비스 방문당 수가형태를 지닌다.

서비스 수가 기준은 120분을 기준으로 당시 26,700원으로 책정되었으며, 1회 방문당 240분 이상 급여를 제공하더라도 급여비용은 240분 이상을 넘지 않게 산정하고 있고 원거리교통비 가산, 야간 및 심야시간에 서비스를 제공하게 되면 급여비용을 가산하고 있다. 당시 이와 관련된 급여비용 기준과 가산율 적용한 방문요양 수가는 <표 6-23>과 같다.

<표 6-23> 가산율을 적용한 방문요양수가

구분	30~60 분	60~90 분	90~120 분	120~150 분	150~180 분	180~210 분	210~240 분	240 분~
기본수가	10,680	16,210	21,360	26,700	30,200	33,500	36,600	39,500
야간수가 (120%)	21,810	19,340	25,630	32,040	36,240	40,200	43,920	47,400
휴일,심야수가 (130%)	13,880	20,950	27,760	34,710	39,260	43,550	47,580	51,350

자료: 보건복지가족부 보도자료, 2008년 6월 25일, 선우덕 외, 2008 재인용

또한 방문요양 급여비용 산정기준과 관련한 지침은 다음과 같다(장기요양민원사
례집, 2010).

1. 방문요양 급여 산정기준

   가. 1회 방문당 240분 이상 급여를 제공하더라도 급여비용은 240분 범위 내에
   서 산정한다.

   나. 1일 2회까지 산정할 수 있으며, 이 경우 방문간격은 2시간 이상이어야 한다.
   방문간격이 2시간 미만인 경우 각 급여제공시간을 합산하여 1회로 산정한
   다.

   다. 급여제공 중 일자의 변경이 있는 경우 급여를 개시한 날의 급여비용으로 산
   정하며, 익일 급여비용 산정을 위한 방문간격은 2시간 이상이어야 한다.

2. 방문요양 급여비용의 가산

   가. 원거리교통비 가산 : 원거리 수급자에게 방문요양 급여를 제공한 경우에는
   제공기관의 신청에 의하여 1일 6,000원을 가산하되, 그 비용은 수급자가 부
   담하지 아니한다.

   나. 야간가산 : 18시 이후 22시 이전에 제공한 급여에 대하여는 20%를 가산할
   수 있다.

다. 심야가산 : 22시 이후 06시 이전에 제공한 급여에 대하여는 30%를 가산할 수 있다.

라. 휴일가산 : '관공서의 공휴일에 관한 규정'에 의한 공휴일에 제공한 급여에 대하여는 30%를 가산할 수 있다.

마. 가산은 급여를 개시한 시간을 기준으로 하며, 야간·심야·휴일가산이 동시에 적용되는 경우에는 중복하여 가산하지 않는다.

바. 가산기준, 절차 및 방법 등 세부사항은 공단 이사장이 정한다.

3. 방문요양 급여비용의 산정특례

가. 수급자 등의 신체적·정신적 상태 또는 폭력행위, 방해행위 등의 사유로 인하여 동시에 2인의 요양보호사가 급여를 제공한 경우 급여비용은 요양보호사별로 각각 산정할 수 있으며, 이 중 1인의 요양보호사가 제공한 방문요양급여비용은 90분이상~120분 미만의 범위 내에서 산정한다. 이 경우 수급자 등의 동의를 얻고 그 내용을 장기요양급여제공기록지 등에 기재하여야 한다.

나. 가사활동 지원(취사, 청소, 세탁 등)은 수급자 본인만을 위해 수행한 경우 산정한다.

다. 정서지원(말벗, 생활상담, 의사소통 도움 등)에 소요된 시간은 1회 방문당 최대 60분 범위 내에서 산정한다.

라. 수급자의 동거가족인 요양보호사가 급여를 제공한 경우

- 수급자와 가족 모두를 위한 행위에 대하여는 급여비용을 산정하지 아니하고 신체활동 지원 등 수급자만을 위한 행위에 대하여만 급여 비용을 산정한다.

- 90분 이상 급여를 제공하더라도 수급자 1인에 대하여 1일 90분이상~120분 미만의 급여비용을 산정하고 가산규정을 적용하지 아니한다.

- 가족인 요양보호사가 제공한 방문요양 급여비용을 산정하는 날에는 동 비용 이외 방문요양 급여비용은 산정하지 아니한다.

- 동거가족이라 함은 수급자와 같은 주택에서 생활하는 자로서 민법 제779조에

서 규정하는 가족 등을 말한다.

- 동거가족 여부, 구체적인 재가급여의 제공범위 등 세부 급여기준은 급여심사위원회의 심의를 거쳐 공단 이사장이 정한다.

마. 1회 4시간 이상 연속 급여제공

- 수급자 등의 특별한 요청이 있는 경우 방문간격을 두지 않고 4시간 이상 연속하여 급여를 제공(월 4일에 한함)할 수 있다. 이 경우 수급자 또는 그 가족의 동의를 얻고 그 내용을 장기요양급여제공기록지 등에 기재하여야 한다.

- 급여비용은 2회로 분할하여 최초 270분에 대하여는 "가-8"을 산정하고, 270분을 제한 나머지 시간에 대하여는 240분 범위 내에서 해당 급여비용을 산정한다.

- 1일 1회 방문에 한하며, 이와 같은 급여비용을 산정하는 날에는 동 비용 이외의 방문요양 급여비용을 산정하지 아니한다.

- 급여제공 중 일자의 변경이 있는 경우 급여를 개시한 날의 급여비용으로 산정하며, 익일 급여비용 산정을 위한 방문간격은 2시간 이상이어야 한다.

노인장기요양보험의 실시 이후 방문요양시설에서의 인력기준은 다음과 같이 명시되어 있다. 1년 사이 요양보호사의 인력 기준이 3명에서 15명 이상으로 급증했으며, 농어촌 기준 역시 2명에서 5명 이상으로 증가했다.

장기요양급여수급자로 인정받지 못한 경증의 대상자는 복지예방의 필요 대상으로 분류되어 지자체에서 실시하는 보건복지 서비스를 제공받을 수 있다. 시군구에서는 노인돌보미, 보건소방문간호, 치매검진/관리, 독거노인생활관리, 노인복지관 프로그램 등 최소한 하나 이상의 서비스를 제공할 계획에 있으며, 국민건강보험공단은 주기적으로 등급외자의 신체상태를 관리하고, 그 증상이 악화되면 즉시 장기요양서비스로 연계할 계획에 있다. 이처럼 복지예방에서부터 간병수발까지 일관적인 서비스 제공체계마련을 위한 계획을 수립하고 있는 실정이다(장재혁, 2008). 그러나 서비스를 이용하기 위해서는 과거에는 무료로 서비스를 제공받을 수 있었지만, 현재는 일정한

〈표 6-24〉 2009~2010년 노인보건복지사업 지침 내 인력기준

구분	관리책임자	사회복지사	요양보호사	사무원	보조원
2009년	1명	필요수	3명 이상 (농어촌 2명 이상)	필요수	필요수
2010년	1명	필요수	15명 이상 (농어촌 5명 이상)	필요수	필요수

자료: 보건복지부(2009-2010)

비용을 부담하여야 한다는 것이고 비보험서비스를 받기 위해서 과거 간단한 기준만으로도 가능했던 것이 복잡한 등급판정조사를 받아야만 하는 행정절차를 거치도록 하고 있다.

3) 사업내용(목적, 주체, 대상, 사업내용)

(1) 목적

가정봉사원파견사업의 목적은 2004년 "정신적 · 신체적인 이유로 독립적인 일상생활을 영위하기 어려운 노인이 있는 가정에 가정봉사원을 파견하여 필요한 각종 서비스 제공"이라는 목적이 가정봉사원파견사업이라는 이름으로 존재할 때까지 계속 유지되다가 2009년 방문요양서비스는 "가정에서 일상생활을 영위하고 있는 노인으로서 신체적 · 정신적 장애로 어려움을 겪고 있는 노인에게 지역사회 안에서 건전하고 안정된 노후를 영위하도록 장기요양요원(요양보호사)이 가정을 방문하여 신체활동 및 가사활동 등 필요한 각종 서비스를 제공"을 목적으로 제시하고 있다. 방문요양 서비스의 목적을 보면 새롭게 제시되었다기보다, 이전의 목적에서 서비스 제공자를 가정봉사원에서 장기요양요원(요양보호사)로 변경하고, 각종 서비스를 신체활동 및 가사활동 등으로 좀 더 서비스의 내용을 구체화하였으며, 서비스를 통해 지역사회 안에서 건전하고 안정된 노후를 영위하도록 하는 궁극적 성과 목적을 제시하고 있는 등

좀 더 서비스의 목적을 체계적으로 제시하고 있다.

(2) 주체

2004년부터 공통사항에 시·군·구를 재가노인복지사업의 실시 주체로 명시한 것 외에 사업별 주체가 명시되어 있지 않다. 장기요양보험법 실시 이후에는 주체도 제시되지 않았지만, 노인장기요양보험의 노인부양에 대한 사회적 책임을 강조한 실시 배경으로 볼 때, 여전히 주체는 정부가 되며, 이를 주관하여 관리 운영하는 주체로 국민건강보험공단이 책임지고 있다. 또한 서비스를 제공하는 서비스 주체는 방문요양 서비스를 제공하는 노인복지센터로 이들은 노인장기요양보험법 시행규칙(개정 2010.3.19)의 장기요양기관 및 재가장기요양기관의 시설·인력기준을 따라 방문요양서비스 제공에 필요한 최소한의 직원과 요양보호사를 배치하여야 한다. 이에 따라 방문요양서비스에는 관리책임자 1명, 사회복지사 필요수, 요양보호사 15명 이상(1급 또는 2급, 농어촌지역의 경우 5명 이상), 사무원 필요수, 보조원(운전사) 필요수를 인력기준으로 하고 있다.

재가급여사업의 관리책임자는 사회복지사, 의료인 또는 요양보호사 1급으로의 실무경력 5년 이상인 요양보호사 1급 중에서 상근(1일 8시간, 월 20일 이상 근무)하는 자로 하며, 단 요양보호사 1급은 보건복지부 장관이 정하여 고시하는 소정의 교육을 이수하여야 한다. 또한 방문요양서비스를 제공하는 시설의 장이 어느 하나 이상의 재가노인복지시설(주·야간보호서비스 또는 단기보호서비스를 제공하는 시설을 포함)을 동시에 관리하는 경우 사업에 지장이 없는 범위에서 그 사업의 시설의 장을 겸직하여 운영할 수 있으며, 사회복지시설에 병설하여 운영하는 경우에도 시설의 장을 겸직하여 운영할 수 있다.

방문요양을 제공하는 기관은 요양보호사의 20퍼센트 이상은 상근하는 자로 두어야 한다. 요양보호사의 상근인력은 1일 8시간, 월 20일 이상 근무하는 것을 의미하고, 방문요양 요양보호사는 수급자 상황에 따라 근무시간에 변화가 많으므로 시간제(단시간 근로자)인 요양보호사는 인력기준 준수 여부를 판단함에 있어서는 실 근무시간에 관계없이 1명이 근무하는 것으로 계산한다. 장기요양수급자에 대한 신체활동 서비스는 요양보호사 1급에 한하여 제공할 수 있으며, 주·야간보호 또는 단기보호 제공기관에서 방문요양사업 병설시 방문요양사업의 요양보호사는 10명 이상(농어촌은 5명 이상)으로 운영 가능하다.

(3) 대상

2003년 가정봉사원 파견 대상으로 제시한 내용은 2008년까지 동일하게 적용되었다. 그 후 노인장기요양보험제도가 실시되면서, 2008년에는 "노인돌보미, 가사간병도우미, 독거노인생활지도사 등 타 서비스를 제공받고 있는 자는 서비스 대상에서 제외한다"는 조항이 추가되었는데, 이는 등급 외 자 중에서 타 서비스를 제공받을 경우는 중복하여 받게 하지 않겠다는 것을 의미한다.

장기요양보험제도에서 말하는 방문요양서비스의 대상은 '1. 장기요양급여수급자 2. 장기요양급여수급자 이외의 자(등급외자) 중 기초수급권자 및 부양의무자로부터 적절한 부양을 받지 못하는 자로서 혼자서 일상생활을 수행하기 어려워 재가 서비스의 제공이 필요한 자 3. '08.7.1일 이전에 국가 및 지방자치단체로부터 운영비를 받은 시설을 이용하고 있는 등급외자 중 "기초수급권자" 및 "실비이용자"'로 변경되었으며, 2010년에는 노인전문보호기관에서 학대피해노인으로 입소의뢰를 받은 노인을 포함한다는 조항이 추가되었다.

2010년 현재 이루어지고 있는 노인장기요양보험에서 방문요양서비스의 대상은 재가노인복지시설 이용대상자 이며, 자격기준은 장기요양급여수급자, 장기요양급여수급자 이외의 자(등급외자) 중 기초수급권자 및 부양의무자로부터 적절한 부양을 받지 못하는 자로서 혼자서 일생생활을 수행하기 어려워 재가서비스의 제공이 필요한 자, 08.7.1일 이전에 국가 및 지방자치단체로부터 운영비를 지원받은 시설을 이용하고 있는 등급외자 중 기초수급권자 및 실비이용자이며, 노인돌봄서비스, 가사간병도우미, 독거노인생활지도사 등 타 서비스를 제공받고 있는 자는 대상에서 제외한다.

(4) 사업내용

사업내용은 노인장기요양보험이 실시 직후에는 크게 변화된 것은 없다. 즉, 가정봉사원파견사업이 방문요양서비스로 변경된 것뿐이지 그 안에서 이뤄지는 사업은 대동소이하였다. 그러나 2010년에 사업내용 중 상담 및 교육, 노인결연사업은 재가노인지원서비스로 이관하고 방문요양서비스와 관련된 4가지, 즉, 신체활동지원서비스, 가사활동지원서비스, 개인활동지원서비스, 정서지원서비스만이 제시되었다.

신체활동지원서비스는 세면도움, 구강관리, 몸 청결, 머리감기기, 몸단장, 옷 갈아입히기, 목욕도움, 배설도움, 식사도움, 체위변경, 이동도움, 신체기능 유지·증진 등이며, 가사활동지원서비스는 취사, 생활필수품 구매, 청소·세탁·주변정돈 등이다. 개인활동지원서비스는 외출시 동행·부축, 일상업무 대행 등이며, 정서지원서비스는 말벗, 격려 및 위로, 생활상담, 의사소통도움 등이다(<표 6-25> 참조).

<표 6-25> 가정봉사원파견사업 및 방문요양서비스 변화 내용

년도	내용
2006~2008년	· 신체적 수발에 관한 사항 -세면도움, 구강관리, 머리감기기, 몸단장, 옷 갈아입히기, 목욕도움, 식사도움, 체위변경, 이동도움, 신체기능의 유지·증진, 화장실 이용하기 등 · 일상생활 지원에 관한 사항 -가사지원서비스: 취사, 생활필수품 구매, 청소·세탁·주변정돈 등의 서비스 -개인활동서비스: 외출시 동행·부축 등 개인활동에 관한 서비스 -우애서비스: 안부 전화 및 방문, 말벗, 편지 전달, 생활 상담 등 · 노화, 질병 및 장애관리에 관한 사항 -노화, 질병 및 장애 관리를 위한 보조 및 사회서비스 -생활지도 및 일상동작 훈련 등 심신의 기능회복 및 강화를 위한 서비스 · 상담 및 교육에 관한 사항 -지역사회 내에서 노인의 자립생활에 관한 상담 서비스 -질환 및 장애노인 가족을 위한 상담 및 교육 · 지역사회 복지자원 발굴 및 네트워크 구축에 관한 사항 -무의탁 노인 후원을 위한 결연사업 -지역사회 자원봉사자 등 인적자원 발굴 사업
2009년	〈방문요양서비스로 변경〉 · 방문요양에 관한 사항 -신체활동지원서비스: 세면도움, 구강관리, 몸 청결, 머리감기기, 몸단장, 옷 갈아입히기, 목욕도움, 배설도움, 식사도움, 체위변경, 이동도움, 신체기능이 유지·증진 등 -가사활동지원서비스: 취사, 생활필수품 구매, 청소·세탁·주변정돈 등 -개인활동지원서비스: 외출 시 동행·부축, 일상업무 대행 등 -정서지원서비스: 말벗, 격려 및 위로, 생활상담, 의사소통도움 등 · 상담 및 교육에 관한 사항 -노인생활 및 신상에 관한 상담서비스 -질환 및 장애노인, 가족을 위한 상담 및 교육 · 노인결연에 관한 사항 -무의탁 노인의 후원을 위한 결연사업
2010년	· 신체활동지원서비스 : 세면도움, 구강관리, 몸 청결, 머리감기기, 몸단장, 옷 갈아입히기, 목욕도움, 배설도움, 식사도움, 체위변경, 이동도움, 신체기능이 유지·증진 등 · 가사활동지원서비스 : 취사, 생활필수품 구매, 청소·세탁·주변정돈 등 · 개인활동지원서비스 : 외출시 동행·부축, 일상업무 대행 등 · 정서지원서비스 : 말벗, 격려 및 위로, 생활상담, 의사소통도움 등 ※ 이전에 방문요양기관에서 수행하던 상담 및 교육, 노인결연사업은 재가노인지원서비스로 이관됨

5. 방문목욕서비스

방문목욕서비스는 기존 이동목욕장비를 갖추고 재가노인을 방문하여 목욕서비스를 제공하는 이동목욕서비스에 기원을 두고 있다.

우리나라에서의 이동목욕차 목욕서비스 사업은 1992년 서울 평화종합사회복지관에서 일본제 포터블 이동목욕 세트를 구입하여 요보호 대상자 가정을 사회복지사가 직접 방문하여 클라이언트에게 실내에서 간이 목욕서비스를 실시한 기록이 있으며(임춘식, 2000), 그 다음으로 1995년 창림정공(주)이 일본에서 사용하고 있는 이동목욕 차량의 내부구조설비인 욕조 등을 수입하여 국산 차량에 조립한 이동목욕 차량이 있는데 이는 차량의 보일러에서 온수를 공급받은 후 클라이언트 집에 이동용 욕조기를 이동시켜 제공하는 형태여서 동절기에는 목욕서비스가 용이하지 않고 욕조기를 이동하는 과정에 최소한 4명의 인력이 필요하여 효율성이 적은 것으로 평가받고 있다. 1997년에는 2.5톤 트럭을 개조한 탑형이동목욕차인 '신나는 목욕탕'이 개발되어 대상자에게 차량 내부에서 목욕서비스를 제공할 수 있게 되었다(김희순, 2007).

또한 1996년 10월부터 서울특별시가 이동목욕 서비스 사업을 평화, 수서, 공릉, 길음 4개 종합사회복지관을 시범사업기관으로 선정하여 이동목욕차 구입비와 사업비를 지원해 주게 된 것을 시작으로 2008년 서울시 복지정책과 보도자료(2008. 1. 28)에 의하면 재가장애인, 노인 등에 대한 가사 및 간병 등의 서비스를 제공하는 복지관에 대해서는 인력 및 장비보강비로 총 64억원을 지원하고, 거동이 불편한 장애인 및 노인을 위한 이동목욕사업비 16억원(23개소)을 지원한 것으로 나타났다.

그러나 이동목욕 서비스 사업은 노인성 치매, 중증장애 등 장기간 동안 가정 또는 일반 목욕탕에서 목욕을 하지 못하고 있는 요보호 대상자에게 서비스가 제공되었기 때문에 사실, 노인복지서비스에만 국한된 사업은 아니었다. 따라서 노인장기요양보험제도가 시작되기 전까지 이동목욕서비스 사업은 주로 각 지자체별로 필요에 따라 사회복지관의 재가복지봉사센터를 중심으로 제공된 서비스라고 할 수 있다.

2008년 장기요양보험에서 재가급여 중 방문목욕서비스가 신설되면서 목욕장비를 갖추고 재가노인을 방문하여 목욕서비스를 제공하는 것을 목적으로 하여 장기요양급여 수급자(1~3등급)나 심신이 허약하거나 장애가 있는 65세 이상의 자(이용자로부터 이용비용의 전부를 수납받아 운영하는 시설의 경우에는 60세 이상의 자)에게 목욕준비, 입욕시 이동보조, 몸 씻기, 머리말리기, 옷 갈아입히기 등이며, 목욕 후 주변정리까지를 포함한 서비스를 제공하도록 되었다(노인보건복지사업안내, 2011).

시설 기준은 이동용 욕조 또는 이동목욕차량[8]뿐 아니라 시설 전용 16.5㎡ 이상(연면적)의 사무실과 통신설비, 집기 등 사업에 필요한 설비 및 비품이 구비되어야 하며, 인력기준은 관리책임자는 사회복지사, 의료인 또는 5년 이상의 실무경력을 갖춘 요양보호사 1급(복지부장관이 고시하는 교육을 이수)으로 상근하는 자와 요양보호사1급 2명 이상 배치해야 한다(노인보건복지사업안내, 2011).

2010년 기준 방문목욕의 방문당 급여비용은 방문목욕 차량을 이용한 경우는 71,290원이며, 방문목욕 차량을 이용하지 아니한 경우는 39,590원이다. 이외 급여비용 산정 관련한 기준은 다음과 같다(국민건강보험, 2010).

1. 방문목욕의 급여비용은 장기요양등급, 제공시간 등에 관계없이 방문횟수를 기준으로 산정하고 목욕에 필요한 용품(물, 비누, 수건, 욕조, 목욕의자, 로션 등) 비용은 별도로 산정하지 아니한다.

2. 방문목욕의 급여비용은 2인 이상의 요양보호사(1급)가 욕조를 활용한 전신입욕을 실시한 경우에 산정한다.

3. 방문목욕 행위에는 목욕준비, 입욕시 이동보조, 몸 씻기, 머리 감기기, 옷 갈아입히기, 목욕 후 주변정리까지가 포함된다.

4. 차량 이용 방문목욕의 경우

   가. 수급자의 신체적 상태로 인하여 특수욕조 등 장비를 이용한 목욕이 필요한

---

8) 이동목욕차량이란 이동용 욕조, 급탕기, 물탱크, 펌프, 호스릴 등을 갖춘 차량으로 자동차등록증의 차량 용도(차명)에 "이동용 목욕"으로 표기되어 있는 차량이거나 자가용 또는 사업용으로 등록된 일반 차량을 구조변경하여 자동차등록증의 구조·변경사항에 해당 내용이 표기된 차량을 의미함. 이동용 욕조란 통상 실내에서 목욕이 가능하도록 만든 욕조(예를 들면 공기주입식 욕조)를 의미

경우, 가정 내 욕조나 온수를 이용할 수 없는 경우에 산정한다.

나. 욕조, 급탕기, 물탱크, 펌프, 호스릴 등을 갖춘 차량으로, 자동차등록증의 차량용도에 "이동목욕용"으로 표기되어 있는 차량 내에서 전신입욕을 제공한 경우에 산정한다.

다. 욕조, 펌프, 호스릴 등 장비일체와 차량 내 온수를 사용하여 가정 내에서 전신입욕을 제공하는 경우에는 "나-1"의 90%를 산정한다.

5. 차량을 이용하지 않은 방문목욕의 경우

가. 목욕차량에 부속되지 않은 이동식 욕조 등 장비를 이용한 경우

나. 수급자 등의 요청에 의해 가정 내 욕조를 이용한 경우

다. 관련 법령에 의해 목욕설비가 갖추어진 장기요양기관, 대중목욕탕 등 가정이 아닌 목욕설비를 갖춘 시설에 수급자를 모시고 가서 목욕 급여를 제공하는 경우

라. 아래와 같은 방법으로 목욕을 제공한 경우에는 차량이용 여부에 관계없이 "차량 이용 방문목욕"의 80%를 산정한다.

- 욕조를 이용하지 않은 경우(목욕의자 이용 등)

- 기타 욕조를 활용한 전신입욕으로 보기 곤란한 경우

7장 주간보호사업의 어제와 오늘

주간보호는 주간서비스(day sevice), 주간보호(day care), 주간치료(day treatment), 주간 홈(day home), 주간병원(day hospital) 등 다양하게 불린다. 노인을 위한 주간보호는 주로 만성질환이나 기능장애로 거동이 불편한 노인들이 낮시간 동안에 지역사회 시설을 이용하여 일상생활에 필요한 서비스를 제공받으며, 동시에 부양가족의 경제적, 신체적, 심리적 부담을 경감시켜주는 재가노인서비스이다(고양곤, 1999).

1. 노인주간보호사업 시작전기(1990년 이전)

노인주간보호사업의 시작은 1986년 은천노인복지회에서 시작된 '은천주간보호센터'이다. 당시 데이케어서비스를 실시한 이병만 회장은 일본에서 사회복지를 공부하면서 병원에서 치료를 받고 난 후 집에서 요양 중인 분을 오전에 시설에 모시고 와서

하루 일과에 따라 다양한 프로그램에 참여하고 오후에 집에 모셔다 드려 부양가족의 간병부담을 경감시키고 노인의 삶의 질을 향상하는 목적으로 운영하는 데이케어 서비스를 보고 우리나라에 도입하여 설치하였다(은천복지재단 20년사, 2006).

1986년에 처음 시작할 때는 데이케어사업이라고 하여 상담, 종교활동, 위안잔치 정도였으나 1987년부터는 해마다 사업이 증가하여 무료급식, 소일거리, 취미교실, 의료서비스, 미용서비스 사회활동 등이 포함되어 제공되었다. 또한 1988년에는 목적, 사업내용, 주간프로그램, 활동 프로그램, 서비스 운영기구 및 매월 활동을 계획하여 실시하는 등의 전문적인 활동 등이 실시되었다.

더 나아가 1988년에는 실습생과 함께 노인활동에 참여한 집단과 불참자 집단으로 구분하여 계획한 프로그램이 얼마나 효과가 있는지 평가해보려는 시도를 하면서 우리나라 노인문화를 기본으로 하는 프로그램은 무엇인지를 파악하는 등의 시도도 있어 좀 더 적합한 주간보호사업 프로그램을 기획하고자 노력하였다.

반면, 그 당시 우리나라는 1990년 전후까지도 노인을 위한 사회적 서비스는 시설보호에만 치중하였고, 시설보호의 수준도 생활보호의 수준을 크게 벗어나지 못한 초보적 단계에 있을 뿐만 아니라 다양한 종류의 시설보호 요구에도 잘 대응하지 못하고 있었다.

일례로 1988년 68개의 무료양로시설, 2개의 유료양로시설, 12개의 무료요양시설에 6,126명의 노인이 수용되어 보호받고 있으며, 시설의 거의 대부분은 민간주체의 사회복지법인이 운영하고 있지만 정부로부터 지원받는 운영비에 80% 이상을 의존할 수밖에 없는 영세한 실태였다.

따라서 재가노인복지에 대한 인식이 없는 가운데 보호가 필요한 노인을 낮 동안 돌보면서 다양한 프로그램을 실시하는 노인주간보호사업은 거의 불모지나 다름없는 상황에서 민간의 한 시설이 계획적이고 전문적인 프로그램을 꾸준히 실시하면서 그 필요성을 주장한 것은 매우 중요한 밑거름이 되었다.

1990년대 들어서 신보수주의의 이념적 정향이 강화되기 시작하고, 작은 정부의 구현을 위해서 민간의 복지자원을 적극 활용해야 한다는 주장이 대두되면서 노인복지의 시각도 전환되면서 시설보호보다 지역사회에 머물면서 일정한 시간 동안만 보호할 수 있는 재가복지의 유용성에 관심을 갖기 시작하게 되었는데, 우리나라 노인주간보호 사업은 노인재가복지 발달 1기에 해당하는 1992년 재가노인복지를 장려하기 위하여 이미 실시 중이던 가정봉사원 파견사업 외에 노인주간보호 사업과 노인단기보호 사업에 대한 시범사업을 거쳐 1993년 법률적 근거를 마련하면서(노인복지법 제38조)(김순양 외, 2001) 제도화되었다.

〈그림 7-1〉 최초 데이케어사업 프로그램

'90 은천노인상담소 Day Care Service 사업계획

사업목적

은천노인상담소는 빈곤자, 질병자 등의 특정계층의 노인뿐만 아니라 일반가정의 노인들에도 노인복지써비스를 제공해 줌으로서 노인문제를 사전에 예방하고, 가정이나 지역사회에서 노인들이 건전하고 안락하게 노후생활을 보낼 수 있도록 원조하며 또한 노인을 모시고 있는 가족을 위한 필요시책－보호예의 충실, 신체기능의 유지와 개선, 자립적 생활조장, 건전한 사교활동장 마련 및 유도, 자기실현을 원하는 분을 위한 원조－을 추진함으로서 가족구성원의 심신의 부담을 경감시켜 주고자 하는 목적으로 설치되었다.

따라서 본 기관은 노인 개인뿐만 아니라 가정, 지역사회 그리고 정부와의 공동노력을 통하여 생산적, 체계적인 복지써비스를 제공하는 데 역점을 두고 있다.

1

사업내용(계획)

사업명		대상자	목적·내용	이용기간 및 횟수	정원	비고
Day Care Service	기능훈련	55세 이상으로 [illegible]	[illegible]	월요일~금요일 (격일제 [illegible]) 오전 10:30~ 오후 2:00	30명	[illegible]
	상담서비스	지역주민	노인과 동거하는 가족의 [illegible] 등 상담.	수시		
	의료서비스	65세 이상의 [illegible]	[illegible]	주 2회	60명	
	강좌	지역주민	노인을 위한 [illegible]	수시		
	취미	65세 이상의 노인으로 취미활동을 원하는 분	[illegible]	월요일~금요일 오전 10시~ 오후 3시	50명	[illegible]
	급식서비스	본 기관 이용자	[illegible]			1식 300원
노인다방운영		60세 이상노인	건전한 사교활동을 [illegible]			[illegible]

2

출처: 은천노인복지회 소장자료

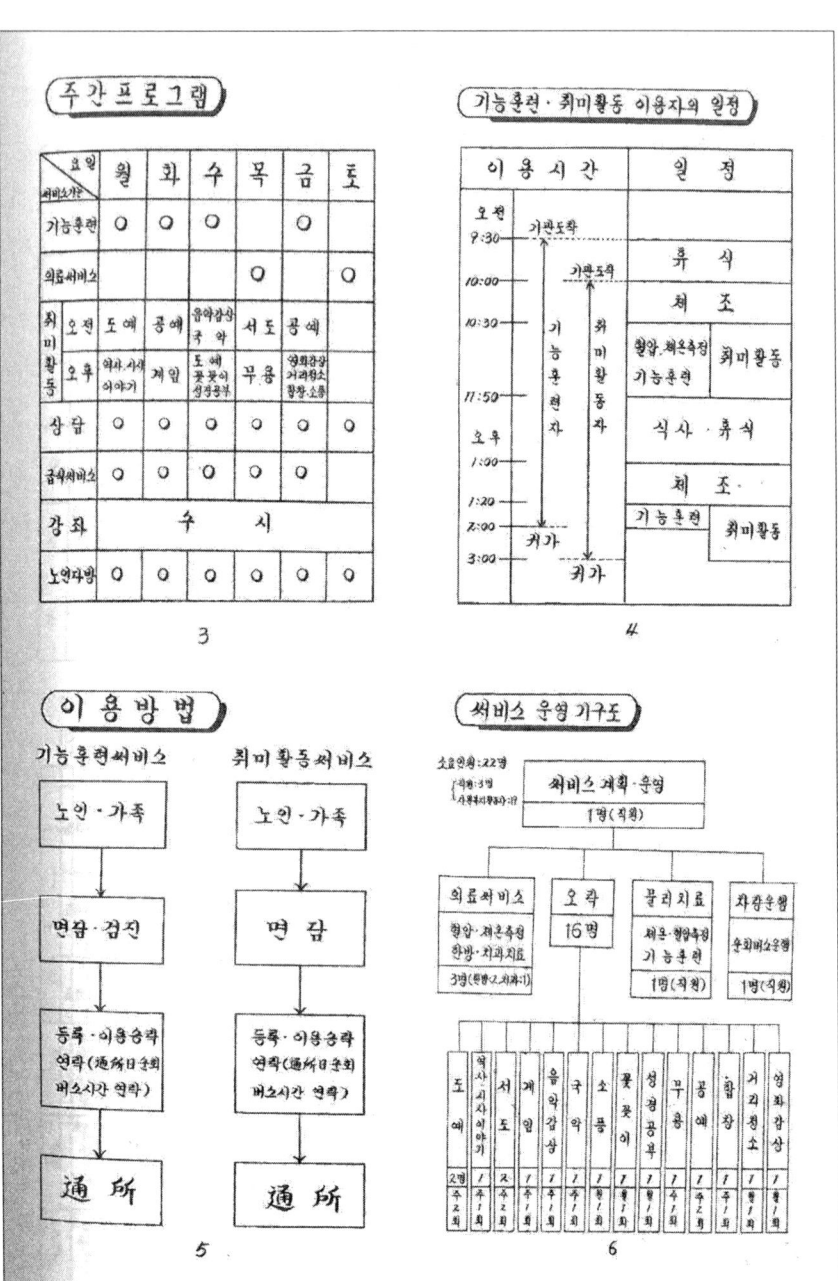

2. 노인주간보호사업 1기(1990~1996년)

1) 1기 주요변화내용

1992년 제7차 경제사회발전 5개년 계획에 나타난 사회복지서비스의 전략방안에서 ①시설보호에서 재가보호서비스로의 강조점 전환, ②사후치료적서비스에서 사전예방서비스의 강화, ③가족부양기능의 강화 등은 노인들이 가족 내에서 생활을 유지하도록 지원하며 지역사회의 다양한 서비스를 이용할 수 있도록 재가복지 및 지역사회복지서비스를 확대한다는 것이라 볼 수 있다.

이에 대한 실천 중 하나는 1992년부터 재가복지봉사센터의 설치로 가정봉사원파견사업이 공식적인 정부지원의 재가노인복지서비스로 된 것과 더불어 2개소의 노인주간보호사업을 지원하고 6개소의 노인단기보호사업을 시범적으로 정부가 인정함으로써 재가노인복지서비스는 3가지의 프로그램으로 확대하는 결과를 갖게 하였다. 재가노인복지서비스는 1993년의 사회복지사업법 개정에 의하여 사회복지서비스의 한 종류로 규정되었고, 같은 해 12월에 노인복지법 개정에서 노인복지사업의 한 종류로 규정하고, 재가노인복지사업의 세부사업으로서 가정봉사원파견사업, 노인주간보호사업 그리고 노인단기보호사업을 명시하게 되었다. 즉, 우리나라의 경우 재가복지서비스는 주로 재가노인복지서비스를 중심으로 전개되어 왔고 노인복지법과 사회복지사업법에 근거하여 재가노인복지가 발전되었다(윤현숙, 2004).

노인주간보호사업의 시초는 은천노인복지회가 1986년부터 자부담으로 사업을 실시하였고, 그 후 1992년 시범사업이 실시된 노인주간보호사업은 일반 병원의 장기 이용에 따른 과중한 의료비 부담을 경감하고 부양가족의 단기 출타, 와병, 그리고 맞벌이 부부 등 부득이한 사유로 인해 가족이 노인을 돌볼 수 없는 가정을 지원하기 위한 목적으로 낮 시간 동안 노인을 가족 대신 보살펴 주는 것을 중점으로 실시하기 시작하였다. 시범사업은 서울에 있는 은천노인복지회(구 은천노인상담소), 한국노인복지회(현 한국헬프에이지) 2개 기관을 선정, 시범 운영하기로 하고 시설 운영 지침을 마련하였다(1992년 노인복지사업지침 기준). 이후 1993년에는 우리모두복지재단이 추가되어 3개소, 그리고 1996년에는 전국적으로 10개 기관에서 낮 시간에 보살필 사람이 없는 지역사회의 병약한 노인을 보호해 주는 주간보호센터가 설치되었다(<표 7-1>참조).

그러나 1996년도에 정부의 지원을 받아 노인주간보호사업을 실시하고 있는 지역은 전국적으로 10개소지만, 그 외에 사회복지단체나 지방정부 등의 지원을 받아 시행하는 곳까지 모두 합치면 30개소 정도로 추정하는 경우도 있고(김양희, 이영세, 1996), 그보다 작은 15개소로 제시하는 경우도 있다(김동배, 서혜경, 1996). 주간보호서비스를 제공하는 시설은 기존의 양로원·요양원과 같은 노인수용시설이나 지역사회의 사회복지관 및 노인복지관과 같은 이용시설에 병설하여 운영하는 경우가 많았다. <표 7-1>은 정부지원을 받은 운영기관 현황에 대한 내용이다.

정미정(1993)은 재가복지서비스와 지역사회보호서비스 중 특히, 노인을 부양하는 가족의 부담을 덜어주어 노인이 가족들과 함께 일상생활을 영위할 수 있도록 지원해주는 주간보호의 필요성을 강조하면서 앞으로 정부가 변화하는 가족구조와 전통적 가치관 및 태도의 변화를 정책에 반영시키지 않는다면, 노인들, 특히 심신기능이 손상된 노인들과 그 수발가족의 불충족된 사회적 서비스 요구와 관련된 많은 문제점들을 악화시키므로 가족보호를 장려하고 강조하는 정책 및 프로그램개발이 가족보호라는 전통적인 관습을 보전할 것이며, 이는 시설보호보다 더 예산 절감이 될 것이라고 전망하였다.

또한 한국노인복지회(1997)에서도 노인인구의 급격한 증가에 따른 가족의 부양부담 증가, 노년기의 심신 기능 저하에 따른 의존성의 증대, 도시화 및 핵가족화에 따른 가족구조 및 기능의 변화로 부양인식 변화 및 부양능력 감소와 이에 대응할 수 있는 다양한 종류의 시설보호 요구에도 잘 대응하지 못하고 있다며 재가복지서비스와 지역사회보호서비스 중 특히 노인을 부양하는 가족의 부담을 덜어주어 노인이 가족들과 함께 일상생활을 영위할 수 있도록 지원해주는 노인주간보호의 필요성이 강조되었다(전선희, 2007 재인용).

〈표 7-1〉 1992~1996년 정부지원 노인주간보호 사업 운영 기관 현황1)

연도	기관명	법인명
1992년 (2개소)	은천주간보호소 양평경로센터	〈서울〉 은천노인복지회 한국노인복지회
1993년 (3개소)	은천주간보호소 양평경로센터	〈서울〉 은천노인복지회 한국노인복지회 우리모두복지재단
1994년 (7개소)	은천주간보호소 양평경로센터 우리모두복지(신설) 강서주간보호소 남광주간보호소(신설) 애광노인의집(신설) 신양주간보호소(신설)	〈서울〉 은천노인복지회 한국노인복지회 우리모두복지재단 천사양로원 〈부산〉 남광사회복지재단 애광원 〈경기〉 신양원(순애원)
1995년 (9개소)	은천주간보호소 양평경로센터 우리모두복지 강서주간보호소 서부주간보호소(신설) 남광주간보호소 애광노인의집 신양주간보호소 곽병원탁노원(신설)	〈서울〉 은천노인복지회 동국재가노인복지회 우리모두복지재단 천사양로원 〈부산〉 남광사회복지재단 애광원 〈경기〉 신양원(순애원) 〈경북〉 (재)문경새마을사업회
1996년 (10개소)	은천주간보호소 양평경로센터 우리모두복지 강서주간보호소 서부주간보호소 남광주간보호소 애광노인의집 영진복지재단(영진노인주간보호소)(신설) 신양주간보호소 곽병원노인주간보호소	〈서울〉 은천노인복지회 동국재가노인복지회 우리모두복지재단 천사양로원 〈부산〉 남광사회복지재단 애광원 영진종합복지재단 〈경기〉 신양원(순애원) 〈경북〉 윤경재단

---

1) 기관명 및 법인명이 자료마다 다르게 표기되는 경우가 있는데, 여기서는 노인복지사업안내(보건복지부) 1992~1996년 자료를 중심으로 제시하였고, 추가설명이 필요한 경우는 ( )에 표기하였다.

그러나 양적 증가 추세에 비해 사업 초기 재가노인서비스는 필요성이 잘 인식되지 못한 상태일 뿐 아니라, 사회적 지원체계로서 대단히 미약하여 비전문적 수준에 머물렀다. 우선 그 수가 많지 않아 거리가 멀기 때문에 많은 사람이 이용하기 어려운 실정이었다. 그리고 노인들의 개인적 특성이나 상황에 적합한 서비스를 제공하기가 어렵고, 대부분의 주간보호소가 기존의 사회복지 노인시설에 부설로 설치하여 운영되고 있기 때문에 시설에 대한 저항감과 부정적 인식을 떨쳐 버리기가 힘들었다(김양희, 이영세, 1996).

2) 법적기준 및 정책내용

노인주간보호사업이 1992년 시범 실시된 이듬해 1993년에 노인복지법 3차 개정이 실시되면서 재가노인복지사업에 주간보호사업이 가정봉사원파견사업, 단기보호사업과 함께 사업의 한 종류로 규정되면서 법적기준을 마련하게 되었다. 1993년 노인복지법 제20조2에서는 "주간보호사업이란 부득이한 사유로 가족의 보호를 받을 수 없는 심신이 허약한 노인과 장애노인을 낮 동안 시설에 입소시켜 필요한 각종 편의를 제공하여 이들의 생활안정과 심신기능을 유지·향상을 도모하고, 그 가족의 신체적·정신적 부담을 덜어주기 위한 사업"이라고 정의하고 있다(1993년 노인복지법). 이와 같은 정의는 노인장기요양제도 실시로 주·야간보호서비스로 명칭이 변경된 이후에도 거의 유사하다. 즉, 노인주간보호 사업은 "부양가족의 직장, 가족의 질병, 출장 등으로 가족의 보호를 받을 수 없는 노인을 주간 또는 야간에 보호시설에 입소시켜 필요한 각종 서비스를 제공하는 사업"이라고 볼 수 있다.

노인주간보호사업은 1992년 시범사업으로 시작한 때 처음 기본내용은 우선 기존의 사회복지시설을 활용하여 개소당 600만원의 정부보조금이 지원되었으며(1992년 노인복지사업지침), 운영비는 일부 또는 전액을 이용자가 부담하도록 하여 그 시범실시 결과에 따라 확대운영을 고려하려 했다.

노인주간보호사업 1기인 1992년부터 1996년의 운영지침은 직원배치기준 및 시설기준 등의 수정 외에는 큰 변화는 없었다(<표 7-2> 참조). 즉 노인주간보호사업도 가정봉사원파견사업처럼 65세 이상의 저소득층 노인 중 신체허약 등 심신의 기능훈련이 필요하거나, 부득이한 사유로 낮 동안 보호가 필요한자를 위주로 재가봉사사업기관, 노인복지회관, 종합사회복지관 등 기존 사회복지시설을 활용하여, 생활지도, 일상동작훈련 등 심신의 기능회복을 위한 서비스, 급식 및 목욕 등의 서비스, 취미·오락·운동 등의 여가생활서비스 등을 제공하였다. 단 1996년 재가복지사업 공통지침

〈표 7-2〉 1996년 노인주간보호사업 설치 및 운영 주요지침

대상사업기관	정부사업기관
사업내용	·생활지도 및 일상동작훈련 등 심신의 기능회복을 위한 서비스 ·급식 및 목욕서비스 등 ·취미·오락·운동 등 여가생활 서비스 ·장애노인가족에 대한 교육 등
이용방법	·사업기관과 이용자 간의 계약에 의함 ·비용수납 -생활보호대상자 등 저소득층 노인은 무료로 이용함을 원칙으로 하되, 식비 등 내용에 따라 실비징수 가능 -노인복지법시행규칙 제34조 제2항의 규정에 의거 시설소재 시장·군수·구청장에게 수납신고 후 수납
시설규모	연면적 100㎡ 이상 다만, 사회복지시설에 병설하는 경우에는 완화적용 가능
직원배치기준	·시설의 장, 사회복지사, 생활보조원, 물리치료사(간호조무사), 사무원, 취사부, 보조원(운전기사) * 사회복지시설에 병설하는 경우에는 완화적용(단, 10인 미만시설 제외)
보호기간	원칙적으로 1일(낮 동안 보호)
이용절차	·이용신청이 있는 경우 노인의 인적사항, 건강상태, 보호사유 등을 파악하여 그 결과를 전화, 구두, 서면으로 즉시 통보 ·전문적인 의료서비스가 요구되는 노인환자에게는 관내 보건소의 방문순회진료와 연계하여 적절한 치료를 받을 수 있도록 조치

자료: 보건복지부, 「노인복지사업지침」, 1996, pp55~57, 보건복지부

에 의해 노인주간보호시설 서비스는 영리를 추구하는 개인이나 단체도 서비스를 제공할 수 있도록 하였다(고양곤, 1998, 조은정 외, 2002 재인용).

우리나라의 경우 노인주간보호사업이 주로 고령의 저소득층 노인에 대한 복지서비스로 시작되었고, 그 서비스 내용도 돌봄과 기능회복보다는 단기보호에 가까웠다고 하지만 여러 노인재가복지 서비스가 부족한 실정에서 이러한 노인주간보호사업은 이들의 욕구를 조금이나마 충족시킬 수 있는 좋은 매개체가 될 수 있었다. 1996년 보건복지부에서 마련한 지침에 의거 우리나라의 주간보호사업에 관한 기준과 서비스 프로그램을 살펴보면 <표 7-2>와 같다.

노인주간보호사업에 대한 정부지원을 살펴보면, 시작 첫해인 1992년에는 정부예산에서 복지예산이 차지하는 비율은 4.6%이고, 복지예산에서 노인복지예산은 3.7%, 노인복지예산 중 주간보호사업의 예산은 0.02%를 차지했다. 1995년에는 복지예산이 정부예산의 3.8%, 노인복지예산이 복지예산의 3.1%, 주간보호사업이 노인복지예산의 0.2%를 차지했고, 1996년에는 복지예산 중 노인복지예산이 차지하는 비율은 3.6%이고 노인복지예산에서 차지하는 주간보호사업의 예산은 0.2%로서 날로 증가하는 노인문제를 해결하고 다양한 재가노인서비스 욕구를 대처하기에는 너무도 미약한 예산임을 알 수 있다.

노인주간보호사업을 중심으로 정부지원금을 보면 시범사업 시작인 1992년에는 총 12,000천원에서 1995년에 총 124,000천원으로 급격히 증가하면서 1996년에는 180,000천원까지 증가하였다. 이는 노인주간보호 사업기관에 보조금의 증액과도 관련이 있지만, 시설수가 10개소까지 확대되었기 때문에 증가된 면이 더 크게 연관성이 있다. 일례로 다음해인 1997년에는 500,000천원으로 전년대비 무려 2.8배로 예산이 지원되었는데, 당시 시설수는 1996년 10개소에서 40개소로 증가한 것과 밀접한 관련이 있다(보건복지백서, 1997).

정부보조금 총액은 증가는 시설의 수가 증가하여 그 만큼 정보보조금 예산이 증가한 것도 있지만, 각 시설에 지원한 정부보조금 또한 증가 추세를 보였다. 이를 연도별로 살펴보면 1992년 6,000천원에서 시작한 노인주간보호사업 예산은 1993년

〈표 7-3〉 정부예산 대비 복지, 노인복지, 주간보호사업 예산 내역비교(1992~1996년)

(단위: 백만원, %)

구분	1992	1993	1994	1995	1996
정부예산 (A)	33,362,500	37,268,000	43,250,000	51,881,113	57,962,100
복지예산 (B)	1,546,233	1,665,932	1,771,859	1,983,896	2,370,744
노인복지 예산(C)	57,715	82,654	46,203	61,227	84,665
주간보호 사업(D)	12	36	50	124	180
B/A	4.6	4.5	4.1	3.8	4.1
C/B	3.7	5.0	2.6	3.1	3.6
D/C	0.02	0.04	0.1	0.2	0.2

자료: 보건복지부 「보건복지백서」, 「노인복지사업지침」 각년도에서 재구성, (최종춘, 1998 재인용)

〈표 7-4〉 정부예산 주간보호사업 개소당 지원 연도별비교(1992~1996년)

(단위: 천원)

구분	1992	1993	1994	1995	1996
개소당 정부예산	6,000	18,000	21,000	41,000	45,000

18,000천원, 1994년 21,000천원, 1995년 41,000천원, 1996년 45,000천원으로 조금씩 소폭 인상되었다(<표 7-4> 참조).

3) 사업내용

노인주간보호사업 목적의 변화는 <표 7-5>와 같이 1992년에 제시된 목적에서 큰 변화 없이 제시되었다. 몇 가지 변화를 살펴보면 첫째, '허약한 노인 또는 일시보호가 필요한 노인'에서 1994년에는 '허약한 노인'으로, 1995년에는 '심신이 허약한 노인과 장애노인'으로 노인주간보호 사업의 대상을 좀 더 명확하게 규정짓고 있다. 둘째는 '노인주간보호 사업기관을 통해 각종 서비스를 제공한다'는 목적이 1995년에는 '필요한 각종 편의 제공'으로 좀 더 구체적인 내용으로 수정하여 제시하였다.

1992년 처음으로 마련된 '주간 및 단기노인보호시설 운영지침'에서는 가정봉사원파견사업과 다르게 사업의 목적과 필요성, 기본방향, 행정사항 등에 대해 명시되어 있다. 1992년 주간보호사업은 운영주체를 사회복지법인과 비영리법인으로 하고, 실시시설을 재가봉사사업기관, 노인복지회관, 종합사회복지관 등으로 정하였다. 이어 1995년에는 정부보조금을 받는 사업기관만 사회복지법인 및 비영리법인으로 하고 유료의 경우 개인이나 영리법인도 사업이 가능하도록 규정하였다(<표 7-6> 참조).

직원에 대해서도 직원배치기준에 대한 명시만 있을 뿐 각 직원에 대한 자격요건 및 역할에 대해서는 구체적인 규정이 마련되어 있지 않았다. 1992년 노인복지사업 국고보조사업지침에 따르면 노인주간보호사업의 직원배치기준은 시설장, 생활지도원, 간호조무사, 생활보조원 4~5명으로 사회복지사를 특별히 고용하지 않아도 결격사유가 되지 않았다. 그러나 1995년에는 사업기관의 장, 사회복지사(생활보조원), 물리치료사(간호조무사), 사무원, 취사부, 보조원(운전기사) 등으로 제시하면서 사회복지사가 생활보조원으로 일할 수 있다고 언급하고 있는데, 이는 노인주간보호사업이 단지 노인을 보호하는 차원이 아닌, 전문적인 서비스 제공이 전문가를 통해 제공되어야 함을 파악한 것으로 보인다. 시설의 장(사회복지사 2급 이상), 사회복지사, 생활보조원, 물리치료사(간호조무사), 사무원, 취사부, 보조원(운전기사)이다. 단 사회복지시설(단, 10인 미만시설 제외)에 병설하는 경우에는 사회복지사, 생활보조원, 물리치료사(간호조무사)외의 직원은 사업에 지장이 없는 범위 안에서 시설의 직원이 겸임 가능하다.

노인주간보호사업 종사자의 역할에 대해서는 한국재가노인복지협회에서는 <표 7-7>과 같이 제시하고 있다.

〈표 7-5〉 노인주간보호 사업 목적의 변화(1992~1996년)

년도	내용
1992~ 1993년	-부득이한 사유로 가족의 보호를 받을 수 없는 허약한 노인 또는 일시 보호가 필요한 노인들에게 각종 서비스를 제공하여 복지 증진 -노인의 생활안정과 심신의 기능 유지향상을 도모하고, 그 가족의 경제·정신적 부담 경감
1994년	-부득이한 사유로 가족의 보호를 받을 수 없는 허약한 노인으로서 낮동안 또는 단기간보호가 필요한 노인들에게 각종 서비스를 제공함으로써 노인의 생활안정과 심신의 기능 유지 향상을 도모하고 부양가족의 경제적·정신적 부담을 경감토록 한다.
1995~ 1996년	-부득이한 사유로 가족의 보호를 받을 수 없는 심신이 허약한 노인과 장애노인을 낮 동안 시설에 입소시켜 필요한 각종 편의 제공 -노인의 생활안정과 심신기능의 유지·향상 도모 -부양가족의 신체적·정신적 부담 경감

〈표 7-6〉 주간보호사업지침 비교

구분	1992년	1995년
운영주체	사회복지법인, 비영리법인	사회복지법인, 비영리법인 ※ 유료: 개인, 영리법인

〈표 7-7〉 1992년, 1995년 노인보건복지사업 지침 내 인력기준

1992~1994년	시설장, 생활지도원, 간호조무사, 생활보조원 등 4~5명 ※ 이용노인이 10인 미만일 경우에는 생활지도원, 간호보조원의 채용을 하지 않을 수 있음
1995~1996년	사업기관의 장, 사회복지사(생활보조원), 물리치료사(간호조무사), 사무원, 취사부, 보조원(운전기사) ※ 사회복지시설이나 가정봉사원파견사업기관에 병설하는 경우 완화 적용(단, 10인 미만시설 제외)

자료: 보건복지부(1992~1996)

노인주간보호 사업기관에서 시설장의 역할은 사업운영에 따른 지도감독을 하며 사회복지사나 생활보조원은 ①노인복지법 제18조의 규정에 의한 복지조치에 필요한 상담 및 지도, ②프로그램 계획 및 실시운영, ③대상노인 가족 봉사자 교육 및 관리를 맡았다. 그리고 물리치료사나 간호조무사의 경우 ①대상노인의 물리치료 및 작업치료, ②대상노인의 보호 및 수발, ③프로그램보조의 역할을 하였다(한국재가노인복지협회, 1996, 문정화, 2000 재인용).

1993년 주간보호시설의 설치·운영에 관한 사항에 따르면 주간보호사업은 "65세 이상 저소득층 노인으로서 신체허약 등 심신의 기능훈련이 필요하거나, 부득이한 사유로 낮 동안 보호가 필요한자", 그리고 "60~64세 노인이라도 특별히 주간보호가 필요하다고 인정되는 자"를 그 대상으로 한다.

그러나 1995년부터 사업의 대상은 정부지원사업과 유료사업으로 나누고 정부지원사업의 경우 "심신이 허약하거나 장애가 있는 생활보호대상자 등 저소득층 노인가정으로서 부득이한 사유로 낮 동안 보호가 필요한 자"로 정하고 ①65세 이상의 거택 및 자활보호대상 노인가정, ②65세 이상 맞벌이 부부 가정, ③사업기관장이 서비스가 필요하다고 인정하는 60세 이상 65세 미만의 노인가정 순으로 우선순위를 두도록 하였다. 또한 유료사업은 "심신이 허약하거나 장애가 있는 자로서 일생생활을 자신 또는 가족의 힘으로 영위하기 어려운 60세 이상 노인가정"을 사업의 대상으로 정하였다.

〈표 7-8〉 주간보호사업의 사업내용(1992~1996년)

년도	내용
1992~ 1994년	-생활지도, 일상동작훈련 등 심신의 기능회복 -급식, 목욕 등 -취미, 오락 등 여가생활서비스 등
1995~ 1996년	-생활지도 및 일상동작훈련 등 심신의 기능회복을 위한 서비스 -급식 및 목욕서비스 등 -취미·오락·운동 등 여가생활서비스 -장애노인가족에 대한 교육 등

노인주간보호 사업기관에서 실시한 프로그램 내용은 이용대상자의 특성에 따라 조금씩 다르지만, 심신의 기능회복을 위한 의료적 서비스 성격으로 물리치료, 작업치료 등과 같은 의료적 서비스가 많은 비중을 차지하고 있으며, 그 외에는 정서, 심리적 서비스로 종이접기, 영화 상영, 게임, 노래 배우기, 비디오 시청을 통한 화상요법, 미술요법 등이 각 기관의 특성에 따라 주로 자원봉사자의 참여를 통해 이루어졌다(박희성, 1996).

〈표 7-9〉 초기의 주간보호센터의 사업 현황

사업주체 센터별(지역)	사업년도	이용료(월)	인원(월)	이용대상	주요서비스
은천노인복지회 은천주간보호센터 (서울 · 동대문)	1992년	3,000원	15명	일반노인	-기본사업2) -목욕 -중풍가족상담
한국노인복지회 양평경로센터 (서울 · 영등포)	1992년	무료	15명	일반노인	-기본사업
천사종합복지관 강서주간보호 (서울 · 강서)	1993년	3,000원	15명	일반노인	-기본사업 -음악요법
남광사회복지재단 남광경로센터 (부산 · 금정)	1993년	1,000원 한방치료 (3,000원)	30명	일반노인 치매노인	-기본사업 -한방치료
애광원 애광노인의 집 (부산 · 금정)	1994년	3,000원	10명	일반노인	-기본사업
순애원 순애원부설주간보호 센터(경기 · 고양)	1994년	5,000원	10명	일반노인	-기본사업
(재)문경새마을사업 회, 곽병원탁노원 (경북 · 경산)	1994년	3,000원	30명	일반노인	-기본사업 -창작교실 -숫자교실

자료: 보건복지부 「주간보호사업 업무지침」, 1995; 차인수, 1995; 설명화, 2007 재인용.

서비스 이용신청은 노인의 신원, 건강상태 보호사유 등을 파악하여 그 필요성을 검토하여 결정하고 그 결과를 전화, 구두, 서면으로 통보함을 원칙으로 하고, 전문적인 의료 서비스가 요구되는 노인환자에게는 관내 보건소의 방문간호사업을 연계하여 적절한 치료를 받을 수 있도록 하였다. 이용자 결정과정은 방문상담을 통해 노인의 신체적, 심리적 상태와 가족들과의 관계를 파악해 기관에서 노인을 보호할 수 있는지의 여부를 결정한 뒤 이용 가능한 노인에게는 이용신청서와 서약서, 건강진단서를 제출하도록 한 뒤 서비스를 제공하였다(박희성, 1996).

노인들의 서비스 이용시간, 즉 보호시간은 원칙적으로 1일 낮 동안만 보호하도록 되어, 오전 9시부터 오후 4시까지 이용이 가능하였다. 송영서비스는 기관차량을 운행하여 노인을 가정에서 기관까지, 기관에서부터 가정까지 수송하는 역할을 하였다(박희성, 1996). <표 7-9>는 노인주간보호 사업기관의 이용대상, 이용료, 이용인원, 및 주요 서비스 현황이다.

3. 노인주간보호사업 2기(1997~2005.6)

1) 2기 주요변화내용

2000년 우리나라는 65세 이상 노인인구가 전체 인구의 7%를 넘어 고령화 사회로 진입하게 되면서 노인문제가 사회의 주요 이슈로 등장하기 시작한다. 당시 한국보건사회연구원 조사에 따르면 65세 이상 노인의 87%가 장기간 치료나 요양을 필요로 하는 관절염, 고혈압 등 만성퇴행성 질환을 갖고 있고(정경희 외, 1998, 모선희, 2002 재인용), 정신건강 장애노인도 증가하여 2000년 당시 치매노인은 전체 노인의 8.2%(약 27만 8천명)에 이르고 있다는 연구 결과 등이 발표되었고, 특히 정부에 의해 구성한

---

2) 기본사업: 상담·의료(건강진단 및 물리치료 등), 취미, 오락서비스

노인장기요양보호정책기획단이 추정한 재가보호대상노인(635,126명)의 2.6%만을 사회적으로 보호하고 있다는 결과 등(모선희, 2002)으로 정부는 노인부양 문제를 장·단기적으로 어떻게 정책적으로 대응하여야 하는지에 대해 준비를 시작하게 된다.

이와 같은 사회적 맥락 속에서 우리나라의 노인주간보호사업은 1기 이후 1999년 12월 31일을 기준으로 하여 전국적으로 37개소가 운영되었고(보건복지부, 2000, 노인보건복지 국고보조사업 안내), 이후 노인주간보호 사업기관은 2000년 82개소, 2002년 100개소가 운영되는 등(윤현숙, 2004) 양적으로 크게 팽창하였다. 또한 정부에서는 이 프로그램을 활성화하기 위해 민간에 의한 유료사업이 가능하도록 1993년 노인복지법 2차 개정을 통해 활성화하려는 노력을 보였다. 그러나 현실적으로는 일반 노인의 이용보다는 당시 생활보호대상자 및 저소득층이 주 대상이 될 수밖에 없었다. 가장 큰 이유는 정부의 사업지침에 의하여 주간보호센터를 운영하는데 국민기초생활보장수급권의 노인과 저소득층 노인을 대상으로 하는 경우에만 국고로 인건비, 운영비 등 사업비를 보조하고 있어, 민간단체에서 일반노인을 위해 노인주간보호사업을 실시하는 것이 쉽지 않았고, 설령 개인부담의 노인주간보호시설이 설치된다고 하더라도 일반노인 및 부양자들이 비용을 전액 부담하며 서비스를 이용하는 것은 부담이 높았기 때문이다.

따라서 주로 극빈층 무의탁 노인을 중심으로 서비스를 제공하여 일반 저소득층 노인이나 중산층 노인들은 주간보호 혜택을 받을 수 없어, 실천 현장과 관련 학자들은 주간보호 대상을 일반 노인들에게 확대하여 이들의 재정형편에 따라 유료, 실비, 무료로 이용할 수 있도록 다양한 프로그램을 개발시켜야 한다는 필요성을 절감하기 시작하였다.

서비스 내용을 살펴보면 단순보호(custodial care) 중심으로 주로 낮 시간에만 보호를 하고, 이용노인을 위한 송영서비스, 건강체크, 운동, 물리치료, 작업치료, 급식서비스, 여가 및 취미 프로그램, 간식 등을 제공하는 등 질적 수준은 크게 달라지지는 않았다. 따라서 치매·중풍노인이나 임종환자를 위한 특수 주간보호 프로그램이나, 서비스 시간도 낮 시간 뿐 아니라 야간이나 주말 및 공휴일에도 제공해야 된다는 주장과 주

부양자나 가족을 위한 교육, 훈련, 상담프로그램도 여전히 부족하여 노인들이 살고 있는 가정에까지 생활안정과 기능유지가 계속되는 부양자들의 교육 및 훈련 프로그램의 필요성도 계속 대두되었다.

서비스전달체계는 병원, 보건소, 요양원, 양로원, 사회복지관, 노인복지관, 종교단체 등 여러 기관으로 분산되어 있고, 이들 기관들을 지원하고 있는 행정체계도 보건복지부 노인복지과, 복지정책과, 의약과 등에서 각기 다르게 관리하고 있어 지역이나 단체간의 상호협조와 조정이 잘 안 되어 전달체계에도 여전히 문제가 산재되어 있었다.

노인주간보호사업을 위한 재정지원은 앞에서도 언급한 바와 같이, 정부지원예산에 대부분 의존하고 있고, 운영비의 일부분은 사적 재원인 실비이용 대상자들의 비용부담으로 충당하는 형태가 계속 고수되었다. 특히, 정부의 사업지침에 의하여 주간보호센터를 운영하는데 국민기초생활보장수급권의 노인과 저소득층 노인을 대상으로 하는 경우에는 국고로 인건비, 운영비 등 사업비를 보조하고 있어 민간단체에서 일반노인을 위해 노인주간보호사업을 실시하는 것이 쉽지 않았다. 따라서 고령인구가 증가하는 현실에 비해 재정의 문제로 서비스 확대가 되지 못하자, 이를 해결하기 위해 의료보험 제도 개선을 통해 일반노인이 주간보호 서비스를 이용하는 경우 의료보험으로 지급하게 하는 방안이나, 독일의 장기요양보험이나 일본에서 실시하려고 하는 개호보험을 검토하여 고령화 사회에 대비하는 주간보호 프로그램 개발에 대해서 관심이 시작되었다.

노인주간보호센터의 현황을 살펴보면 2004년 말 실비 주간보호센터가 41개소를 포함한 총 278개소가 설치·운영되고 있다. 전체 노인인구 대비 재가보호율은 0.4% 수준으로 지역사회 노인이 필요로 하는 각종 욕구충족을 위한 재가노인복지센터의 수요에 비해 공급이 매우 부족한 실정이다(차흥봉, 2004, 이향숙, 2008 재인용). 시도별로 구분하면 서울이 73개소(26.2%)로 가장 많고, 경기가 41개소(14.7%), 부산이 32개소(11.5%), 전남 전북이 각22개소(7.9%), 15개소(5.4%)의 순이다. 이중 151개소(전체의 54.3%)의 센터가 서울, 부산, 대구, 인천, 광주, 대전 및 울산 등 7대 도시에 집중되어 있다. 따라서 주간보호센터의 대도시 편중으로 인해 농어촌지역의 주민들은 주간보호 서비스 욕구가 높음에도 불구하고 실상 서비스를 받기는 매우 어려운 실정이었다(이향숙, 2008).

2) 법적 기준 및 정책내용

1992년 재가노인복지를 장려하기 위하여 시범사업을 거쳐 1993년 노인복지법 개정을 통해 재가복지사업 내 사업명으로 법률적 근거를 마련하면서(1993년 노인복지법 개정 제20조 2), 1997년 노인복지법 개정을 통해 노인복지시설이 4개의 범주로 나뉘지고, 법적으로 재가노인복지시설의 주간보호시설이라는 세부 시설로 자리매김하게 된다(1997년 노인복지법 제38조).

당시 1997년 노인복지법에서 제시한 주간보호시설 정의는 '부득이한 사유로 가족의 보호를 받을 수 없는 심신이 허약한 노인과 장애노인을 낮 동안 시설에 입소시켜 필요한 각종 편의를 제공하여 이들의 생활안정과 심신기능의 유지·향상을 도모하고, 그 가족의 신체적·정신적 부담을 덜어주기 위한 시설'로 되어 있는데, 이는 노인주간보호사업 시범 초기의 정의와 동일한 것으로 법적으로 사업에서 시설로 변경된 것 이외 내용은 크게 변화되지 않았다. 이 시기에 한국재가노인복지협회에서는 주간보호센터의 서비스 운용지침을 다음과 같이 설명하고 있다(한국재가노인복지협회, 1999, 조은정 외, 2002 재인용).

첫째, 송영서비스(교통서비스). 주간보호센터 이용 노인들에게 편안하고 안전한 통근 서비스를 제공한다. 주간보호센터를 필요로 하는 대다수의 사람들은 비교적 이동이 곤란한 사람들이므로 송영 서비스는 중요한 문제가 된다.

둘째, 급식 서비스. 이용 노인의 올바른 급식 서비스 제공으로 영양 섭취를 통한 건강의 유지 및 관리를 한다. 특히 노인들의 음식은 노인들의 욕구와 선호도 및 문화적인 형태와 식이 요법을 반영하여 개개인을 고려해야 한다.

셋째, 간호 서비스(건강체크). 하루하루의 상태나 생활에 따른 건강의 변화 상황을 파악하여 대처함으로서 건강한 생활을 유도한다. 주간보호센터를 이용하는 노인들은 만성질환으로 인한 거동불편 노인으로서 질병에 대한 저항력은 더욱 낮아 하루하루의 상태나 생활에 따른 변화 상황은 매우 중요하다.

넷째, 심리·사회적 서비스. 통합적 서비스 프로그램을 통하여 결여된 자신감을 회복할 수 있도록 도우며 사회성을 증진시킨다. 장애를 갖고 있는 노인에게 다양한 프로그램을 통하여 스트레스를 해소케 하고 자신감을 갖도록 함은 물론, 같은 처지에 있는 노인들과 그룹 활동을 통하여 사회 참여를 함으로서 사회 적응 능력을 배양하는 것은 매우 중요하다.

다섯째, 의료적·신체적 서비스. 의료적·신체적 서비스 제공을 통하여 이용 노인들의 질병을 조기 발견하며 합병증을 예방한다. 주간보호센터를 이용하는 노인들의 현재 상황을 정확히 파악하여 질환을 발견하고 예방, 악화를 방지하고 치료함을 목적으로 정기적으로 의료기관의 진료를 받을 수 있도록 한다.

예산과 관련해서 1998년도 노인복지예산 내용을 분석하여 보면 예산의 71.6%는 노령수당과 경로연금으로 지급되었고, 13.8%는 시설보호에, 7.5%는 경로당 운영비에 지급되었다. 재가노인서비스를 위한 지원금은 노인복지예산의 1.6%이었고, 주간보호사업으로는 노인복지예산의 0.3%가 배당되었다(보건복지부, 1998, 고양곤, 1999 재인용). 1999년 노인복지예산은 예산의 74.7%는 경로연금으로 지급되었고, 12.43%는 시설보호에, 5.53%는 경로당 운영비에 지급되었다. 재가노인복지를 위한 지원금은 노인복지예산의 1.68%이고 이 중 주간보호사업은 0.35%이었다(윤현숙, 2004).

노인주간보호사업비 총액 면에서는 매년 시설의 수 증가와 관련하여 증액되고 있다. 1997년 기준 주간보호 사업비는 5억이었으나, 2000년 주간보호사업에 배정된 예산 총액은 국비와 지방비를 포함해서 20억원, 그리고 2001년에는 약 28억이었다. 그러나 이를 시설 개소당 지원액으로 나눠보면 연 5천만원 내외로 큰 변화는 없었다.

이를 개인 노인에게 돌아가는 혜택 관련하여 2000년 주간보호사업에 투입된 예산액을 기준으로 분석해보면 전체 65세 이상 노인인구 일인당 연 622원에 해당하는 액수이고, 저소득층 노인을 우선적으로 지원한다는 가정에서 보면 저소득층 노인 일인당 연 7,378원이다(<표 7-10 참조>).

지역별 노인인구 일인당 예산 지원액도 제주도가 2,264원이며, 충청도가 218원으로 최대 최소 간 약 10배의 차이를 보여주고 있다.

〈표 7-10〉 2000년 주간보호사업에 투입되는 예산액

사업구분	총예산 (천원)	국비 (천원)	지방비 (천원)	전체 노인수3) (인)	전체노인 대비예산 (원)	저소득층 노인수4) (인)	저소득층 노인1인당 예산 (원)
주간보호사업	2,095,000	838,000	1,257,000	47,274,543	622	283,957	7,378

자료: 이신호 외, 2000.

〈표 7-11〉 지역별 노인인구 일인당 2000년 주간보호사업 예산

지역	노인인구 일인당 예산(원)
전국	622
서울특별시	769
부산광역시	1,558
대구광역시	674
인천광역시	722
광주광역시	674
대전광역시	667
울산광역시	1,164
경기도	389
강원도	681
충청북도	688
충청남도	218
전라북도	699
전라남도	368
경상북도	309
경상남도	360
제주도	2,264

자료: 이신호 외, 2000.

---

3) 전체 65세 이상 노인수(1999년 기준)
4) 의료보호대상자 중 65세 이상(1998년 기준)

〈표 7-12〉 정부예산 주간보호사업 개소당 지원 연도별비교(1997~2005년)

(단위: 천원)

구분	1997	1998	1999	2000	2001	2002	2003	2004	2005
개소당 정부예산	50,000	50,000	우수: 52,000	우수: 52,500	기준: 51,000	기준: 53,500	기준: 60,500	기준: 67,050	기준: 70,403
			보통: 50,000	보통: 50,500	우수: 53,000	우수: 56,000			
			미흡: 48,000	미흡: 48,500	신규: 48,500	신규: 51,000			

　　시설당 보조금은 <표 7-12>에서 보는 바와 같이 1997년 시설당 50,000천원이 1998년까지 지속되다가 1999년부터는 예산에 대한 지원이 많지 않음에도 노인재가복지 관련 시설과 마찬가지로 운영실적을 평가하여 보조금을 우수시설, 보통시설, 미흡시설로 구분하여 차등지원을 실시하게 된다. 우수시설은 연간 52,000천원, 보통시설은 50,000천원, 미흡시설은 48,000천원으로 시작하여 2000년에는 500천원 증액되어 지급된 이후, 2001년부터는 지원 기준 51,000천원을 중심으로 우수시설은 53,000천원, 신규는 48,500천원 지원하는 것으로 변경하였다. 이후 2002년에는 지원기준 53,500천원으로 증가폭이 높아지기 시작하여 우수시설은 56,000천원, 신규는 51,000천원을 지원하게 된다. 2003년부터는 기준 지원금을 60,500천원, 2004년 67,050천원, 2005년 70,403천원으로 제시하고 평가를 통해 지원 중단 및 예산 차등지원이 가능함을 표시하고 구체적인 금액 제시는 하지 않았다(연도별 노인보건복지사업안내).

　　재가노인복지재정의 조달방법은 첫째, 국가 및 지방자치단체의 비용부담, 둘째, 국가 및 지방자치단체의 비용보조, 셋째, 서비스 이용자의 비용수납의 세 가지인데, 1999년도 시설당 평균예산금액은 <표 7-13>과 같이 사업총예산이 약 1억5백만원이고 주간보호사업의 총 예산중 정부지원금은 약 5천 1백만원 정도로 총예산에서 정

<표 7-13> 시설당 1999년도 평균예산금액

구분	사업총예산 (표준편차)	정부지원금 (표준편차)	자부담 (표준편차)	찬조후원기타 (표준편차)
주간보호사업	105,075,036 (173,211,951)	51,049,33 (12,404,656)	11,366,833 (15,050,933)	9,204,111 (12,833,129)

자료: 한국재가노인복지협회 「재가노인복지시설 운영 현황 및 사업실태조사」, 1999, 원종욱, 2000 재인용

부지원금이 차지하는 평균비율은 48.6% 정도 였다(원종욱, 2000).

주간보호시설의 사업비 부족분은 지방자치 단체가 추가로 보조할 수 있도록 하고 있으나 지방자치단체의 사업인지도 및 재정자립도에 따라 다르기 때문에 이를 모든 시설마다 기대하는 것은 어려웠다. 시설 대부분은 인건비와 최소한의 운영비만을 지원하는 정도이고 종사자의 보수지급도 예산의 범위 안에서 초과분에 대해서는 운영주체가 부담하도록 명시하고 있어 많은 시설들이 호봉이 높은 직원을 고용하지 않거나 호봉이 낮은 직원을 대신 채용하는 방법을 이용하는 등의 실정 때문에 직원의 이직율이 상당히 높은 것이 주간보호센터의 현실이었다(변재관, 2001, 설명화, 2007 재인용).

2005년 당시 주간보호센터에 대한 국가의 보조금 지급 현황을 살펴보면, 여전히 전체 시설 운영 재정은 주로 국가보조금에 의존하고 있다. 정부의 지원기준은 무료와 실비 이용노인 대상의 기관에 대하여 인건비 운영비 등 사업의 일부를 보조할 수 있다는 규정에 따라 2005년 기준 지원금액이 기관당 연간 70,400,000원씩 지원되어, 1997년 5천만원과 비교하여 8년 동안 2천만원이 증액되었다. 중앙정부와 지방정부의 지원 비율도 중앙정부 40%, 지방정부 60%도 여전하고 장비구입비와 사업비의 부족액에 대하여 지방 정부의 추가지원이 가능하다고 제시하였지만 추가 비용을 지방정부에서 지원하는 것이 쉽지 않음도 여전하였다. 이에 비해 전체 재정에서 인건비가 차지하는 비율만도 평균 65%로 현재의 국가보조금으로는 최소 필요인력(사회복지사, 생활보조원, 간호조무사, 운전기사)의 인건비 지급에도 못 미칠 정도로 열악하여, 당시 국가보조금 수준으로는 노인병원 전문의, 물리치료사, 작업요법사, 간호사 등의 전문 인력 확보와 이를 통한 질 높은 서비스를 제공하기는 불가능한 형편이다(이향숙,

〈표 7-14〉 주간보호시설 이용형태 및 비용 부담

구분	선정기준	본인부담금[5]	정부부담
무료이용	국고지원시설로 수급권자 또는 복지시설 기관장이 이용 의뢰한 자(65세 이상)	식비·간식·목욕서비스 등 각종 서비스 내용에 따라 실비 징수	중앙·지방정부
실비이용	국고지원시설로 저소득층(도시근로자의 월평균소득 미만)노인이 이용한 경우(65세 이상)		
유료이용	–무료·실비이용 대상노인 이외의 60세 이상 노인 –국고 또는 지방비 예산지원이 없는 시설을 이용하는 자	기본[6] : 1일 기준 4,000원 특별[7] : 1회당 1,500원 추가	없음

자료: 박석돈 외, 2004, 전선희 2007 재인용

2008).

　주간보호시설 이용에 대한 비용부담은 이용형태와 대상에 따라 <표 7-14>와 같다(전선희, 2007).

　주간보호사업의 전달체계는 보건복지부(노인복지과)→특별(광역)시·도(가정복지과)→시·군·구(가정복지과 또는 사회복지과)→주간보호센터를 통하여 노인에게 전달되며, 개인이나 가족의 서비스 요청을 주간보호센터나 국가, 시, 군, 구청에 문의 및 요청할 수 있다. 개인이나 가족의 요청에 의해서 국가, 시, 군, 구청, 노인주간보호센터는 서비스 요청에 대한 확인, 서비스 대상에 대한 판정 및 서비스운용에 대해 결정하며 그 결과를 정부와 개인에게 통보, 당사자나 가족과 계약하여 서비스가 제공되었다. 단 계약 이전에 1주일 정도는 이용노인에 대한 관찰기간을 두고 적법성을 파악하며, 노인의 심신기능 상태에 따라 시설 입소 및 타 기관과의 연계 서비스 제공을 꾀하게 하였다. 또한 노인주간보호시설은 대상자에 대한 서비스 전달 및 그 결과에 따른

---

5) 치매·중풍노인의 경우 비용의 30% 범위 내에서 상향조정 수납 가능
6) 기본서비스: 중식제공, 간식제공, 물리치료, 프로그램 준비 및 소모품비
7) 특별서비스: 목욕·용변서비스

<표 7-15> 주간보호시설수(2001년도)

지역	사업기관수	이용인구	종사자
전국	97	1,812	439
서울특별시	36	572	164
부산광역시	12	170	46
대구광역시	5	73	30
인천광역시	2	36	6
광주광역시	2	27	12
대전광역시	2	21	9
울산광역시	1	16	4
경기도	10	172	46
강원도	3	98	11
충청북도	6	98	16
충청남도	3	142	13
전라북도	3	87	17
전라남도	2	25	8
경상북도	6	138	34
경상남도	2	70	13
제주도	2	67	10

자료: 「재가복지시설현황」 (보건복지부, 2001), 조선영, 2001 재인용, 재구성

내용들을 시, 군, 구청에 정기적으로 보고하여야 한다.

주간보호센터의 전달체계는 수직하달식의 전달체계를 가지고 있어서 서비스 제공자인 정부의 입장에서는 체계성과 효율성을 높일 수 있다는 이점이 있는 반면, 수혜자인 노인의 입장에서는 서비스가 안정되어 융통성이 없으며 전문적이며 개별적인 서비

스를 기대하기 어렵다는 점이 지적되었다(이성호, 2007).

1999년 12월을 기준으로 국고보조를 받는 주간보호소는 37개소였는데, 주간보호 서비스를 제공하는 시설은 기존의 양로원·요양원과 같은 장기요양시설이나 사회복지관 및 노인복지관과 같은 지역사회 이용시설에 병설하여 운영하는 경우가 많았다(고양곤외, 1999, 이주형, 2000 재인용). 또한 1999년 현재 국고보조를 받고 있는 노인주간보호시설의 전국 분포를 보면, 서울에 8개소, 부산 7개소, 대구 1개소, 인천 2개소, 광주 1개소, 대전 1개소, 울산 1개소, 경기 4개소, 강원 1개소, 충북 1개소, 충남 1개소, 전북 3개소, 전남 1개소, 경북 2개소, 경남 1개소, 제주 1개소로 전체 40.5%가 서울과 부산지역에 편재되어 있다. 2001년의 현황을 보면 총 사업기관수가 97개소인데 전체 시설 중 49.5%가 서울과 부산에 집중되고 있는데 이는 인구집중율 29.5%보다 높은 것으로 대도시에 편중되어 설치되는 문제에 대해 그 해결방안이 필요하다는 요구가 지속적이었다.

1999년 37개소였던 노인주간보호시설은 2004년까지 총 182개소(서울 60, 부산 23, 대구 10, 인천 7, 광주 5, 대전 7, 울산 9, 경기 18, 강원 9, 충북 3, 충남 4, 전북 8, 전남 6, 경북 10, 경남 3, 제주 4)가 설치되었고(보건복지부, 2003; 노인 복지시설현황, 2004; 이남순, 2006 재인용), 2005년 보건복지부 노인복지시설현황을 보면 실비 주간보호시설을 포함하여 278개소로 이용 인원은 4,873명이었다. 그러나 이는 전체 서비스 대상노인의 0.1%에 불과한 수치이고 ADL이나 IADL의 문제로 타인의 도움을 받지 않으면 일상생활이 어려운 요보호대상 노인의 0.46%에 해당하는 수치이다. 이는 시설수 자체의 절대 부족과 서비스의 우선 적용대상이 국민기초생활 보장 수급자나 저소득층 노인이 되다보니 일반 중산층 노인의 경우에는 서비스에 대한 욕구가 있다 하더라도 즉시적으로 원하는 서비스를 제공받기가 어려운 형편임을 보여주고 있다(이향숙, 2008).

<표 7-17>은 2기의 2000년, 2005년의 인력기준이다. 인력의 구성은 거의 비슷하나, 각 인원과 더불어 생활지도원의 수가 명시되어있다는 점, 겸임 시 인건비 이중지원불가를 명시해놓았다는 점 등을 발견할 수 있다.

<표 7-16> 주간보호시설수(2005년도)

구분	주간보호센터			실비주간보호센터		
시도	센터수	이용인원	종사자수	센터수	이용인원	종사자수
합계	237	4,390	1,392	41	483	177
서울	67	1,149	272	6	84	30
부산	28	369	157	4	60	20
대구	12	162	327	-	-	-
인천	9	120	32	-	-	-
광주	4	56	19	4	46	20
대전	5	42	15	2	15	4
울산	10	87	46	-	-	-
경기	31	501	171	10	112	49
강원	9	162	40	3	41	15
충북	4	54	66	-	-	-
충남	4	144	19	-	-	-
전북	12	182	45	3	35	6
전남	19	863	71	3	34	7
경북	11	229	58	3	29	11
경남	8	156	39	2	17	7
제주	4	114	15	1	10	8

자료: 보건복지부(2005년). 노인복지시설현황

<표 7-17> 2000년, 2005년 노인보건복지사업 지침 내 인력기준

2000년	· 시설의 장(사회복지사 2급이상), 사회복지사, 생활보조원, 물리치료사(간호조무사), 사무원, 취사부, 보조원(운전기사) ※ 사회복지시설(단, 10인 미만시설 제외)에 병설하는 경우에는 사회복지사, 생활보조원, 물리치료사(간호조무사)외의 직원은 사업에 지장이 없는 범위안에서 시설의 직원이 겸임 가능
2005년	· 시설의 장 · 사회복지사: 1인(다만, 이용정원이 10인 미만인 시설은 두지 않을 수 있음) · 생활지도원: 이용자 10인당 1인(다만, 치매 · 중풍 등의 노인을 주이용 대상으로 하는 시설은 이용노인 5인당 1인 이상을 두어야 함) · 물리치료사 또는 간호사(간호조무사) 1인 · 사무원: 1인(다만, 이용정원이 10인 미만은 시설은 두지 않을 수 있음) · 보조원 또는 운전기사: 1인 ※ 사회복지시설에 병설하는 경우에는 사회복지사, 생활지도원, 물리치료사 또는 간호사 외의 직원은 사업에 지장이 없는 범위 안에서 시설의 직원이 겸임 가능하나, 겸임으로 인한 서비스 제공이 소홀하지 않도록 시 · 군 · 구는 철저히 지도 · 감독 요망(단, 겸임시 인건비의 이중지원 불가)

자료: 보건복지부(2000, 2005)

〈표 7-18〉 주간보호사업 목적의 변화(1997~2005년)

년도	내용
1997~2002년	-1996년도와 동일함.
2003년	-부득이한 사유로 가족의 보호를 받을 수 없는 심신이 허약한 노인과 장애노인을 낮 동안 시설에 입소시켜 필요한 각종 편의 제공 -노인의 생활안정과 심신기능의 유지·향상 도모 및 부양가족의 신체적·정신적 부담 경감
2004~2005년	-부득이한 사유로 가족의 보호를 받을 수 없는 심신이 허약한 노인과 장애 노인 등을 낮 동안 시설에서 보호하며 노인의 기능회복을 도모

3) 사업내용(목적, 주체, 대상, 사업내용)

노인주간보호사업 목적의 변화는 <표 7-18>과 같다.

노인주간보호 사업은 2002년까지는 다른 노인재가복지사업과 마찬가지로 사업주체를 명시하는 규정을 별도로 두지 않았다가, 2003년 사업주체를 국가, 지방자치단체, 법인 또는 개인으로 명시하고 있다.

주간보호사업의 대상은 1기 이후, 2002년까지는 사업대상에 관한 사항이 별도로 명시되지 않았으며, 2003년에 그 대상이 새롭게 명시되었다. 2003년 현재 주간보호시설의 이용대상은 ①일상생활수행능력(ADL)에 지장이 있는 자, ②노인성 질환 또는 노쇠로 인해 심신의 장애가 있는 자, ③일반질환으로 인해 일시적인 일상생활서비스가 필요한 자, ④독거노인으로서 낮 동안 주간보호서비스가 필요한 자, ⑤기타 복지실시기관장이 주간보호시설의 서비스가 필요하다고 인정한 자 등이다.

기본적으로 주간보호서비스의 대상노인은 <표 7-20>에서 제시한 바와 같이, 동작수행 능력의 정도가 경미한 정도로서 자유롭게 이동이 가능한 자를 대상으로 한다. 노인주간보호시설의 이용대상자 선정기준은 우선 무료이용의 경우 ①65세 이상의

〈표 7-19〉 주간보호사업의 사업내용(1997~2005년)

년도	내용
1997~ 2000년	-1996년도와 동일함.
2001~ 2002년	-생활지도, 일상동작훈련 등 심신의 기능회복을 위한 서비스 -급식 및 목욕서비스 등 -취미 · 오락 · 운동 등 여가생활서비스 -노인결연에 관한 사항: 무의탁 노인 후원을 위한 결연사업 -이용노인 가족에 대한 상담 및 교육 등
2003~ 2005년	-생활지도, 일상동작훈련 등 심신의 기능회복을 위한 서비스 -급식 및 목욕서비스 등 -취미 · 오락 · 운동 등 여가생활서비스 -지역사회 복지자원 발굴 및 네트워크 구축에 관한 사항 · 무의탁 노인 후원을 위한 결연사업 · 지역사회 자원봉사자 등 인적자원발굴사업 -이용노인 가족에 대한 상담 및 교육 등

〈표 7-20〉 주간보호사업 대상자

구분	이용자대상	선정인원
무료이용	-65세 이상 국민기초생활보장 대상 노인 -국민기초생활보장 대상 노인이 아닌 65세 이상의 자 중 부양의 무자로부터 적절한 부양을 받지 못하는 자 -60~64세 노인이라도 특별히 주간보호가 필요하다고 인정된 자	시설당 10~20명
실비이용	-65세 이상 저소득 노인	
유료이용	-무료, 실비 이용 대상 노인 이외의 60세 이상 일반 노인	

생활보호대상자, ②국민기초생활보장 노인이 아닌 65세 이상의 대상자 중 그 부양의
무자로부터 적절한 부양을 받지 못하는 자 그리고 ③60세에서 64세의 노인 중에서
특별히 주간보호가 필요하다고 인정된 자로 되어 있다.

실비 이용 대상자는 도시근로자 월평균 소득 미만인 가구의 65세 이상 노인으로 하

〈표 7-21〉 주간보호서비스의 유형

유형	이용자	특성
기본형	심신 허약자로 ADL에 거의 제한을 받지 않는 사람(ADL을 거의 독립적으로 행할 수 있는 사람)	기초 건강관리, 식사, 교통, 상담, 사회교육활동서비스 중심
보호형	3~4개 ADL에 제한을 받는 자, 간단한 의료처지가 필요한 만성질환자, 만성기능장애자.	기초 건강관리, 식사, 교통, 상담, 사회교육활동 서비스, 가족 서비스는 기초적으로 제공되며 재활서비스, 건강유지를 위한 모니터링 및 간단한 간호서비스, ADL원조 중심
의료형	와상노인 및 지속적인, 의학적인 모니터링이 필요한 자.	전문적이고 집중적인 간호 및 의료서비스와 재활서비스 중심
복합형	1가지 이상의 ADL의 제한을 받는 노인(치매, 뇌졸중, 심신장애, 와상노인 등)	기초적인 서비스로부터 의료서비스 및 재활서비스까지 모두 포함
특수목적형	뇌졸중/치매 및 정신장애/신체장애 등의 특수 대상자만. 단, 와상노인은 제외	전문적이고 집중적인 간호 및 의료서비스를 제외한 이용자 욕구에 따른 서비스 조정이 가능

자료: 한국재가노인복지협회(2000), 재가노인복지사업 매뉴얼

고 있으며, 그 이외의 60세 이상의 노인들은 유료로 이용할 수 있으며, 입소의 우선순위는 생활보호대상노인, 의료부조대상노인, 기타 생활이 어려운 노인으로서 읍, 면, 동장의 추천을 받은 노인, 일반노인의 순으로 되어 있다.

한국재가노인복지협회(2000)에서는 노인주간보호사업의 서비스 유형을 서비스 대상자, 서비스 형태, 기초서비스를 중심으로 기본형, 보호형, 의료형, 복합형, 특수목적형 등으로 분류하여 다음과 같이 제시하고 있다.

기본형은 ADL을 거의 독립적으로 행할 수 있는 노인을 대상으로 기본적인 서비스와 사회교육활동 서비스를 제공하는 것이며, 보호형은 3~4가지의 ADL에 제한을 받는 노인으로 기본적인 서비스에 더해 재활서비스와 건강유지를 위한 간단한 의료서비스를 제공한다. 의료형은 와상노인이나 지속적인 관찰을 요하는 질환을 앓고 있는 노

〈표 7-22〉 주간보호사업 서비스 세부내용

사업구분	사업내용
송영서비스	안전한 통근을 위한 교통 및 호송 서비스
급식서비스	급식·간식서비스
대인적 서비스	식사, 목욕, 머리감기, 이발, 면도, 손톱관리, 세탁, 화장실 이용 등에 필요한 대인서비스
의료·간호서비스	투약, 드레싱, 건강상담, 기초건강측정(혈압/체온), 정기검진, 병원동행, 한방치료
재활서비스	심신기능 재활을 위한 운동, 물리치료, 작업치료, 언어치료, 집단치료, 기능훈련, 치료 레크레이션
건강교육	이용 노인들을 위한 섭생교육(diet education), 건강교육
취미오락운동	실내외에서 제공하는 각종 취미활동(TV시청, 장기, 바둑 등), 사회적인 친교활동(생일잔치, 명절행사, 외출)
심리사회적 서비스	심리사회적 능력을 개발하기 위한 개별 상담, 집단 프로그램, 인지·사회 기술훈련
부양자 보조서비스	부양자들의 모임, 노인 부양자를 위한 교육, 상담 및 지지 서비스

자료: 박종팔, 2004, 전선희, 2007 재인용

인을 대상으로 전문적인 의료서비스까지 제공해주는 형태를 말한다. 마지막으로 특수전문형은 특정 질환이나 특정 문제를 집중적으로 관리하는 서비스를 제공하는 형태를 뜻한다. 당시 우리나라의 경우 주간보호는 뇌졸중 주간보호와 치매형이 운영되고 있었다. 기본형, 보호형, 의료형은 극소수에 속한다(김미원, 2006, 이순표, 2008 재인용).

한국재가노인복지협회(2000)에서 제시한 노인주간보호서비스 유형으로 당시 노인주간보호 사업의 유형을 보면, 기본형이나 의료형은 거의 없고, 보호형과 일반노인과 치매노인을 함께 보호하는 복합형, 그리고 뇌졸중 주간보호와 치매주간보호와 같은 특수목적형이 있다고 보았다(전선희, 2007). 하지만 주간보호사업에 대한 사회적 관심이 확대되고 주간보호사업을 실행하는 기관이 증가되면 기본형과 의료형도 확대될 것이라는 희망을 제시하는 등 주간보호사업의 확대와 다양한 유형의 질적 서비스에 대해 기대하고 있었다.

주간보호서비스의 내용을 살펴보면 생활지도 및 일상동작훈련 등 심신기능 회복을 위한 서비스, 급식 및 목욕서비스, 취미, 오락, 운동 등 여가생활서비스, 지역사회 복지자원 발굴 및 네트워크 구축에 관한 사항, 지역사회 자원봉사자 등 인적자원 발굴 사업, 무의탁 노인 후원을 위한 결연사업(1인당 월 10,000원 이상을 3월 이상 계속하여 지원하는 결연사업), 이용 노인가족에 대한 상담 및 교육 등이며 주간보호사업 내용을 세부화 하여 살펴보면 <표 7-22>와 같다.

4. 노인주간보호사업 3기(2005.7~현재)

1) 3기 주요변화내용

지역사회보호는 지역사회서비스(community service)와 재가보호서비스(in-home care service)로 구분되는데 지역사회서비스가 가정 밖에서 이루어지는데 비하여 재가보호서비스는 가정 안에서 이루어진다는 차이가 있지만, 둘 다 가정을 기반으로 한 지역사회의 서비스 제공이라는 공통점이 있다. 우리나라는 재가보호 서비스와 지역사회 서비스를 구분하지 않고 이 모두를 포함하여 재가복지서비스라고 부르는데, 앞서 말한 기준으로 볼 때, 지역사회 서비스에는 주·야간보호와 단기보호가 포함된다.

지역사회서비스로 구분할 수 있는 노인주간보호사업은 2005년 이후에도 노인인구의 증가, 여성의 사회참여 증가, 노인단독가구의 증가 등의 사회변화로 인해 시간이 지날수록 돌봄이 필요한 노인을 더 이상 개인 또는 가정이 돌보는데 한계를 드러내게 되고, 이를 해결하고자 정부는 노인돌봄의 여러 사업 중 하나로 노인주간보호사업의 확대를 꾸준히 진행하게 된다. 2007년 노인복지시설현황(보건복지부)에 의하면 전국 409개소에 5,824명의 노인이 이용하였고, 1,967명의 종사자가 근무하고 있는 등, 노인주간보호시설이 꾸준히 증가하는 현황, 그리고 이와 같은 추세는 앞으로도 지속될 것이라는 전망 등이 강조되었다(박명환, 2007).

특히 이 시기에는 노인장기요양보험제도 도입을 고려하는 분위기와 더불어 노인주간보호사업의 이용대상 노인이 저소득층에 치우쳐 왔던 과거와 달리, 실비 노인주간보호시설도 증가되고 일반노인들도 서비스를 이용하는 등의 변화가 확대되었다. 이후 2005년 7월부터 3차례에 걸친 시범사업을 실시한 후 2008년 7월1일부터 모든 국민을 대상으로 실시하는 '노인장기요양보험제도'가 실시되면서, 노인주간보호사업은 지역사회보호사업의 일환으로 구분된 재가급여 중 '주·야간보호서비스'로 개편되기에 이른다.

이에 따라 2008년 7월부터 국민기초생활보호대상자뿐만 아니라 일반 국민들까지 확대되어 누구나 등급 판정을 받고 서비스를 받길 원하면 재가노인복지시설의 주·야간보호서비스를 이용할 수 있게 되었다. 또한 장기요양보험제도 이후에는 노인주간보호사업의 서비스 시간이 야간까지 확대되어 아침 8시에서 저녁 10시까지로 하되, 시설의 운영여건 및 이용노인과 그 가정의 형편에 따라 2시간 이내에서 신축성 있게 운영하는 것으로 변경되었으며, 서비스 제공 주체도 요수급자 7명당 요양보호사는 1급이 1명이상 배치되도록 하였다.

노인주간보호서비스를 실시하는 기관은 매년 12월 31일 기준으로 2005년 280개소에서 2006년 409개소, 2007년 504개소, 주·야간서비스로 변경된 2008년 621개소, 그리고 2009년에는 714개소로 2005년에 비해 255%가 증가하였다. 또한 이용인원도 2005년 4,378명에서 2009년 9,057명으로 약 207% 증가하였고, 종사자는 2005년 1,328명에서 4,026명으로 무려 303%가 증가하였다(<표 7-23> 참조).

그러나 2008년 노인장기요양보험이라는 제도의 변화로 노인주간보호사업의 명칭, 인력배치 등의 구조 및 체계의 변경이 있었음에도 불구하고, 서비스 내용은 대상노인이 지역사회 내에서 서비스를 제공받으며 일상생활을 영위할 수 있도록 도와 요양병원이나 장기생활시설로의 입소를 예방할 수 있도록 하는 구체적인 프로그램 제공이 미흡한 상태가 여전하며, 인력 면에서도 노인을 전문적으로 돌보고, 프로그램을 개

〈표 7-23〉 주간보호서비스 시설 및 이용자 수

	2005			2006			2007			2008			2009			2010		
시설 수	이용 인원	종사 자	시설 수	이용 인원	종사 자	시설 수	이용 인원	종사 자	시설 수	이용 인원	종사 자	시설 수	이용 인원	종사 자	시설 수	이용 인원	종사 자
280	4,378	1,328	409	5,824	1,967	504	6,937	2,275	621	8,664	3,584	714	9,057	4,026	786	14,086	4,773

자료: 노인복지시설현황(보건복지부 2006~2011)

발, 실행할 수 있는 규모 및 수준 등도 높아지지 않았다.

장기요양급여는 가정에서 장기요양을 받는 재가급여를 우선적으로 제공하고, 노인 등의 심신 상태나 건강 등이 악화되지 않도록 해야 함을 기본원칙으로 하고 있기 때문에 주·야간보호서비스는 장기요양보험제도의 취지에 부합하는 재가급여의 핵심적인 역할을 수행한다고 볼 수 있으나, 그러나 주야간보호는 재가급여시장에서 6%정도의 점유율에 그치고 있어 이용이 미비한 실정이다. 그 이유는 이용자의 인식 부족, 투자비용 및 기관 운영의 어려움(상당한 시설규모, 이동차량, 인력) 등이 그 원인으로 지적되고 있는데, 장기요양보험제도가 실시된 이후 지난 2년 동안의 경영실태 조사 결과에서도 주야간보호기관은 계속해서 마이너스 수익률을 나타내고 있다(보건복지부, 2010).

2) 법적 기준 및 정책내용

2005년 이후 노인주간보호사업의 법적 기준의 변화는 2008년 노인장기요양보험제도 전까지는 큰 변화가 없었다. 그러나 2007년 8월 노인복지법 개정을 통해 노인장기요양보험제도를 대비한 노인복지시설의 통합과 개편이 실시된다. 이 중 재가노인복지시설 내에 속한 시설들은 모두 서비스라는 명칭으로 변경되면서 노인주간보호시설도 "주·야간보호서비스"로 개편된다.

장기요양보험제도 실시로 변화된 것은 우선, 서비스 제공 재원의 변화이다. 노인주간보호사업은 주로 국고와 지방비에 거의 의존하였고, 그 외 일반노인이 납부한 실비

〈표 7-24〉 장기요양 등급에 따른 주·야간보호 급여수가

분류	장기요양 1등급	장기요양 2등급	장기요양 3등급
3시간 이상~6시간 미만	24,960	22,740	19,140
6시간 이상~8시간 미만	33,280	30,320	25,520
8시간 이상~10시간 미만	41,600	37,900	31,900
10시간 이상~12시간 미만	45,760	41,690	35,090
12시간 이상	49,920	45,480	38,280

자료: 장기요양급여비용 등에 관한 고시 및 청구·심사 민원상담사례집(2010.5)

와 외부 후원금으로 운영비를 충당하였다면, 노인장기요양보험 실시 이후 주·야간 보호서비스도 다른 서비스와 동일하게 국고부담, 보험료 및 이용자본인부담액 등으로 재원이 조성된다.

장기요양보험제도에 의한 주·야간서비스 급여 수가는 시간과 장애등급별로 차등을 두고 있으며, 2008년 12월을 기준으로 볼 때 장기요양 1등급자가 12시간 이상 서비스를 이용하게 되면 1일 48,700원으로 급여 수가가 책정되었다(<표 7-24> 참조). 이 급여에 대해 일반노인은 본인이 15%를 부담하면 되고, 국민기초생활수급자는 무료, 경감대상자는 7.5%를 부담하게 된다.

비급여 부분에 대해서는 본인이 부담하게 되어 있는데, 여기에 해당하는 항목은 보통 식비와 간식비 등으로, 식비는 1식에 2,500원 정도, 간식은 1,000원 정도 책정을 하는 편이었다.

이외 주·야간보호서비스의 급여 기준은 다음과 같다(국민건강보험, 2010).

1. 주·야간보호의 급여비용은 장기요양등급 및 1일당 급여제공시간을 기준으로 산정하고 일상생활지원(취미·오락·운동, 가족 등에 대한 교육·상담 등) 및 일상동작훈련 등 심신의 기능유지·향상을 위한 서비스, 목욕 및 송영비용(교통비) 등은 별도로 산정하지 아니한다.

2. 주·야간보호 급여는 오전 8시부터 오후 10시 사이를 표준 급여제공시간으로 하여 하루 중 일정한 시간 동안만 제공하되, 기관의 운영규정에 따라 탄력적으로 정할 수 있다.

3. 입소시설 급여형태와 유사하게 수급자를 24시간 이상 보호한 경우에는 일체의 급여비용을 산정하지 아니한다. 다만, 천재지변 등 부득이한 사정으로 수급자를 연속하여 다음 날까지 계속 보호하는 경우에는 그러하지 아니한다.

4. 주·야간보호와 방문목욕을 병설하는 기관이 수급자에게 같은 날 주·야간보호와 방문목욕을 모두 제공한 경우에는 한 종류의 급여비용만 산정한다.

주·야간보호서비스의 전달체계는 노인장기요양보험제도 전달체계 안에서 포함되어 재가급여(가정봉사원파견사업)서비스와 동일하게 적용된다(가정봉사원파견사업 3기 설명 참조). 장기요양급여 중 재가서비스 이용자의 월 급여이용 한도액의 1등급의 경우 최대 114만 600원으로 인상되며, 주야간수가를 종사자 처우 개선을 고려하여 소폭 조정하였다.

기존의 장기요양 등급이 3등급은 신청을 통해 장기요양등급판정위원회의 시설입소 판정을 받은 경우[8])를 제외하고는 시설급여를 원칙적으로는 이용할 수 없어, 치매노인의 경우 3등급이면 요양시설에 입소하지 못하고 재가 서비스를 이용해야만 한다. 그러나 치매노인의 경우 주야간보호나 단기보호서비스를 신청했다가도 본인이 적응을 못하거나 다른 입소자들에게 방해가 되기 때문에 퇴소해야 하는 경우가 많이 발생하고 있으므로 일반 대상자와 구별된 치매노인들의 재가서비스를 위한 전문시설이 필요하다. 주간 및 단기보호서비스의 경우는 서비스 내용이 의료적 서비스 보다는 사회적 서비스에 초점을 맞추어 운영하기 때문에 노인들의 다양한 욕구 충족이 어려울뿐

---

8) "장기요양 3등급자의 시설 입소 기준"은 ①돌볼 가족이 없는 경우: 방임, 유기, 학대 가능성이 높은 경우 및 가정폭력 등으로 인해 가족과 함께 원만한 가정생활이 곤란한 경우, ②주거환경이 열악하여 시설입소가 불가피한 경우(화재 및 철거 등 거주하는 곳에서 생활하기 곤란한 경우), ③치매질환으로 가족의 수발부담이 커 인정조사 및 의사소견서로 입증되는 경우, ④그밖에 등급판정위원회에서 수발부담이 높은 사람으로 인정한 경우(입소 요건을 확인하여 관련 서류를 징구) 등으로 신청을 하여 등급판정위원회의 의결을 거쳐 결정된다.

더러 일반노인을 대상으로 운영하는 주간보호시설의 경우 대부분 노인여가시설에서 제공되는 서비스 정도가 대부분이다(강인식, 2010).

3) 사업내용(목적, 주체, 대상, 사업내용)

노인주간보호사업의 목적은 노인장기요양보험이 실시되기 전에는 2004년에 제시한 목적을 계속 유지하다가 주·야간보호서비스로 변경되면서 2009년 '부득이한 사유로 가족의 보호를 받을 수 없는 심신이 허약한 노인과 장애노인을 주간 또는 야간 동안 보호시설에 입소시켜 필요한 각종 편의를 제공하여 이들의 생활안정과 심신기능의 유지·향상을 도모하고, 그 가족의 신체적·정신적 부담을 경감'하는 것으로 수정되었다. 그러나 목적은 단지 야간에도 보호한다는 내용과 제공되는 서비스 내용에 대해 기존에 제시된 부분을 크게 벗어나지 않았다.

노인주간보호사업의 주체는 2004년부터 공통사항에 시·군·구를 재가노인복지사업의 실시 주체로 명시한 것 외에 사업별 주체는 명시되어 있지 않다. 그러나 2008년 노인장기요양보험 실시 이후 노인주간보호사업도 장기노인요양급여 사업 중 하나이기 때문에 관리운영체제는 국민건강보험공단이며, 단위별 서비스를 제공하는

〈표 7-25〉 주간보호사업 목적의 변화(2006~2010년)

년도	내용
2006~ 2008년	-부득이한 사유로 가족의 보호를 받을 수 없는 심신이 허약한 노인과 장애 노인 등을 낮 동안 시설에서 보호하며 노인의 기능회복을 도모(2004부터 동일함)
2009~ 2010년	〈주·야간보호서비스로 변경〉 -부득이한 사유로 가족의 보호를 받을 수 없는 심신이 허약한 노인과 장애노인을 주간 또는 야간 동안 보호시설에 입소시켜 필요한 각종 편의를 제공하여 이들의 생활안정과 심신기능의 유지·향상을 도모하고, 그 가족의 신체적·정신적 부담을 경감

시설은 누구나 자격요건과 시설조건을 갖추어 설치 신고를 하게 되면 주체로서 사업을 진행할 수 있다.

노인주간보호의 대상은 노인복지법상의 노인주간보호시설 입소대상자이다. 노인복지법 시행령 제27조에 의한 노인주간보호시설의 입소대상자는 가정봉사원파견사업과 비슷하게 심신이 허약하거나 장애가 있는 자이지만, 이들이 받는 서비스는 시설에서 낮동안 보호를 받는 자이다. 주 대상자는 이전과 동일하게 국민기초생활보장 대상 노인 또는 저소득층을 우선으로 하였고, 일반노인의 경우는 실비를 지급하고 주간보호 서비스를 받을 수 있도록 하였다.

그러나 노인주간보호센터의 이용대상 노인의 소득수준별 선정기준은 65세 이상의 기초생활보호대상자 및 저소득 노인에 국한된 편이고, 각 센터별로 자체 선정기준에 의하여 대상자를 선정하지만 절차가 까다롭고, 기초생활보호대상자 여부가 객관적인 기준이기 때문에 실제로 서비스가 필요함에도 불구하고 대상에서 제외되어 혜택을 받지 못하는 경우가 대부분이다. 노인의 건강상태별 선정기준 또한 분류되어있지 않아 건강상태가 서로 다른 노인을 혼합하여 서비스를 제공하기 때문에 개별적 욕구의 반영이 어렵고 대상자별로 차등 서비스를 제공하기가 어렵다(설명화, 2007).

따라서 주간보호사업의 대상은 2기 이후, 2008년 지침까지 변화가 없었고, 2009년 장기요양보험제도가 실시되면서 방문요양서비스의 대상은 1. 장기요양급여수급자 2. 장기요양급여수급자 이외의 자(등급외자) 중 기초수급권자 및 부양의무자로부터 적절한 부양을 받지 못하는 자로서 혼자서 일상생활을 수행하기 어려워 재가 서비스의 제공이 필요한 자 3. '08.7.1일 이전에 국가 및 지방자치단체로부터 운영비를 받은 시설을 이용하고 있는 등급외자 중 "기초수급권자" 및 "실비이용자"로 변경되었으며, 2010년 노인전문보호기관에서 학대피해노인으로 입소의뢰를 받은 노인을 포함한다는 조항이 추가되었다. 3기 노인주간보호사업의 사업내용은 2003년부터 2006년까지 동일한 사업내용을 제시하다가 2007년에 생활지도, 일상동작훈련 등 심신의 기능회복을 위한 서비스를 생활지도 및 일상동작훈련 등 심신의 기능회복 및 강화를 위한 서비스로 약간 내용을 수정한 것 외에도 동일한 사업 내용을 진행하였다.

〈표 7-26〉 주간보호사업의 사업내용(2006~2010년)

년도	내용
2006년	· 생활지도, 일상동작훈련 등 심신의 기능회복을 위한 서비스 · 급식 및 목욕서비스 등 · 취미 · 오락 · 운동 등 여가생활서비스 · 지역사회 복지자원 발굴 및 네트워크 구축에 관한 사항 –무의탁 노인 후원을 위한 결연사업 –지역사회 자원봉사자 등 인적자원발굴사업 · 이용노인 가족에 대한 상담 및 교육 등 ※ 2003년 이후 동일함 ← 송영서비스
2007~ 2008년	· 생활지도 및 일상동작훈련 등 심신의 기능회복 및 강화를 위한 서비스 · 급식 및 목욕서비스 · 취미 · 오락 등 여가생활서비스 · 지역사회 복지자원 발굴 및 네트워크 구축에 관한 사항 –무의탁 노인 후원을 위한 결연사업 –지역사회 자원봉사자 등 인적자원 발굴사업 · 이용노인 가족에 대한 상담 및 교육 등 ← 송영서비스
2009~ 2010년	〈주 · 야간보호서비스로 변경〉 · 생활지도 및 일상동작훈련 등 심신의 기능회복을 위한 서비스 –일상생활지원: 취미 · 오락, 운동 등 여가생활 서비스 –일상동작훈련: 이동, 체위변경, 기능훈련(물리치료적 훈련, 작업치료적 훈련, 언어치료적 훈련) 등 · 급식 및 목욕서비스 등 –몸청결, 머리감기, 얼굴 씻기, 손 씻기, 구강관리, 몸단장, 옷 갈아입히기, 배설, 식사도움 · 송영서비스 · 노인 가족에 대한 교육 및 상담

2008년 노인장기요양보험제도 주 · 야간보호서비스로 변경되면서 사업내용의 수정과 추가가 있었는데 첫 번째, 생활지도 및 일상동작훈련 등 심신의 기능회복을 위한 서비스에 대해 세부 항목으로 일상생활지원(취미 · 오락, 운동 등 여가생활 서비스)과 일상동작훈련(이동, 체위변경, 기능훈련-물리치료적 훈련, 작업치료적 훈련, 언어치료적 훈련- 등)으로 구분하여 제시하였다.

두 번째, 급식 및 목욕서비스 등은 변경되지 않았지만, 세부내용으로 청결, 머리감

〈표 7-27〉 노인주간보호센터(장기요양보험 전) 일정시간표

시간	활동내용				
08:00~10:30	(송영서비스/차량운행지도) 환영 및 일일건강체크, 오전간식				
10:30~11:00	Tea-time, 출석체크 및 일일 OT, 아침체조				
11:00~12:00	레크리에이션	무용치료	미술치료	운동치료	음악치료
12:00~13:00	점심식사/양치지도/투약관리/TV시청 및 자유노래방				
13:00~14:00	물리치료 및 장수재활치료, 산책, 자유활동				
14:00~15:00	음악P/G	인지회상P/G	비디오시청 종교활동	원예치료	종이접기
15:00~15:30	간식, 기초 건강체크				
15:30~16:00	일일마감 및 귀가준비				
16:00~17:00	1차 송영서비스(차량귀가지도)				
17:00~18:00	2차 송영서비스(차량귀가지도)				

자료: 이해영, 「노인복지론」, 2006, 재구성, 설명화, 2007 재인용.

기, 얼굴 씻기, 손 씻기, 구강관리, 몸단장, 옷 갈아입히기, 배설, 식사도움 등을 추가로 제시하였다. 세 번째, 노인가족에 대한 교육 및 상담은 그대로 유지되었다. 그리고 마지막으로 이용자에 따른 보험수가와 이용비로 재원을 충당하기 때문에 지역사회 복지 자원 발굴 및 네트워크 구축에 관한 사항은 삭제되었다(<표 7-26> 참조).

노인주간보호사업의 하루 일정 사례와 노인장기요양보험이 실시된 이후 노인주간보호사업은 야간까지 연장하여 실시하게 되었는데 낮 프로그램 내용은 예전 노인주간보호사업과 거의 동일한 일정이라 할 수 있으며, 야간 프로그램은 저녁식사 이후에 이완 또는 재활훈련, 유식, 취미활동으로 낮프로그램과 일정은 비슷하나, 프로그램 내용 면에서 정적이고 이완적인 요소들이 더 포함되어 실시되고 있다. 노인장기요양보험 실시 전후 노인주간보호사업 하루 일정을 보면 다음과 같다(<표 7-27> <표 7-28>

〈표 7-28〉 강남구노인복지관 강남주 · 야간보호소 일정표

주간보호

요일 시간	월	화	수	목	금
9:00-10:00	송영				
10:00-11:00	반기는 시간(출석체크)/매일건강체조/세상 엿보기(신문)				
11:00-12:00	기공체조	음악치료	치료레크리에이션	웃음치료	맷돌체조
12:00-13:00	점심식사				
13:00-14:00	물리치료/작업활동				
14:00-15:00	미술치료	재활운동	건강체크	세종대왕교실	1주-문화공연 2주-영화상영 3주-생활체조 4주-이미용
15:00-15:30	작업활동				
15:30-16:00	간식과 차 나눔시간				
16:00-16:30	화장실 다녀오기/하루 일 기억하기				
16:30-17:00	송영				

야간보호

요일 시간	월	화	수	목	금
16:40-17:30	저녁식사				
17:30-18:00	ADL 훈련, 위생관리, 건강체크, 투약지도, TV 시청 및 휴식				
18:00-19:00	재활운동 및 전신, 발 마사지				
19:00-19:30	간식과 차 나눔 시간				
19:30-20:30	아로마 테라피	실버요가	웃음치료	한지공예	작업활동
21:00-22:00	송영				

출처: 강남구노인복지관

참조).

노인장기요양보험 이전 노인주간보호시설 운영시간은 78.5%가 월요일부터 금요

일까지이며, 일일 운영시간은 평균 8.54시간으로 나타났다. 이용료는 일반인은 평균 121,000원, 저소득층은 평균 48,254원이었고, 총 세입 구성 비율은 보조금, 이용료, 법인보조금, 후원금의 순서였다. 월 평균이용자는 18.7명, 남녀의 비율을 보면 여자의 비율이 남자의 비율보다 3배가량 많았다. 이용자의 소득별 구성 비율은 일반인이 60.6%로, 기초수급자가 16.2%, 저소득 이용자는 15.5%이며, 이용자 유형은 치매가 전체 35.4%로 가장 많으며 중풍이 24.7%, 치매와 중풍을 동시에 앓고 있는 이용자는 23.6%였다. 이용자 평균 연령은 75.7세이다. 종사자의 자격증 소지 현황은 사회복지사(55%)가 가장 많으며, 그 외 간호사(15.1%), 케어복지사(6.8%) 자격의 순이었다.

실시되고 있는 서비스는 상담, 여가활동, 야외나들이, 식사, 간식 서비스 등은 모든 시설에서 제공되고 있었고 다음으로 작업치료, 이·미용으로 98.5%, 또한 일부에서는 세탁(46.2%), 목욕(69.8%), 용변(83.1) 서비스를 실시하였다(이용복 외, 2005).

노인주간보호시설의 현황을 살펴보면 <표 7-29>에서 보는 바와 같이 12월 31일 기준으로 2005년 280개소에서 2009년에는 714개소로 2005년에 비해 255% 증가, 이용인원도 2005년 4,378명에서 2009년 9,057명으로 약 207% 증가, 종사자는 2005년 1,328명에서 4.026명으로 303%가 증가하였다. 지역현황을 보면 서울이 다른 지역에 비해 많은 비율을 차지하고 있는데, 2005년은 67개소로 전국 280개소의 27.2%를 차지하여 서울에 집중되어 설치되고 있었으나 2006년 19.6%, 2008년 14.5%까지 떨어져 고무적인데, 2009년에는 다시 16.3%로 약간 상승하였다. 서울 외에도 경기지역에 집중되어 설치되었는데, 2006년 서울보다 더 높은 증가추세를 보여 2009년에는 전국 714개소 중 21%를 차지하는 150개소가 설치 운영되고 있다. 그외에 부산이 약진하고 있으며, 영남지역과 호남지역도 증가추세가 상대적으로 높게 나타났다.

앞으로 더욱더 정부는 노인주간보호시설에 대한 인프라를 조속히 마련해나갈 필요가 있으며, 또한 노인주간보호시설의 확충계획에 따라 시설 수를 확대 진행하는 과정에서 노인주간보호 시설이 대도시에 편중되지 않도록 지역적인 고려를 할 필요가 있다. 노인주간보호사업은 가정봉사원파견사업보다 간호사, 재활치료사 등 전문 인력

〈표 7-29〉 노인주간보호 시설 현황

연도	2005			2006			2007			2008			2009			2010		
구분	시설수	이용인원	종사자수	시설수	이용인원	종사자수	시설수	이용인원	종사자수	시설수	이용인원	종사자수	시설수	이용인원	종사자수	시설수	이용인원	종사자수
합계	280	4,378	1,328	409	5,824	1,967	504	6,937	2,275	621	8,664	3,584	714	9,057	4,026	785	14,086	4,773
서울	67	1,137	276	80	1,353	366	82	1,290	370	90	1,501	613	116	1,782	830	173	3,477	1,376
부산	11	143	68	44	574	242	49	607	239	54	621	258	56	607	285	48	817	247
대구	15	183	69	16	218	77	19	237	101	23	325	125	24	300	121	29	527	147
인천	19	329	97	13	181	53	13	163	63	17	205	268	20	226	89	16	299	74
광주	7	110	41	9	146	43	16	228	58	29	350	148	34	356	190	41	445	395
대전	5	38	22	10	83	36	10	93	37	14	163	71	20	213	84	23	438	103
울산	11	97	47	12	109	50	15	118	50	18	182	74	16	169	72	9	139	41
경기	54	838	312	94	1,330	524	134	1,930	688	145	2,376	890	150	2,151	865	159	2,918	910
강원	11	186	49	15	250	62	17	270	62	23	367	124	29	422	140	37	653	205
충북	7	72	19	9	79	34	18	154	81	20	282	98	23	296	127	27	485	166
충남	6	140	30	8	152	38	9	159	39	14	193	72	20	271	140	17	398	95
전북	16	255	80	23	342	124	27	397	109	32	437	183	41	512	266	39	775	245
전남	19	361	59	25	270	81	36	505	131	55	634	250	69	698	344	64	967	298
경북	14	144	79	24	267	110	23	257	86	33	387	178	33	339	182	38	666	197
경남	13	192	58	19	304	88	24	317	89	41	449	170	46	480	207	47	723	178
제주	5	153	22	8	166	39	12	212	72	13	192	62	17	235	84	19	359	96

자료: 노인복지시설현황(보건복지부 2006, 2007, 2008, 2009, 2010, 2011)

과 장비 및 시설이 필요하고 노인들에게 송영서비스를 제공해야 하는 등 운영상의 문제로 시설자체가 이미 도시에 편중되어 있어(모선희, 2002), 농촌과 소도시의 경우, 대도시에 비해 노인주간보호시설에 대한 접근성이 매우 낮아 실제 서비스를 받기가 어려운 실정에 있다(윤지영, 2007).

8장 단기보호사업의 어제와 오늘

단기보호서비스란 부득이한 사유로 가족의 보호를 받을 수 없어 일시적으로 보호가 필요한 심신이 허약한 노인과 장애노인을 시설에 단기간 입소시켜 보호함으로서 노인 및 노인가족의 복지증진을 도모하기 위한 시설이라고 규정되어 있다(노인복지법 제38조 제1항 제1호).

핵가족화에 따른 노인 단독세대의 증가와 여성의 사회진출 및 이에 따른 맞벌이 부부의 증가, 만성퇴행성 질환자의 증가에 따른 기능저하와 재활훈련 대상노인의 증가, 보호가족의 질병과 출장 등 일시적으로 노인을 보호할 수 없는 사유가 발생했을 때와 장기수용시설이 아닌 가정과 중간형태인 일시 보호시설의 설치가 필요하다는 필요성에 의해 단기보호사업이 이루어졌다(조유향, 1999; 이경국, 2002 재인용).

1. 단기보호사업 시작전기(1990년 이전)

단기보호사업은 앞서 살펴본 노인주간보호사업의 실시 배경과 동일하게 데이케어 서비스의 일환으로 원래 와상노인이나 장애노인을 낮 시간 동안 보살펴 주는 시설 이용 서비스인데 필요에 따라 낮 시간만 아니라 밤 시간 혹은 필요에 따라 며칠 동안 보호를 받을 수 있도록 한 것이다(은천노인상담소, 1991). 단기보호사업은 동대문구청의 생활체육과로부터 노인 일시보호사업의 명목으로 예산을 지원받아 시작하였다(은천복지재단20년사, 2006). 단기보호사업은 지역사회보호 안에서 일정한 기간만 필요에 따라 일시 보호를 받는 것으로 거주를 옮겨 시설에서 생활하는 시설보호와는 다르지만, 보호받는 기간 동안 생활과 관련된 모든 서비스를 제공한다는 면에서 시설보호 서비스 내용과 비슷하다.

우리나라에서 단기보호사업은 노인주간보호사업과 마찬가지로 1989년 노인복지법 개정에서는 언급되지 않았다. 이는 아직 사회 전반적으로 지역사회보호에 대한 인식이 보편화되지 못한 시대적 상황에서 지역사회보호사업을 법적으로 제정하는 초기 단계였기 때문이다.

따라서 재가노인복지사업의 시작 초기는 가정봉사원파견사업만이 해당되었다. 그러나 가정봉사원파견사업을 시행하면서 은천노인복지회(구 은천노인상담소)를 비롯한 실행기관에서 가정을 방문하여 필요한 서비스만을 제공하는 것에 한계와 문제점을 갖게 되면서, 요보호 노인을 일정시간 보호하고 돌볼 필요를 주장하게 되었다. 이후 단기보호사업의 필요성 주장은 1992년 시범사업을 실시하게 되고, 1993년 노인복지법 제2차 개정으로 단기보호사업이 노인주간보호사업과 같이 재가노인복지사업에 추가되었다.

이처럼 단기보호사업도 민간차원에서 시작되었고, 노인복지법 1차 개정을 계기로 정부지원 하에 가정봉사서비스가 시작되었으며, 1991년도부터 주간보호와 며칠 동안 보호를 받을 수 있는 단기보호 서비스가 실시되었다.

2. 단기보호사업 1기(1990~1996년)

1) 1기 주요변화내용

1987년부터 민간차원에서 한국노인복지회(현 한국헬프에이지)에서 거택보호노인을 대상으로 가정봉사원파견사업을 시범적으로 실시하면서 시작된 재가노인복지사업은 1992년부터는 2개소의 주간보호사업을 지원하고 6개소의 단기보호사업을 시범적으로 정부가 인정함으로써 재가노인복지사업은 3가지의 프로그램으로 확대되었다(노인복지사업지침, 1992). 그러나 당시 시범운영했던 6개소의 시설에 직접 연락하여 조사한 결과, 선희간병요양원은 단기보호사업기관으로 승인받은 적이 없다고 답변하여 실제 시범사업 시설은 5개소였다(<표 8-1> 참조).

〈표 8-1〉 1992년 단기보호 승인시설

지역	시설명	정부 승인년	현 시설명	전화	주소	비고
대구	성산노인요양원		대구샘요양센터	053-632-1220	대구 달성구 진천동 700번지	단기보호센터는 2008년에 종결
인천	영락요양의집	1992년	영락요양의집	032-832-1071	인천시 연수구 동촌 1동 782-5	재단변경으로 확인이 어려움
광주	벧엘타운	이지순 사회복지사	요양시설	062-674-1831	전북 광주시 서구 풍암동 802-7	
충북	성암안식원	장일권행정	성암안식원	043-542-0201	충북 보은군 내북면 성암리 146-3	단기보호사업을 부설 허가로 받음
전북	성예요양원		성예실버홈	063-221-1311	전북 전주시 완산구 삼천동 3가 774-15	
전남	선희간병요양원*		선희노인요양원	061-533-9291	전남 해남군 해남읍 용정리 13-10	89.4.1 설립 실비요양원 95.1.1 요양으로 전환

*주: 실비요양으로 운영, 단기보호이용기관으로 승인받은 적이 없음(정영창 원장으로부터 확인)
자료: 김미혜 외, 재가노인복지론, 청목출판사

〈표 8-2〉 1기(1990~1996년) 단기보호사업 관련 주요 연혁

1992년	제7차 경제사회발전 5개년 계획으로 재가복지봉사센터에 대한 지원시작과 더불어 단기보호서비스가 전국 6개소에 시범적으로 운영됨.
1993년	노인복지법 개정으로 단기보호사업이 노인복지사업의 한 종류로 규정됨.
1996년	단기보호사업에 대한 국고지원이 10개소에 시작됨.

노인복지사업지침을 기준으로 볼 때 1993년에는 노인복지법 제2차 개정으로 단기보호사업은 재가노인복지사업 중 하나에 포함되면서 7개소의 단기보호시설이 설치되었다(노인복지사업지침, 1993). 그러나 노인주간보호사업은 시범사업을 시작한 1992년부터 국고지원을 하였으나, 단기보호사업의 경우는 1992년부터 1995년 4년간 시범적으로 운영되다가, 1996년에 이르러서 10개소에 국고지원이 시작되었다. 공식적인 국고지원이 시작되기 전 1992년부터 1995년 사이 단기보호사업 시설수는 처음 시작한 6개소에서 증가하지 못하고 있었다(노인복지사업지침, 1992, 1993, 1994). 이 시기의 단기보호사업의 주요 내용은 <표 8-2>와 같다.

단기보호사업은 처음엔 노인주간 및 단기보호시설 운영이라는 항목으로 목적, 필요성, 기대방향을 1994년까지 노인주간보호사업과 동일하게 제시하다가 1995년부터는 '부득이한 사유로 가족의 보호를 받을 수 없어 일시적으로 보호가 필요한 심신이 허약한 노인과 장애노인을 시설에 단기간 입소시켜 보호하고 필요한 각종 편의 제공' 및 '노인 및 노인가정의 복지증진 도모'라고 목적을 따로 두고 세부 지침을 제시하였다. 즉, 단기보호사업이 노인주간보호사업의 목적과 특성과 차별화되기 시작한 시점이라 할 수 있다(노인복지사업지침, 1993, 1994, 1995).

1992년 시범사업으로 시작된 단기보호 사업은 처음 시범사업으로 전국 6개소[1]에서 시작으로 시범 운영하기로 하고 시설 운영 지침을 마련하였다(노인복지사업지침, 1992). 이후 1993년에는 애광원이 추가되어 7개소가 되었으나, 1994년에는 애광원

[1) 노인복지사업지침에는 1992년 당시 6개소가 운영되고 있다고 명시되어 있으나 은천노인복지회 이병만회장이 실증조사를 한 결과 전남의 선희간병요양원은 당시 실비요양원으로 운영이 되었고, 단기보호사업기관으로 승인받은 적이 없다고 밝혔다.

<표 8-3> 1992~1996년 정부지원 단기보호 사업 운영 기관 현황2)

연도	지역	기관명
1992년 (6개소)	대구 인천 광주 충북 전북 전남	성산노인요양원 영락요양의 집 벧엘타운 성암안식원 성예요양원 선희간병요양원
1993년 (7개소)	부산	애광원(신규)외 1992년 6개소 시설
1994년 (6개소)		1992년 6개소 시설
1996년 (10개소)	서울 부산 경기 광주 대전 전남 경남	은천노인복지회(은천복지재단) 은파복지사업소(노인낙원) 애광양로원(애광원) 남광경로센터(남광사회복지재단) 순애원(순애원) 효경의 집(경기사회봉사회) 인애재가노인봉사센터(인애원) 성애경로원(성애원) 순천종합복지관(순천종합복지관) 화정노인의집(광우복지회)

이 제외되어 다시 6개소만이 운영되다가, 정부보조금이 지원된 1996년에는 기존 6개 기관을 제외한 10개소가 전국적으로 설치되었다(<표 8-3> 참조). 1996년부터 정부 지원이 이루어짐에 따라 단기보호사업도 한 단계 발전하는 기회를 맞이하게 되었다.

한편, 제도적으로 노인복지법과 사회복지법에 재가노인복지서비스의 세부사업으로 단기보호사업이 명시되는 등 많은 발전이 있었음에도 불구하고, 이 당시 전체 재가 노인의 수에 비해 서비스 양이 절대적으로 부족하고, 서비스의 질이나 내용에 관한 많

---

2) 기관명 및 법인명이 자료마다 다르게 표기되는 경우가 있는데, 여기서는 노인복지사업안내(보건복 지부) 1992~1996년 자료를 중심으로 제시하였고, 추가설명이 필요한 경우는 ( )에 표기하였다. 그 리고 1995년 노인복지사업안내에는 단기보호사업 운영기관의 현황이 제시되어 있지 않았다.

은 문제제기가 있었다(임우석, 2006).

2) 법적기준 및 정책내용

현재 우리나라 노인복지법에 의하면 노인복지시설은 노인주거복지시설, 노인의료복지시설, 노인여가복지시설, 재가노인복지시설, 노인보호전문기관으로 구분된다. 이중 단기보호시설은 재가노인 복지시설의 하나로 1993년 노인복지법 개정에서 규정되었고, 이와 더불어 시설의 유료화도 가능하게 되었다.

1992년은 재가노인봉사사업이 폭넓게 확대되고, 이를 위한 각종 조치가 이어지면서 재가노인복지사업의 제도적 기반이 서서히 마련되기 시작한 시기이다. 단기보호사업도 1992년에 6개소에서 시범적으로 실시함으로써 본격적으로 시작되었다고 볼수 있다. 그리고 명실공히 재가노인복지사업의 구체적 틀이 형성되기 시작한 것은 1993년 12월에 노인복지법의 개정 이후부터라 할 수 있다. 이 같은 변화에 따라 당시 보건사회부(현. 보건복지부)는 1992년부터 주간보호 및 단기보호시설 운영에 대한 내용을 처음으로 마련하여 재가노인복지사업의 지침에 제시하여 시·군·구의 행정지침으로 활용될 수 있도록 하였다.

1기 동안 단기보호시설의 운영의 주요 내용을 살펴보면 <표 8-4>에서 보듯이, 1993년에는 먼저 이용대상을 "65세 이상의 노인으로서 보호자의 부득이한 사유로 단기간 보호가 필요한 자"로 정하고, 운영주체는 사회복지법인, 비영리법인이 가능하되, 실시할 수 있는 시설은 노인주간보호의 경우 재가봉사사업기관, 노인복지회관, 종합사회복지관 등으로 확대한 반면, 단기보호는 실비노인복지시설로 제한하였다. 또한 이용비용은 일일 15,000원 이내에서 수납하도록 하여 정부의 보조 없이 실비로 운영하는 것을 전제로 하고 있었다. 보호기간은 15일 이내(15일 → 30일 → 45일로 늘어남)를 원칙으로 하고 필요에 따라 동기간 내 연장이 가능하도록 하였고, 이외에도 비용수납, 이용정원(시설당 10~20명), 종사자, 운영관리, 시설기준 등을 구체적으로 명시하였다.

〈표 8-4〉 1기(1990~1996년) '주간 및 단기노인보호시설 운영' 지침의 변화

년도	지침의 주요변화
1992년	-주간 및 단기노인보호시설 운영 지침이 처음으로 마련 -(1) 목적 (2) 필요성 (3) 기본방향 (4) 설치·운영 등 4개 항목 ※ (4) 설치·운영에는 이용대상, 운영주체, 실시시설, 보호내용, 보호기간, 비용수납, 이용정원, 종사자, 운영관리, 시설 기준, 기타사항 등을 세분하여 명시
1993 ~1994년	-(1) 목적 (2) 필요성 (3) 기본방향 (4) 설치·운영 (5) 행정사항 등 5개 항목 구성
1995년	-대상: 60세 이상 -실시기관: 사회복지법인 및 비영리법인으로 수정되면서, 수익자가 이용료를 부담하는 유료사업기관은 개인이나 영리법인도 가능 -이용정원: 5인 이상 -이용비용: 운영경비의 전액 또는 일부 부담
1996년	- '재가노인복지사업비 지원' 규정에 단기보호사업에 대한 국고 지원사항 추가 -사업실시기관: 정부사업기관

자료: 보건복지부(각년도).

이후 1995년에 마련된 지침에서는 그간 '재가노인복지사업'과 구분되어 있었던 '주간 및 단기보호시설운영' 규정을 '재가노인복지사업'에 통합하고, 그 구성을 새롭게 개편하는 변화가 있었고, 이용대상을 60세로, 이용정원을 5인 이상, 실시기관을 사회복지법인 및 비영리법인(유료사업기관은 개인이나 영리법인도 가능)으로 변경하는 등 사업의 실시 규모를 새롭게 명시하였다.

1996년에는 1995년에 대폭 수정·보완된 지침의 내용에 국고 지원이 시작되면서 사업실시기관이 정부사업기관으로 변경되고, 국고보조 지원 기준과 종사자 보수 지급에 대한 사항이 추가되었다.

1996년 단기보호사업에 국고 보조금이 지원되면서 사업실시기관 및 운영에 큰 변화가 있게 되었는데, 앞에서 살펴본 것처럼, 국고 보조 지원 내용과 더불어, 사업을 실시할 수 있는 기관도 변경되었다. 세부적인 내용은 <표 8-5>와 같다.

〈표 8-5〉 1996년 단기보호사업 설치 및 운영 주요지침

대상사업기관	정부사업기관
국고 지원 내용	–인건비, 운영비, 사업비 일부를 국고 40%, 지방 60% 지원(시설당 연간 55,00천원) –장비보강예산은 동 사업 실시에 필요한 장비를 보강
사업내용	급식 · 물리치료 기타 일상생활에 필요한 편의 제공
이용방법	–사업기관과 이용자 간의 계약에 의함 –운영경비는 이용자가 전액 또는 일부를 부담하며, 식비 등 실비를 수납할 수 있으며, 수납 시에는 노인복지법시행규칙 제27조 제3항의 규정에 의거 수납 신고후 수납
시설규모	이용 정원의 5인 이상
직원배치기준	–사업기관의 장, 생활보조원(5인당 1인), 물리치료사(이용정원 30인 이상), 간호사(간호조무사), 취사부 ＊ 노인복지시설에 병설하는 경우에는 완화적용(단, 10인 미만시설 제외) ＊ 이용노인이 10인 이상인 경우 예산의 범위 내에서 생활보조원을 2인 이상 둘 수 있음
보호기간	15일 이내를 원칙으로 하고 동기간 연장 가능
이용절차	–이용대상자 등이 사업기관에 신청 –시장 · 군수 · 구청장의 의뢰 병행

자료: 보건복지부, 「노인복지사업지침」, 1996, pp58~59, 보건복지부

노인단기보호사업은 노인주간보호사업과 달리 민간법인 관계자의 자율에 맡겨 소수 기관에서 운영해오다가 1996년부터 보건복지부 예산지원으로 전국 10개소가 본격적으로 운영되기 시작했다. 단기보호사업은 인건비, 운영비 등 사업비 일부를 국고 40%, 지방비 60%의 비율로 지원하였다.

1996년의 사업자별 지원 금액은 55,000천원을 기준으로 그 예시를 보면 인건비(기본급, 상여금, 보험 및 연금부담금, 퇴직적립금, 수당 포함) 42,728천원으로 지원액에 79.7%를 차지하고 있고, 기관운영비 및 사업비 등은 7,972천원(14.6%), 그리고 신규사업장 설치비 지원 3,100천원(5.7%)으로 인건비가 차지하는 비중이 높았다.

<표 8-6> 단기보호사업 지원 규정 및 예산지원 기준

년도	지원규정 및 예산지원 기준
1996	-국고 40%, 지방비 60% -시설당 55,000천원

자료: 보건복지부(1996).

<표 8-7> 단기보호사업의 운영주체 및 주무부서

사업종류	운영주체	주무부서
단기보호사업	민간(법인) 위탁운영	보건복지부 복지자원과

자료: 한국재가노인복지협회(2000); 서울시청 노인복지과

사업비 지원 외에 기능시설보강비로 총 75,000천원이 책정되어 있었다.

1992년부터 1996년까지 단기보호사업의 전달체계는 전체 재가노인복지사업의 전달체계와 동일하게 전반적으로 보건복지부→ 특별(광역)시·도→ 시·군·구→ 재가노인복지시설→ 노인으로 되어 있다. 그러나 동일한 재가노인복지사업이라도 관할 부서가 다르고 하부로 전달되는 체계도 상이하여 전문성·효율성의 문제와 부서간 연계·조정의 문제가 개선되어야 할 점으로 지적되고 있다. 정부보조가 시작된 1996년부터 단기보호사업의 운영주체와 주무부서는 <표 8-7>과 같다.

3) 사업내용(목적, 주체, 대상, 사업내용)

단기보호사업의 목적을 살펴보면 1992년부터 1994년까지는 '주간 및 단기보호사업 운영' 지침에 의해 주간보호사업과 같은 내용을 사업의 목적으로 정하고 있었다. 즉 1992년 주간 및 단기보호사업의 목적은 '부득이한 사유로 가족의 보호를 받을 수 없는 허약한 노인 또는 일시 보호가 필요한 노인들에게 각종 서비스를 제공하여 복지를 증진하고', '노인의 생활안정과 심신의 기능 유지향상을 도모하고, 그 가족의 경제

적·정신적 부담을 경감토록 한다'였다. 따라서 단기보호사업과 주간보호사업은 동일한 사업으로 보고, 단지 설치 및 운영 내용에서 보호기간이 낮 동안 보호하는 형태와 단기간 보호하는 형태로 구분하여 이를 노인주간보호사업, 단기보호사업으로 구분할 뿐이었다. 1994년에는 목적에 대해 재수정이 있었는데 그 내용 중에 '~낮 동안 또는 단기간보호가 필요한 노인들에게~' 등의 문구가 삽입되면서 좀 더 명확하게 단기보호사업이 주간보호사업과 다른 점을 보여주고 있다.

이후 1995년에 비로소 단기보호사업만의 목적이 마련되는데 목적은 첫째, '부득이한 사유로 가족의 보호를 받을 수 없어 일시적으로 보호가 필요한 심신이 허약한 노인과 장애노인을 시설에 단기간 입소시켜 보호하고 필요한 각종 편의 제공' 둘째, '노인 및 노인가정의 복지증진 도모'라고 제시하고 있다.

이를 1995년 기준으로 주간보호사업과 비교하여 보면, 공통요소는 첫째, 노인을 부득이한 사유로 가족이 보호할 수 없는 것, 둘째, 노인의 상태가 심신이 허약하거나 장애노인인 점, 셋째, 보호하는 동안 각종 편의를 제공한다는 것이다. 이는 돌봄이 필요한 노인을 가족을 대신하여 시설에서 그들에게 필요한 편의를 제공한다는 것을 말한다. 다른 점은 먼저, 주간보호사업은 낮 동안만, 단기보호사업은 단기간이라는 면에서 보호기간이 다르며 둘째, 노인주간보호사업은 편의시설만이 아니라, 노인의 생활안정과 심신의 기능을 유지하고 향상할 수 있도록 하지만, 단기보호사업은 심신의 기능 회복이나 유지보다는 보호에 주목적을 두고 있다. 셋째, 가족에게 주는 혜택은 노인주간보호사업의 경우 가족의 부양부담 중에서 신체적·정신적 부담을 경감하는데 있다면, 단기보호사업은 노인의 일시적 보호로 노인이나 노인가정이 보호기간 동안 복지감을 갖게 하는데 있다. 즉 주간보호사업은 단지 낮 동안의 보호에만 그치는 것이 아니라, 다양한 프로그램과 서비스를 통해 노인의 심신 기능을 유지 또는 향상하는데 목적을 두어야 한다면, 단기보호사업은 주로 보호에 주안점을 두고 보호하며 일시 기간 동안 노인에게 편의를 제공하므로 노인에게도 안정감을 주고 그 가족에게도 노인보호로 한정된 기간 동안 휴식 또는 출타 등을 할 수 있도록 서비스를 제공하는 것이다.

〈표 8-8〉 1995년 주간보호사업과 단기보호사업 목적 비교

사업명	목적
주간보호사업	-부득이한 사유로 가족의 보호를 받을 수 없는 심신이 허약한 노인과 장애노인을 낮동안 시설에 입소시켜 필요한 각종 편의 제공 -노인의 생활안정과 심신기능의 유지·향상 도모 -부양가족의 신체적·정신적 부담 경감
단기보호사업	-부득이한 사유로 가족의 보호를 받을 수 없어 일시적으로 보호가 필요한 심신이 허약한 노인과 장애노인을 시설에 단기간 입소시켜 보호하고 필요한 각종 편의 제공 -노인 및 노인가정의 복지증진 도모

자료: 보건복지부(각년도).

단기보호사업의 주체 역시 주간보호사업과 마찬가지로 1993년부터 지침에 명시되었다. 1993년부터 1994년까지 지침은 단기보호사업의 주체를 운영주체와 실시시설로 나누고, 운영주체를 사회복지법인과 비영리법인으로, 실시시설은 실비노인복지시설로 정하였다.

1995년에는 단기보호사업의 주체를 사업기관으로 표기하였는데, 지침은 사업기관은 사회복지법인 및 비영리법인으로 정하고 수익자가 이용료를 부담하는 유료사업기관의 경우 개인이나 영리법인도 사업이 가능하다고 규정하였다. 1996년에는 사업주체를 명시하지 않았지만, 사업실시기관이라는 명칭으로 정부사업기관이라고 제시하고 있다. 이는 정부의 보조금 지원에 따라 단기보호사업이 정부가 민간기관에 위탁하는 형태로 변경되었기 때문이다. 따라서 1996년 단기보호사업 기관은 기존 실비 또는 유료로 운영한 사업기관이 아닌, 대거 신규의 기관으로 대치되는 변화가 있었다.

1993년 지침에 명시된 '주간 및 단기노인보호 시설 운영'의 설치·운영규정에서 단기보호시설의 이용대상은 "65세 이상의 노인으로서 보호자의 부득이한 사유로 일시 보호가 필요한 자"와 "60~64세 노인이라도 특별히 일시보호가 필요하다고 인정되는 자"로 정하였다. 즉, 일반적으로 65세 이상의 노인 중에서 부득이한 사유로 가족

〈표 8-9〉 1기(1990~1996년) 단기보호사업 사업내용의 변화

년도	내용
1992~1994년	-급식, 생계보호 등 일상생활서비스 ※ 시설보호서비스와 동일
1995~1996년	급식 · 물리치료 기타 일상생활에 필요한 편의 제공

자료: 보건복지부(각년도).

의 보호를 받을 수 없는 허약한 노인 또는 일시 보호가 필요한 노인들이 주 대상이었다. 그러나 1995년에는 단기보호시설의 이용대상자 연령은 '60세 이상 노인'으로 명기하다가 1996년에는 별도의 표기 없이 단기보호사업이 속한 재가노인복지사업의 공통사항에만 명시하고 있다. 즉, 무료 및 실비 대상자는 65세 이상이며, 유료인 경우는 60세 이상까지 포함하고 있다.

1993년 단기보호시설의 사업내용(보호내용)은 "급식, 생계보호 등 일상생활서비스"로 시설보호서비스와 동일한 내용을 담고 있었다. 즉 단기간 보호이지만, 그 기간 동안 일상생활에 필요한 서비스를 시설보호 서비스와 동일하게 제공해야 된다는 것을 의미한다. 이후 1995년부터는 사업의 내용을 "급식 · 치료 기타 일상생활에 필요한 편의를 제공하는 서비스"로 정하였는데, 단지 생활보조 만이 아닌, 그들의 상태가 나빠지지 않도록 하는 서비스까지 확대되었다고 볼 수 있다. 그러나 이는 적극적인 변화로 보기는 어렵다. 이와 같은 사업내용은 2000년도까지 그대로 유지하였다(<표 8-9>참조).

노인복지사업지침에 근거하면 단기보호사업은 1992년 대구(성산노인양로원), 인천(영락요양의 집), 광주(벧엘타운), 충북(성암안식원), 전북(성예요양원), 전남(선희간병요양원)의 실비·요양시설 6개소를 중심으로 시범적으로 운영하여 왔으나 그 이후 거의 변화가 없다가 1996년 10개소로 소폭 증가하였다. 아직 양적으로 확대하기에는 사회적 인식이 미비하였고, 특히 단기보호사업은 1996년에야 정부가 보조금을 지원하게 됨에 따라 자체 운영비로 충당하기에는 어려움이 있었다. 따라서 단기보호

〈표 8-10〉 1기(1992~1996년) 단기보호사업 시설수

구분/년도	1992	1993	1994	1995	1996
시설수	6개소	7개소	6개소	6개소	10개소

시설은 1995년까지 서비스 이용자가 없고 서비스 지원도 없는 답보상태였으나, 1996년부터 10개 기관으로 확대되고 예산지원이 실시됨에 따라 본격화되었다(윤동성, 2001).

<표 8-10>에서 보는 바와 같이 1996년 보건복지부가 예산 지원을 하여 서울지역이 2개소, 부산지역 2개소, 경기지역 2개소, 광주지역 1개소, 대전지역 1개소, 전남지역 1개소 그리고 경남지역 1개소로 총 10개소가 운영되었다(이홍임, 2001). 이들 시설은 4개소가 수용시설, 2개소가 사회복지기관, 4개소가 재가노인복지기관에서 운영되었다(조유향, 1999, 이경국, 2002 재인용).

3. 단기보호사업 2기(1997~2005.6)

1) 2기 주요변화내용

이 시기는 21세기 고령화사회를 눈앞에 두고 노인문제를 해결하여 양질의 서비스를 제공할 수 있는 기틀을 마련하였던 시기로 간주할 수 있겠다(선우덕, 2002). 따라서 2기는 노인재가복지의 도입과 기본 틀을 통해 노인재가복지의 정착화와 양적 확대를 가져온 시기이다. 이에 따라 1997년에는 노인복지법의 전문개정을 통해 재가노인복지시설 유형으로 규정하였고, 1999년 노인복지법 4차 개정으로 노인복지시설에 대한 규제 완화로 시설운영의 자율성을 높일 수 있는 계기도 마련되었다.

또한 노인정책과 관련된 국가의 주요 시책에서 노인재가복지의 중요성과 확대 등

이 활발하게 전개되고 주장되었다. 보건복지부는 「노인보건복지 중장기 발전계획」에서 2003년까지 정부에서 중점적으로 추진할 5개 분야 주요 시책 중 하나로 재가복지서비스 기반 확충을 제시하고, 가정에서의 치매 노인 보호를 위하여 재가복지봉사센터 등을 통한 간병 및 주간·단기보호 서비스 확대, 노인이 가정에서 각종 서비스를 받을 수 있도록 가정봉사원파견사업, 주간 및 단기보호사업을 위한 재가복지시설을 130개소(25천명)에서 250개소(50천명)로 확대하기로 하였다. 이외에도 2000년에는 보건복지부내에 '노인장기요양보호정책기획단'을 설치하고 고령화사회를 대비하는 「노인장기요양보호대책」에서도, 2002년 국무총리실 산하 '노인보건복지대책위원회'가 수립한 「노인보건복지종합대책에서도, 특히 2003년 3월 '공적노인요양보장추진기획단' 「공적노인요양보장제도」를 2007년에 도입에서도 제도의 중추인 서비스는 역시 재가복지임을 밝혔다(공적노인요양보장추진기획단, 2003).

따라서 단기보호사업도 이와 같은 사회적 맥락 속에서 국고 지원 시설 기준으로 1998년 15개소, 2000년 21개소, 2003년 31개소가 운영되는 등 양적 증가가 있었다. 또한 1996년부터 국고 보조금 지원을 시작으로 지원금액 및 지원기관이 확대되었고, 단기보호기간도 단기보호사업의 보호기간을 15일 이내 동일연장 가능에서 1998년에는 2회 연장가능으로 1999년에는 2회 연장가능으로 45일 이내, 연간 이용일 수 3월을 초과할 수 없음으로 조정하였고, 1999년에는 시설평가에 따른 국고 보조금 차등 지원 등을 통해 사업 안정화를 가지려 하였다. 그러나 현실적으로 단기보호사업은 매년 확대의 폭이 크지 않아 다른 가정봉사원파견사업, 주간보호사업보다 개소수가 적고, 개소당 인원도 적게는 5명, 많게는 10명 정도여서 단기보호서비스 혜택은 극히 적은 수에 국한될 수밖에 없었다.

이 시기 단기보호서비스 현황을 살펴보면 단기보호시설을 설립하는 유형은 요양시설에 병설되는 경우, 독립단기보호시설, 복지관 부설 단기보호시설 등에서 운영하고 있으며, 이용비용은 시설에 따라 차이가 있는데 식사와 간식, 물리치료, 프로그램 비용을 포함한 기본서비스가 5,000원~25,000원이며, 특별서비스는 별도로 추가

징수하는 편이다. 서비스 내용은 기본서비스와 특별서비스로 구분하고 특별서비스는 목욕과 용변서비스, 물리치료서비스 등이 포함되었다(김선희, 2002).

　단기보호사업의 본래 취지의 대상은 중증의 노인보다는 경증의 노인으로 거동이 불편하거나, 타인의 돌봄이 어느 정도 필요한 노인으로 구상된 것에 비하여, 이용 대상자들과 이용을 희망하는 사람 중 많은 수가 중증의 지체장애를 가진 노인과 치매노인이라는 점에서 서비스의 질적 만족에 문제를 가질 수 있었다. 즉, 단기보호사업이 중증 노인을 돌볼 수 있는 규모와 장비, 그리고 인력이 미흡하였으며, 비교적 건강한 노인과 그렇지 못한 노인을 무차별적으로 보호하므로 대상자 및 가족의 만족을 떨어뜨리는 요인으로 작용하였다(김선희, 2002).

2) 법적 기준 및 정책내용

　1997년에서 2005년 사이는 앞서 살펴본 것처럼 노인재가복지의 중요성 인식과 더불어 서비스 확대와 강화를 법적으로 규정하려는 움직임이 사회 전체적으로 확대되는 반면, 실제 단기보호사업과 관련된 법적인 기준은 크게 달라진 것은 없다. 단지 1999년에는 1998년 '재가노인복지사업 실시' 항목 내에 수록되었던 '재가노인복지사업비 지원' 항목이 다시 별도로 구성되어 집행기준(공통사항)과 사업기관별 지원기준을 명시하였다. 특히 1997년 노인복지법 3차 개정안이 반영되기도 하였다. 내용상의 주요한 변화로는 사업대상(무료)에 "생활보호대상노인이 아닌 65세 이상의 자 중 그 부양의무자로부터 적절한 부양을 받지 못하는 자"를 새롭게 포함시켰다. 그리고 단기보호 사업의 보호기간이 '15일 이내 2회 연장가능'에서 '45일 이내, 연 3월을 초과할 수 없음'으로 조정되었다. 또 사업비 지원과 관련하여서는 시설별 차등지원제를 실시하는 것을 주요한 내용으로 하고 있었다. 2000년에 이르러서는 '사업의 종류'를 '시설의 종류'로 개칭함에 따라 단기보호사업에서 단기보호시설로 명칭이 변경되었다. 2002년부터 재가노인복지사업비 지원이 '국고지원기준'으로 개칭되었으며 종사자 인건비 지원기준이 보다 구체적으로 제시되기도 하였다(<표 8-11> 참조).

〈표 8-11〉 2기(1997~2004년) 재가노인복지사업 지침의 변화

년도	지침의 주요변화
1999년	–사업의 종류를 가정봉사원파견사업, 주간보호사업, 단기보호사업, 가정봉사원양성 　사업으로 구분(1997년 노인복지법 제3차 개정안 반영) –단기보호사업의 보호기간을 15일 이내 2회 연장가능에서 45일 이내, 3월을 초과 　할 수 없음으로 조정 –사업비 지원에 있어 시설별 차등지원제 실시
2000년	–'사업의 종류'를 '시설의 종류'로 개칭. 단기보호사업은 단기보호시설로 병경.

자료: 보건복지부(각년도).

　단기보호사업의 예산은 1996년부터 정부 지원이 실시되면서 국고 40%, 지방비 60% 비율로 지급되었고, 이를 1999년부터 2002년까지는 운영평가에 의한 차등지원을, 2005년부터는 재가노인복지사업을 지방이양사업으로 추진하여 지방자체단체에서 예산을 책정하고 지원하도록 되었다.

　단기보호사업의 예산 규모를 1997년도 노인복지예산 내용을 기준으로 보면, 우선 재가노인복지서비스를 위한 지원금은 노인복지예산의 2%에 불과하였다. 이를 4개의 재가복지사업으로 다시 나누면 단기보호사업의 경우는 더욱 낮은 비율로 예산이 배당되었다고 보겠다. 이와 같은 예산 부족에 대해 관련 연구에서는 허약한 노인들의 시설입소를 예방하고 가정의 노인부양 기능을 보강하기 위해서는 주간 및 단기보호와 같은 재가노인사업의 확충을 위한 획기적인 예산증액이 요구되었다(이홍임, 2001).

　단기보호사업시설의 예산규모를 보면 1999년도 재가노인복지시설별 시설당 평균 예산금액 규모는 주간보호사업 1개소당 연간 1억 5백만원으로 가장 많고, 가정봉사원사업이 9천 1백만원, 단기보호사업이 8천 5십만원으로 가장 적은 것으로 조사되었다. 재가노인복지설의 예산은 정부지원금, 찬조후원금 그리고 자부담으로 구성되는데 정부지원금이 각 사업별로 차지하는 평균비율에서 가정봉사원파견사업은 총예산

<표 8-12> 2000년도 시설별 차등지원액(개소/연간)

(단위: 개소, 백만원)

구분	계	가정봉사원파견		주간보호		단기보호	
		개소	지원액	개소	지원액	개소	지원액
3등분	141	78		42		21	
우수시설	19	10	78	6	52	3	63
보통시설	54	28	76	17	50	9	61
미흡시설	65	40	74	19	48	9	59

자료: 보건복지부, 2000, p83

중 정부지원금이 차지하는 평균비율은 78%이고 주간보호는 48.6%, 단기보호는 71.6%였다(원종욱, 2000).

재정이 열악한 가운데 있으면서도 정부는 시설의 질적 제고를 위해 1997년 정부 지원시설에 한하여 평가제를 도입하여 그 결과에 따라 1999년도부터는 각 시설의 이용노인수, 제공서비스 등 운영실적을 평가하여 차등지원하기도 하였다. 운영실적 평가에 따른 차등지원의 예로 2000년도 시설별 차등지원액은 <표 8-12>와 같다.

2000년 단기보호사업에 배정된 예산총액은 국비와 지방비를 포함해서 12억 8천만원이다. 이는 전체 65세 이상 노인인구 일인당 380원에 해당하는 액수이다. 마찬가지로 국가가 저소득층 노인을 우선적으로 지원한다는 가정에서 저소득층 노인일인당으로 환산하면 연 4,506원이다(보건복지부, 2000).

2003년에는 노인을 대상으로 서비스를 제공하는 단기보호시설은 48개소로, 보건복지부는 노인복지법에 근거하여 단기보호시설 31개소에 예산을 지원하고, 기존시설은 70,000천원, 신규시설 68,000천원이며 국고지원액은 872,800천원이고, 총지원액은 2,182,000천원으로 나타났다(보건복지부, 2003a).

〈표 8-13〉 단기보호사업에 투입되는 예산액

사업구분	총예산 (천원)	국비 (천원)	지방비 (천원)	전체노인수 (인)	전체 노인대비 예산 (원)	저소득층 노인수 (인)	저소득층 노인일인당 예산(원)
단기보호사업	1,279,500	511,800	767,700	47,274,543	380	283,957	4,506

1. 전체 65세 이상 노인수(1999년 기준)
2. 의료보호대상자 중 65세 이상(1998년 기준)

〈표 8-14〉 단기보호사업 예산지원기준(1997~2005년)

(단위: 천원)

년도	내용	년도	내용
1997년	시설당 60,000	2002년	지원기준 64,000 우수시설 66,500 신규시설 51,500
1998년	시설당 60,000		
1999년	우수시설 62,000 보통시설 60,000 미흡시설 58,000	2003년	기존시설 70,000 신규시설 68,000
2000년	우수시설 63,500 보통시설 61,500 미흡시설 59,500	2004년	시설당 73,920
2001년	우수시설 62,000 보통시설 64,000 미흡시설 59,500	2005년	시설당 77,616

　단기보호사업은 보건복지부의 지원을 받는 정부지원시설과 노인종합복지관에서 실시되었는데, 정부지원시설은 보건복지부 노인보건과에서 관장하고 있으며 노인종합복지관은 각 자치구가 그 사업을 관할하였다(<표 8-15> 참조).

<표 8-15> 단기보호사업의 운영주체 및 주무부서

구분	운영주체	주무부서
보건복지부 지원 단기보호시설	민간(법인) 위탁운영	보건복지부 노인보건과
노인종합복지관	자치구, 민간(법인) 위탁운영	서울시: 노인복지과 시·도: 가정복지과

자료: 한국재가노인복지협회(2000)

<표 8-16> 단기보호사업의 전달체계

구분	내용
보건복지부 지원 단기보호시설	–보건복지과(노인보건과)→지방정부(서울시 노인복지과/시·도 가정복지과)→시·군·구(가정복지과)→단기보호시설→노인
노인종합복지관	–서울시: 서울시 노인복지과→구 사회복지과→노인종합복지관→노인 –시·도: 시·도 가정복지과→시·군·구 가정복지과→노인종합복지관 →노인

자료: 한국재가노인복지협회(2000); 서울시청 노인복지과.

단기보호시설(정부지원시설)은 보건복지부 노인보건과에서 지방정부(서울시 노인복지과/ 시·도 가정복지과)를 거쳐 시·군·구(가정복지과, 사회복지과)를 통해 사업이 전개되었으며, 노인종합복지관은 각 시·도 가정복지관에서 시·군·구 가정복지과를 통해 서비스가 전달되었다. 한편, 서울시의 경우에는 노인복지과에서 구 사회복지과를 거쳐 노인종합복지관의 단기보호사업이 실시되었다. 즉, 서비스전달체계는 주간보호서비스와 동일하게 특별시(광역)시·도(가정복지관)→ 시·군·구 (가정복지과, 사회복지과)→ 단기보호시설→ 대상노인에게 전달되었다(<표 8-16> 참조).

2기에 단기보호시설의 세부적인 내용을 2000년도 노인보건복지사업안내서를 중

〈표 8-17〉 2기 단기보호시설의 사업내용

구분	내용
사업내용	-생활지도 및 일상동작훈련 등 심신의 기능회복을 위한 서비스 -급식 및 목욕서비스 등 -취미 · 오락 · 운동 등 여가생활서비스 -노인결연에 관한 사항: 무의탁 노인 후원을 위한 결연사업 -이용노인 가족에 대한 상담 및 교육 서비스 등
이용방법	사업기관과 이용자 간의 계약에 의함
비용수납	-국고지원 시설의 경우 국민기초생활보장수급자는 무료로 이용함을 원칙으로 하되, 저소득층(도시근로자 월평균소득 미만)은 식비 등 서비스 내용에 따라 실비 징수 가능 -노인복지법시행규칙 제34조 제2항의 규정에 의거 시설소재 시장, 군수, 구청장에게 비용수납신고 후 수납
보호기간	45일 이내로 하되, 연간 이용일수는 3개월을 초과할 수 없음
이용절차	-이용대상자 및 보호자의 신청과 시장, 군수, 구청장의 의뢰 병행 -이용신청이 있는 경우 노인의 인적사항, 건강상태, 보호사유 등을 참작하여 결정하고, 그 결과를 전화, 구도, 서면으로 즉시 통보 -전문적인 의료서비스가 필요한 노인환자에게는 관내 보건소의 방문순회 진료와 연계하여 적절한 치료를 받을 수 있도록 조치

자료: 보건복지부 노인복지과(2002.4), 재가노인복지사업, (이명숙, 2006 재인용)

심으로 살펴보면 <표 8-17>과 같다.

노인인구의 증가는 만성질환, 와상노인 그리고 치매성 노인 등 심신거동 불편 노인의 증가를 초래하는데, 65세 이상 노인대상 치매노인 수 추계를 보면 1995년 218,096명, 1997년 241,889명, 2000년 277,748명, 2010년 433,918명으로 늘어날 것으로 추정하였다(변용찬, 1997, 이경국, 2002 재인용).

또한 한국보건사회연구원의 『1998년도 전국노인생활실태 및 욕구조사』에 의하면 조사대상 전체노인의 31.9%가 일상생활(ADL)상에 어려움이 있는 것으로 조사되었으며, 이들 중 37.4%만이 실제 부양을 받고 있는 것으로 조사되었다.[3] 이와 같은

---

3) 1998년도 65세 이상 노인 2,224명을 조사한 결과, 독립생활이 가능한 노인 56.6%, 독립이 불가능한

<표 8-18> 2000년 단기보호시설의 지역별 분포

지역	개소수	지역	개소수
서울	6	강원	1
부산	2	충북	1
인천	1	충남	1
광주	1	전북	1
대전	2	전남	1
경기	2	경북	1
경남	1	제주	1
대구	2		
합계		24개소	

자료: 재가노인복지시설협회 내부자료, 2000

일상생활부양에 대한 수요에 반해 전국적으로 정부지원을 받고 있는 재가노인복지시설을 통해 일상생활에 대한 부양서비스를 수혜하고 있는 노인의 수는 총 9,238명(한국재가노인복지협회, 1999)에 불과하고 여기에 단기보호시설에서 서비스를 받는 대상노인은 101명에 불과하였다. 또한 한국재가노인복지(1999)의 조사에 따르면, 단기보호 이용노인 중 건강이 양호한 노인은 24.2%, 치매노인이 34.4%, 와상노인이 14%, 기타노인성 질환이 있는 노인은 27.4%로 나타나 건강이 좋지 않은 노인이 주로 단기보호를 이용하고 있음을 보여주며(이명숙, 2006), 한국재가노인복지협회의 조사에 따르면 2002년 단기보호시설의 이용자 중 49.5%가 수급자이고 일반노인이 50.5%였으나, 전국 34개소 단기보호소를 대상으로 연구한 이영수(2004)는 수급자보다 일반노인이 약 2배가량 많은 것으로 조사되었다(이명숙, 2006).

단기보호사업 시설은 1996년부터 예산 지원이 실시된 이후, 1996년 10개소에서

노인 43.4%, IADL만 제한 노인 11.5%, ADL 제한 노인 31.9% 중 ADL 일부 제한 28.4%, ADL수행 동작 6가지 모두 제한 3.5%에 이른다(정경희, 1998)

〈표 8-19〉 2001년도 단기보호서비스 실시기관

시·도	사업기관명	시·도	사업기관명
서울	은천치매단기보호센터	대구	성산단기보호센터
	은파복지사업소 단기보호센터	인천	인천재가노인복지센터
	진각치매단기보호소		협성재가복지센터
	공릉치매단기보호센터	강원도	한국복지재단 춘천종합사회복지관
	평화노인단기보호센터		갈보리재가노인복지센터
	인덕치매노인단기보호소	충북	청주재가노인복지센터
	신목치매노인단기보호소	충남	금강원
	우리모두 단기보호센터		금매복지원
	청담치매노인단기보호센터	전북	성예단기보호소
	성심의 집 치매단기보호소		원광고창효도의집
	양재 성심단기보호센터	전남	목포성모재가복지원
	가양5종합사회복지관		순천종합사회복지관
경기	효경의 집		장성프란치스꼬의집
	순애원부설 단기보호센터	부산	애광재가복지관
	안양시 노인복지센터		남광재가복지관
광주	인애평화원	경북	에덴원부설 단기보호센터
대전	대전노인요양원부설 단기보호센터	경남	성로원부설 재가노인복지사업센터
	평화노인단기보호소	제주도	제주원광요양원
	성애단기보호센터		

자료: 2001년도 노인복지시설현황(보건복지부·한국재가노인복지협회), 최용수, 2002 재인용

국고 지원 시설 기준으로 1998년 15개소, 2000년 21개소, 2003년 31개소가 운영되
는 등 양적 증가가 있었다(보건복지부, 1996~2003). 그러나 단기보호시설은 서울에

〈표 8-20〉 2003~2005년 단기보호시설의 지역별 분포도

	2003년도			2005년도			전체 증가수 (N=16개 지역)		
	시설수	이용 정원	종사 자수	시설수	이용 정원	종사 자수	시설수	이용 정원	종사 자수
서울	19	300	143	23	378	136	+4	+78	-7
부산	2	25	8	5	74	30	+3	+49	+22
대구	2	20	8	6	80	372	+4	+60	+364
인천	1	5	4	5	121	26	+3	+116	+22
광주	2	12	6	5	29	15	+2	+17	+9
대전	2	13	8	5	39	19	+3	+26	+11
울산	0	0	0	3	26	13	+3	+26	+13
경기	4	67	19	10	125	47	+6	+58	+28
강원	2	14	9	3	23	13	+1	+9	+4
충북	1	9	2	1	9	10	0	0	+8
충남	2	15	9	2	15	9	0	0	0
전북	3	40	7	1	15	2	-2	-25	-5
전남	3	23	13	7	153	20	+4	+130	+7
경북	2	25	9	4	49	21	+2	+24	+12
경남	2	21	9	3	31	12	+1	+10	+3
제주	1	10	5	2	10	4	0	0	-1
전체	48	599	259	82	1,777	749	+34	+578	+490

자료: 보건복지부(2003, 2005), 노인복지시설(단기보호시설) 현황.

집중되어 설치되어 있고 각시도별로 1~5개소에 불과하여 매우 부족한 형편이었다. 특히 읍·면 지역에 이용대상노인인구가 많이 분포되어 있음에도 불구하고 노인단기보호

시설이 도시지역에 집중되어 있어 전국에 골고루 산재되어 있는 요보호노인들의 복지욕구를 충족시켜주기에는 많은 문제점을 가지는 것으로 나타났다(김선희, 2002).

단기보호시설의 절대적 부족에도 불구하고 이용인원은 정원에 미달하는 시설이 많아(보건복지부, 2004b) 모순되는 상황이 발생하였는데(이영수, 2004) 이는 단기보호시설에 대한 인지와 이용 희망, 그리고 단기보호시설의 서비스 수준 등과 관련이 있을 것으로 보인다.

단기보호시설의 보호유형은 노인의 건강상태에 따라 치매노인 전문시설과 비치매노인 시설, 혼합시설로 구분되며, 당시 과반 이상의 시설은 혼합시설로 운영되고 있었다(이영수, 2004).

2003년에서 2005년까지의 단기보호시설수와 이용정원 그리고 종사자 수에 관한 내용은 <표 8-20>과 같이 경기도가 2003년에서 2005년 동안 6개로 가장 많이 증가했고, 충청남·북도와 제주도는 하나도 증가하지 않았다. 또한 울산광역시에 3개의 단기보호시설이 신설되었음을 알 수 있었고, 2005년까지 단기보호시설은 3년 동안 34개 증가에 그쳤다. 또한 이용정원은 578명 추가 조정되었고, 시설종사자는 490명으로 추가 배치되었다(이상규, 2006).

3) 사업내용(목적, 주체, 대상, 사업내용)

(1) 목적

1995년 단일조항을 마련한 이후, 단기보호사업의 목적은 "부득이한 사유로 가족의 보호를 받을 수 없어 일시적으로 보호가 필요한 심신이 허약한 노인과 장애노인을 시설에 단기간 입소시켜 보호하고 필요한 각종서비스 제공"과 "노인 및 노인가정의 복지 증진 도모"를 그 내용으로 변함없이 제시되었다.

(2) 주체

단기보호사업의 주체는 1기 이후, 2002년까지는 사업주체를 명시하지 않았으며,

<표 8-21> 단기보호시설의 종사자 배치기준

시설유형	배치기준
단기보호시설	① 시설장 ② 사회복지사; 단 이용정원 10인 이하 시설은 선택가능 ③ 생활보조원; 이용자 5인당 1명인 이상, 단 치매·중풍노인의 주 이용시설은 노인 3인당 1명 이상 배치 ④ 물리치료사(이용자 30인 이상 시설에 한정) ⑤ 간호사 또는 간호조무사 ⑥ 취사부 ⑦ 세탁부

자료: 보건복지부, 2002년도 노인보건복지사업 안내

2003년에 국가, 지방자치단체, 법인 또는 개인을 사업의 주체로 명시하였다.

직원배치기준은 시설의 장, 사회복지사(시설 당 1인 이상, 다만 이용정원이 10인 이하인 시설은 두지 아니할 수 있다), 생활보조원(이용자 5인당 1인 이상, 치매·중풍 등의 노인을 주 이용대상으로 하는 시설은 이용 노인 3인당 1인 이상을 두어야 한다), 물리치료사(이용자 30인 이상 시설의 경우에 한한다), 간호사 또는 간호조무사(이용자 25인당 1인 이상, 치매·중풍 등의 노인을 주 이용대상으로 하는 시설은 이용자 20인당 1인 이상을 두어야 한다), 취사부, 세탁부이다. 예외기준으로 사회복지시설(단, 10인 미만시설 제외)에 병설하는 경우에는 사회복지사, 생활보조원, 물리치료사(간호조무사) 외의 직원은 사업에 지장이 없는 범위 안에서 시설의 직원이 겸임 가능하다(보건복지부, 2004a).

단기보호시설의 경우에는 종사자의 배치기준이 시설장, 사회복지사, 생활보조원, 물리치료사, 간호사 또는 간호조무사, 취사부, 세탁부로 구성되었다. 여기에서 물리치료사의 경우에는 이용자 30인 이상인 시설에 한하여 배치하도록 하고 있고, 생활보조원의 경우에는 이용자 5인당 1명꼴, 다만 치매, 중풍 등의 노인을 주 이용대상으로 하는 시설은 이용노인 3인당 1명꼴로 배치하도록 하였다. 그런데 단기보호시설은 10인

내외의 노인이 이용하고 있는 것이 보편적[4]이기 때문에 물리치료사가 배치되어 있지 않다고 보는 것이 타당하겠고, 간호사보다는 간호사의 보조적인 역할을 담당하고 있는 간호조무사 위주로 채용하도록 되어 있고, 또한 기본적으로 지침에서 요구하는 서비스 내용들이 제대로 제공되지 않아 이러한 인력구성 및 채용의 실태 하에서 입소노인의 생활지도 및 일상생활동작 훈련 등 심신의 기능을 회복시키는데 한계가 있었다. 그럼에도 불구하고 또한 재가노인시설 평가보고서(한국보건사회연구원, 2001)에 의하면, 조사대상 모든 단기보호시설에서 물리치료이든, 작업치료 또는 운동치료이든 간에 재활치료서비스를 제공하고 있는 것으로 나타나고 있는데, 이는 간호 인력에 의한 형식적인 서비스가 제공되고 있거나, 아니면 대부분의 단기보호시설이 장기요양시설 내에 설치되어 운영되고 있기 때문에 장기요양시설 내 재활치료 인력을 활용하고 있는 것으로 볼 수밖에 없다고 보았다(선우덕, 2002).

이수일(2004)은 재가노인복지서비스의 발전방안에 관한 연구에서 현행 노인복지사업상의 시설기준에 맞는 인력배치보다 주간, 단기보호시설에서의 생활보조원의 인력배치 기준을 주간보호시설은 대상노인 5명당 1명 이상, 요보호 노인의 비율이 높은 단기보호시설은 3명당 1명 이상(3교대 근무)으로 각각 상향조정하여야 하며, 치료기능보다 보호기능을 담당하는 준 전문인력(가정봉사원, 생활보조원, 간호조무사)과 전문인력(사회복지사, 간호사)의 역할분담을 통한 재가노인복지서비스의 효과적이고 효율적 체계가 중요하다고 지적하였다(백영수, 2007).

(3) 대상

노인단기보호시설의 서비스 대상은 심신이 허약하거나 장애가 있는 자로서 단기간의 보호가 필요한 노인이다. 치매나 중풍 등 주간보호서비스보다 중증의 65세 이상 노인이 해당되며 단, 60-64세 노인이라도 특별히 단기적 보호가 필요할 경우 이용할 수 있다(오양섭, 2002; 이영수, 2004).

---

4) 보건복지부의 노인복지(주거, 의료)시설 현황자료에 의하면 2001년말 현재 단기보호시설 1개소당 평균 이용자수가 13명꼴로 계산되고 있다.

〈표 8-22〉 재가노인복지사업의 이용대상 선정기준

구분	선정기준
무료대상자	-65세 이상의 국민기초생활수급권자 -국기법 대상노인이 아닌 저소득 노인으로서 그 부양의무자로부터 적절한 　부양을 받지 못하는 자로 시·군·구청장이 인정한 자
실비대상자	-65세 이상 저소득 노인 -도시근로자 월평균소득 미만의 65세 이상 노인
유료대상자	-무료·실비이용 대상노인 이외의 60세 이상 일반노인

주: 1) 1인당 월평균소득액 827,572월(2002년도 도시근로자 가구 월평균 잠정소득 2,863,400원)
자료: 보건복지부(2003a)

　단기보호사업의 대상은 1기 이후, 2002년까지는 별도의 표기 없이 재가노인복지사업 지침의 공통사항에 명시된 내용을 그대로 반영하였으며, 2004년에 단기보호시설의 이용대상은 ①일상생활 수행능력(ADL: Activities of Daily Living)에 지장이 있는 자, ②노인성 질환 또는 노쇠로 인해 심신의 장애가 있는 자, ③일반 질환으로 인해 단기간 일상생활 서비스가 필요한 자, ④독거노인으로서 단기간 일상생활 서비스가 필요한 자, ⑤기타 복지실시기관장이 단기시설의 서비스가 필요하다고 인정한 자 등으로 특히, 실비대상자는 노인복지법 시행규칙 제14조에 "본인 및 그 배우자와 부양의무자의 월 소득을 합산한 금액을 가구원 수로 나누어 얻은 일인당 월평균 소득액이 통계청장이 통계시행령 제3조의 규정에 의하여 고시하는 전년도의 도시근로자가구 월평균 소득을 전년도 가구원수로 나누어 얻은 1인당 월평균 소득액 이하인 자"로 규정하고 있다(<표 8-22> 참조).

　1998년 기준으로 단기보호 이용대상자의 비용부담기준은 <표 8-23>과 같으며 2003년 단기보호 이용대상자 비용부담기준의 경우, 시설이용은 사업기관과 이용자 간의 계약에 의해서 이용자가 전액 또는 일부를 부담한다. 그러나 65세 이상의 국민기초생활대상자는 무료이고, 저소득층 노인은 식비 등 최소비용을 부담하고 그 외 노인

〈표 8-23〉 이용형태별 본인부담금

구분	본인부담***(1998년 기준)	정부부담
무료대상자	식비 등 최소실비	중앙·지방정부
실비대상자		
유료대상자	기본*:1일 기준 8,000원 특별**: 1회당 1,500원 추가	없음

* 기본서비스: 식사(3식)제공, 간식제공, 물리치료, 프로그램 준비 및 소모품비
** 특별서비스: 목욕·용변서비스
*** 치매·중풍 노인의 경우 비용의 30% 범위 내에서 상향조정 수납가능
자료: 보건복지부(1999). 노인복지국고보조사업안내

들은 기본서비스 경증 1일 12,000원, 중증 1일 18,000원, 특별서비스 회당 2,000원의 추가경비를 부담한다(보건복지부, 2003)고 명시되었다.

(4) 서비스내용

단기보호사업의 서비스 내용은 보건복지부 지침에 1995년 "급식·치료 기타 일상생활에 필요한 편의를 제공하는 서비스"로 정하고 이는 2000년도까지 그대로 유지되었다.

2001년에는 사업의 내용을 ①생활지도 및 일상동작훈련 등 심신의 기능회복을 위한 서비스, ②급식 및 목욕서비스 등, ③취미·오락·운동 등 여가생활서비스, ④노인결연에 관한 사항: 무의탁 노인 후원을 위한 결연사업, ⑤이용노인 가족에 대한 상담 및 교육 등으로 정한 내용을 지침에 담고 있고 이 내용은 2002년까지 그대로 유지된다.

2003년에는 사업의 내용을 ①생활지도 및 일상동작훈련 등 심신의 기능회복을 위한 서비스, ②급식 및 목욕서비스 ③취미·오락·운동 등 여가생활서비스 ④지역사회 복지자원 발굴 및 네트워크 구축에 관한 사항 ⑤이용노인 가족에 대한 상담 및 교육 등으로 이 내용은 2005년까지 그대로 유지된다. 여기서 지역사회복지자원 발굴 및

<표 8-24> 2기 단기보호사업 사업내용의 변화

년도	내 용
1997~ 2000년	–1996년도와 동일함.
2001~ 2002년	–생활지도 및 일상동작훈련 등 심신의 기능회복을 위한 서비스 –급식 및 목욕서비스 등 –취미 · 오락 · 운동 등 여가생활서비스 –노인결연에 관한 사항: 무의탁 노인 후원을 위한 결연사업 –이용노인 가족에 대한 상담 및 교육 서비스 등
2003~ 2005년	–생활지도 및 일상동작훈련 등 심신의 기능회복을 위한 서비스 –급식 및 목욕서비스 –취미 · 오락 · 운동 등 여가생활서비스 –지역사회 복지자원 발굴 및 네트워크 구축에 관한 사항 · 무의탁 노인 후원을 위한 결연사업 · 지역사회 자원봉사자 등 인적자원 발굴사업 –이용노인 가족에 대한 상담 및 교육 등

네트워크 구축에 관한 사항이란 지역사회 자원봉사자 등 인적자원 발굴 사업과 무의탁 노인 후원을 위한 결연사업(1인당 월 10,000원 이상을 4월 이상 계속하여 지원)을 말하는 것으로 주간보호사업에 비해 결연의 지속성을 보다 요구하고 있다. 2기의 단기보호사업 사업 내용 변화는 <표 8-24>와 같다.

단기보호시설의 세부프로그램은 재가노인복지협회에서 실시한 1998년도 현황 및 사업실태조사에 의하면 노인 단기보호시설에서 운영하는 프로그램은 상담프로그램, 사회보장프로그램, 사회복지프로그램, 의료보장프로그램 등이며 프로그램이 매우 다양한 것으로 나타났다. 일반적으로 의료서비스를 비롯하여 정서서비스와 위생서비스, 기능동작훈련, 취미활동 및 작업요법, 교육사업, 상담 및 우애사업, 홍보활동, 기타로 나누어져 서비스가 다양하게 제공되는 것으로 보아 다양한 직종의 인력이 많이 필요하다는 것을 알 수 있다. 하지만 담당인력의 부족으로 보호노인들이 제한된 보호기간을 단순하게 보내는 경우가 많아 보호노인의 욕구에 현실적으로 대응하지 못하는

〈표 8-25〉 노인단기보호시설의 세부프로그램 내용

구분	세부프로그램	실시기관	구분	세부프로그램	실시기관
의료서비스	물리치료	6	정서서비스	경로관광,나들이	2
	한방치료	5		생일파티	5
	정기검진	2		가족한마당	1
	기초건강체크	5		종교생활	4
	음악치료	3		(성경공부,예배)	
위생서비스	이/미용	7	기능동작훈련	치료레크레이션	5
	목욕서비스	11		건강체조	7
	세탁물정리	1		근거리산책	6
	용변보조	3		인지기능훈련	4
	잠자리 정리	1		작업요법	8
	청소 및 정리	1	교육사업	자원봉사자교육	1
	치위생시간	1		연구,조사사업	1
취미활동	미술교실	7	상담, 우애사업	전화서비스	1
	노래교실	9		가족상담	1
	영화감상	4		가족교실	1
	요리만들기	4		치매가족모임	1
	풍물	2		편지쓰기	3
	바둑	1		말벗해주기	5
	서예	2		책 읽어주기	3
	영어,한글교실	1	홍보활동	소식지발간	1
	텔레비전시청	6		언론사홍보	1
	음악강상	4	기타	입퇴소서비스	1
	원예	2		시사토론	1
	수예	1		구연동화	1

자료: 한국재가노인복지협회, 1998년도 운영현황 및 사업실태조사, 1999

편이었다(이수일, 2005, 김창옥, 2006 재인용).

즉, 이러한 서비스는 일률적이고 단순보호차원의 서비스로 제공되고 있어 노인들의 다양한 건강상태와 요구에 부응하기 어려운 실정을 말하며 특히 치매, 중풍노인과 만성퇴행성 질환으로 인한 장애노인을 분리하여 보호하는 것과 보호노인들의 건강상태에 따라 다양하고 특성화된 전문적인 프로그램을 제공하는 것이 어려웠다(강순주, 200

〈표 8-26〉 단기보호시설 일정: S시설 사례

시간	내용
06:00~06:30	기상, 세면
06:30~07:00	기초건강진단, 크린교환, 영양제 투약
07:00~07:45	건강체조
07:45~08:30	아침식사
08:30~09:00	산책(화단 · 텃밭가꾸기)
09:00~10:30	TV 신청, 자유활동
10:30~12:00	프로그램A: 음악/놀이치료(게임, 노래방, 음악퀴즈, 노래율동, 장구 등)
12:00~12:30	점심식사
12:30~13:30	휴식
13:30~14:40	프로그램B : 음악/놀이치료(게임, 노래방, 음악퀴즈, 노래율동, 장구등)
14:40~17:00	영양간식, 크린교환, 재활운동(물리치료)
17:00~17:30	저녁식사
17:30~18:30	휴식
18:30~19:30	크린교환, 저녁예배
19:30~21:00	TV 시청, 자유활동
21:00~	취침(rounding)

출처: 재가노인복지서비스(1999), 재가노인복지협회-단행본

5, 김창옥, 2006 재인용). <표 8-26>은 1999년 S 시설의 단기보호시설 일정표이다.

4. 단기보호사업 3기(2005.7~현재)

1) 3기 주요변화내용

이 시기는 2005년 7월부터 시작되어 2006년 3월까지 노인장기요양보험 1차 시범 사업을 시작으로, 2차 시범사업(2006년 4월~ 2007년 3월), 3차 시범사업(2007년 4월부터~2008년 6월)까지 진행되고 2008년 7월부터 노인장기요양보험이 실시되었다. 단기보호 서비스도 노인장기요양서비스에 포함되어 급여내용 및 수준, 그리고 사

〈표 8-27〉 단기보호사업 시설 및 이용자 수

2005			2006			2007			2008			2009			2010		
시설 수	이용 인원	종사 자	시설 수	이용 인원	종사 자	시설 수	이용 인원	종사 자	시설 수	이용 인원	종사 자	시설 수	이용 인원	종사 자	시설 수	이용 인원	종사 자
103	1,085	504	113	1,041	574	137	1,279	645	217	2,560	1,717	288	3,204	2,095	67	806	416

자료: 노인복지시설현황(보건복지부, 2006~2011)

업 수가 등을 결정하는 과정을 거치게 되었다. 이에 따라 2008년 7월부터 국민기초생활보호대상자뿐만 아니라 일반 국민들까지 확대되어 누구나 등급 판정을 받고 서비스 받기를 원하면 단기보호서비스를 이용할 수 있게 되었다.

장기요양보험이 실시되기 전에는 서비스 시설의 인프라 구축을 위해 정부 차원에서 양적인 팽창을 강조하게 되어 단기보호서비스를 실시하는 기관은 매년 12월 31일 기준으로 2005년 103개소에서 2006년 113개소, 2007년 137개소, 그리고 노인장기요양보험 제도가 시작된 2008년에는 217개소, 2009년에는 288개소로 2005년에 비해 280%가 증가하였다. 또한 이용인원도 2005년 1.085명에서 2009년 3,204명으로 약 295% 증가하였고, 종사자는 2005년 504명에서 2,095명으로 무려 416%가 증가하였다. 그러나 단기보호서비스가 2010년 대폭 개편되어 요양시설(또는 노인요양공동생활가정)로 전환되면서 단기보호시설수는 대폭 줄어들었다(<표 8-27> 참조).

노인장기요양보험 제도 도입으로 장기요양서비스를 혜택을 받는 수급자가 노인의 1%에서 6%로 증가하고 가족수발자의 신체적(84.7%), 심리적(92.1%) 부담 감소와 사회적 활동(75.9%) 및 삶의 질(85.4%)이 향상되었다는 면, 그리고 장기요양서비스 제공 인력이 크게 증가하여 일자리 창출에도 기여했다는 면에서는 긍정적으로 볼 수 있으나(보건복지부, 2010), 보편적 서비스 확대에 따른 다양한 욕구별 서비스 제공과 서비스 수준, 그리고 운영주체의 관리 능력과 수행인력의 전문성 등에 대해서 더 많은 제고가 필요하였다.

2) 법적 기준 및 정책내용

2005년 이후 가장 큰 변화는 노인장기요양보험 제도 실시이다. 따라서 2005년 이후 단기보호사업의 법적 기준의 변화는 큰 변화 없이 단지 노인장기요양보험 제도 도입에 따라 2008년 4월 4일 이후 재가노인복지시설로 명칭을 통일하고, 각 하위사업들을 서비스 종류로 구분하면서 단기보호시설이 단기보호서비스로 변경되어 칭하게 되었다.

장기요양보험제도에서 단기보호서비스는 2010년 1월에 큰 변화를 맞게 되는데, 먼저 이용기간(보험적용 기간)을 1회 90일, 연간 180일에서 월 15일로 조정하고 인력배치기준도 요양시설 수준(10인 미만 3명당 1명, 10인 이상 2.5명당 1명)으로 강화하였으며, 단기보호기관을 단독으로 운영하는 경우, 요양시설에서 단기보호기관을 병설 운영하는 경우, 기타 종합재가기관으로 운영이 어려운 경우를 주요 대상으로 하여 요양시설(또는 노인요양공동생활가정)로 전환하게 하였다.

단기보호서비스의 급여비용은 장기요양 1등급의 경우 43,300원, 2등급은 39,600원, 3등급은 35,900원이며, 이용 가능한 경우는 가족 등의 외유·외출, 집안 경조사 등 갑작스러운 사정으로 인해 수급자를 돌볼 수 없는 경우, 주거환경의 일시적인 변화(이사, 시설 설비 등) 등이고, 그 밖의 단기보호 급여비용은 시설급여의 일반원칙에 따라 산정하도록 되어 있다.

노인장기요양보험이 시행되기 이전 단기보호사업 연간 예산지원액은 2005년 77,616천원에서 2006년에는 85,360천원으로 약 10% 인상이 되었다. 2007년도부터는 이용인원비율에 따른 차등지원이 시작되어 15인 이상은 112,000천원, 12-14인은 98,000천원, 9-11인은 93,000천원, 8인 이하는 90,000천원으로 바뀌었다. 2008년에는 노인장기요양제도에 따라 장기요양기관으로 이전하는 과정에서 일부 정부의 보조가 지원되었다(<표 8-28> 참조)

노인장기요양보험제도에서 단기보호서비스 수가는 2008년 12월 기준으로 요양등급에 따라 42,490원 ~ 35,230원까지 차등으로 정해져 있으며, 급여의 내용은 수

〈표 8-28〉 2006~2008년 단기보호사업 정부 예산 지원기준

(단위: 천원)

이용 정원 (비율)	2006년 지원 기준액	2007년 지원 기준액			2008년 지원기준액 (상반기)			2008년 하반기
		계	기관운영비	사업비	계	기관운영비	사업비	
8인 이하 (24.5%)		90,000	84,000	6,000	46,350	43,250	31,00	16,222
9-11인 (42.2%)		93,000	87,000	6,000	47,900	44,800	31,00	14,370
12-14인 (15.7%)	85,380	98,000	92,000	6,000	50,500	47,400	31,00	15,150
15인 이상 (17.6%)		112,000	100,000	12,000	57,700	51,500	6,200	17,310

급자의 개인위생, 일상생활지원 및 일상동작 훈련 등의 심신의 기능유지와 향상을 위한 서비스, 식사도움, 목욕도움 등이 있다.

3) 3기 사업내용

(1) 목적

1995년에 비로소 단일 조항을 마련한 이후부터 2003년까지, 단기보호사업의 목적은 '①부득이한 사유로 가족의 보호를 받을 수 없어 일시적으로 보호가 필요한 심신이 허약한 노인과 장애노인을 시설에 단기간 입소시켜 보호하고 필요한 각종 서비스 제공, ②노인 및 노인가정의 복지증진을 도모'에서 2004년에는 '노인 및 노인가정의 복지증진을 도모'를 제외하고 제시되었다. 이후 장기요양보험제도가 시행된 후에 다시 제외된 내용이 포함되면서 '부득이한 사유로 가족의 보호를 받을 수 없어 일시적으로 보호가 필요한 심신이 허약한 노인이나 장애노인을 보호시설에 단기간 입소시켜 보호함으로써 노인 및 노인가정의 복지증진을 도모'로 수정되어 제시되었다.

〈표 8-29〉 노인장기요양보험제도의 관리운영체계

구분	역할
국가	-노인수발보험제도는 보건복지부장관이 관장 -보건복지부는 이 제도에 대한 정책의 입안과 서비스의 기준 등 제도시행에 필요한 총괄적 권한과 책임을 짐 -노인장기요양보험사업의 중요한 정책을 심의하기 위하여 보건복지부장관 소속 하에 노인요양위원회를 설치, 운영하도록 함.
지방자치단체	-노인복지서비스 업무의 시행주체 -지방자치단체의 역할은 노인복지시설의 신고 접수기관으로서 요양기관을 지정하고 감독하는 일, 공단에 설치되는 요양등급판정 등 위원회에 위원을 추천하고 가정방문조사에 공동으로 참여하는 일, 의료급여 수급권자 등에 대하여 일정한 재정을 분담하는 일을 맡고 있음
국민건강보험공단	-노인장기요양보험사업의 사업자로 요양사업의 관리운영기관 -보험료의 부과징수와 같은 보험제도의 관리기능뿐만 아니라 요양서비스의 인정여부와 등급결정, 수발서비스의 계획과 관리 기능까지 담당

자료: 국가인권위원회(2007), 노인복지서비스에서의 노인건강권 보장 실태 조사

(2) 주체

2004년부터 2008년까지 시·군·구를 재가노인복지사업의 실시 주체로 명시한 것 외에 따로 사업별 주체가 명시되어 있지 않다. 2008년에 7월 1일에 재가노인복지서비스의 내용을 핵심으로 담고 있는 노인장기요양보험이 도입되면서 2009년부터 주체에 대한 언급은 없으나, 장기요양보험제도의 관리운영체계는 <표 8-29>와 같다.

장기요양보험 시행 당시 단기보호서비스의 시설기준은 연면적 90㎡ 이상을 확보하되, 이용정원이 6명 이상인 경우에는 1명당 6.6㎡의 침실 공간을 추가로 확보하여야 하고(1인당 침실면적 기준 6.6㎡ 이상) 다만, 단기보호서비스와 함께 제공하거나 사회복지시설에 병설하는 경우에는 공동으로 사용하는 시설의 면적을 포함하여 각각 90㎡ 이상이 되어야 한다. 설비시설 및 기준은 <표 8-30>과 같으며, 주야간보호서비스와 단기보호서비스를 함께 제공하거나 사회복지시설에서 제공하는 경우에는 생활실, 침실 외의 시설은 사업에 지장이 없는 범위에서 병용할 수 있고, 침실 등 입소자

〈표 8-30〉 설비시설 및 기준

구분	침실	사무실	의료/ 간호사 실	프로그램 실	물리(작업) 치료실	식당/ 조리실	화장실	세면장/ 목욕실	세탁장/ 건조장
이용자 10명 이상	○	○		○		○	○	○	
이용자 10명 미만	○	○		○		○		○	

〈표 8-31〉 단기보호서비스의 직원배치기준

구분	관리 책임자	사회 복지사	간호 (조무)사	물리 (작업) 치료사	요양 보호사	사무원	조리원	보조원 운전사
이용자 10명 이상	1명	1명 이상	이용자 25명당 1명	1명(이용 자 30명 이상)	이용자 4명당 1명	–	필요수	필요수
이용자 10명 미만	1명	–	1명	–	이상 (1급)	–	필요수	필요수

자료: 보건복지가족부(2010)

가 이용하는 시설이 2층 이상인 경우 「장애인·노인·임산부등의편의증진보장에
관한법률」의 세부기준에 따른 경사로 또는 「승강기시설 안전관리법 시행규칙」
에 따른 승객용 엘리베이터를 설치하여야 한다.

직원배치기준은 다음 <표 8-31>과 같다. 단기보호를 제공하는 기관의 직원배치
기관은 수급자가 10명 이상인 기관과 10명 미만인 기관으로 구분되어 기준이 마련되
어 있다. 수급자가 10명 이상인 기관에는 관리책임자 1명, 요양보호사 수급자 4명당 1
명이상(1급), 간호(조무)사는 수급자 25명당 1명, 물리(작업)치료사는 수급자 30명 이
상일 때 1명, 조리원과 보조원(운전사)은 필요수 만큼이며, 수급자가 10명 미만인 기
관에는 관리책임자 1명, 요양보호사 수급자 4명당 1명이상(1급), 간호사 1명, 조리원
과 보조사(운전사)는 필요수 만큼 두도록 정하고 있다.

관리책임자는 사회복지사, 의료인 또는 요양보호사 1급 중 실무경력 5년 이상인자

<표 8-32> 단기보호서비스 등급별 수가

구분	1등급	2등급	3등급
단기보호	43,300원/일	39,600원/일	35,900원/일

○ 등급별 서비스 비용(2009년 수가표 기준)

○ 본인부담금은 총 급여의 15%이며, 의료급여수급권자 등 저소득층은 1/2로 경감하여 7.5% 감면, 국민기초생활수급권자는 무료
○ 비급여 항목(식사재료비, 간식비, 의료비 등) 은 본인부담

(복지부장관이 고시하는 교육을 이수)로 상근하는 자이어야 하며, 타 재가서비스를 함께 운영하거나 사회복지시설에 병설하는 경우 관리책임자의 겸직이 가능하다.

(3) 대상

단기보호사업의 대상은 2기 이후, 2008년 지침까지 변화가 없었으나, 장기요양보험제도가 실시되면서 이용대상을 재가노인복지시설 이용대상자라 표기하였다. 이처럼 장기요양보험의 단기보호서비스는 노인장기요양보험 가입자 또는 피부양자로 등록된 노인으로 장기요양 등급 판정을 받은 노인, 65세 이상 국민기초생활수급권자로서 장기요양 등급 판정을 받은 노인재가노인복지시설 이용대상자를 대상으로 하며, 자격기준은 재가노인복지시설 이용대상자, 장기요양수급자(1, 2, 3등급)이다. 2009년 기준 단기보호서비스를 이용하는 자의 비용 부담은 <표 8-32>와 같다.

(4) 서비스내용

장기요양보험의 단기보호서비스는 급식, 치료, 그 밖의 일상생활에 필요한 편의를 제공하는 서비스와 그 밖에 노인요양시설 또는 노인요양공동생활가정의 사업에 준하는 서비스를 제공한다. 보호기간은 월 15일, 다만, 가족 등의 외유·외출, 집안 경조사 등 갑작스러운 사정으로 인해 수급자를 돌볼 수 없는 경우, 주거환경의 일시적인 변화(이사, 시설 설비 등)으로 인해 수급자의 특별한 요청이 있는 경우 연간 2회에 한

〈표 8-33〉 단기보호서비스 내용 변화

년도	내용
2005~2008년	-2005년도와 동일함.
2009~2010년	-급식, 치료, 그 밖의 일상생활에 필요한 편의를 제공하는 서비스 -그밖에 노인요양시설 또는 노인요양공동생활가정의 사업에 준하는 서비스

하여 월 15일을 초과하여 이용이 가능하다.

9장 가정봉사원교육사업의 어제와 오늘

가정봉사원교육은 가정봉사원파견사업의 일환으로 가정봉사원으로 활동하고자 하는 자에게 필요한 지식과 기술을 함양케 하여 재가노인에게 적정한 서비스를 제공하게 하기 위한 교육을 말한다.

1. 가정봉사원교육사업의 시작전기(1990년 이전)

가정봉사원교육사업은 가정봉사원파견사업에서 노인가정으로 방문하여 서비스를 제공하는 인력이 거의 무급 자원봉사자인 경우였기 때문에 가정봉사원 교육 실시로 서비스 질을 높이기 위한 필요성에 의해 시작되었다.

가정봉사원교육사업이 재가노인복지사업의 종류로 다른 사업에 비해 가장 늦은 1997년에 규정되었지만, 가정봉사원파견사업이 시작된 초기부터, 각 사업체마다 가정봉사원으로서의 역량을 강화하는 교육과 프로그램을 실시하였고, 그 필요성에 의해 1992년부터는 당시 노인복지사업지침에 관련내용이 제시될 만큼 오랜시간 진행된 사업 중 하나이다.

한 예로 가정봉사원파견사업을 처음 시작한 은천노인복지회(구 은천노인상담소)의 경우를 보면 1986년 10월 주간보호사업과 가정봉사원파견사업을 시작하면서, 이듬해 1987년 3월 자원복지활동을 발족하고 제1기 자원복지활동 교육을 1991년까지 총 9회 실시하는 등 가정봉사원파견사업을 위해 필수적으로 교육을 실시하였다. 이는 1992년 정식으로 가정봉사원 교육으로 변경되면서 본격적인 교육사업을 실행하게 된다.

2. 가정봉사원교육사업 1기(1990~1996년)

1) 1기 주요변화내용

가정봉사원교육사업은 1997년 노인복지법 제3차 개정에서 비로소 재가노인복지사업의 종류로 규정되었지만, 일찍이 그 중요성이 인정되어 1992년부터 관련 내용이 노인복지사업 지침에 명시되었다. 이 시기에 가정봉사원의 교육에 관한 사항이 언급된 것은 재가노인복지사업 중 가정봉사원파견사업 내의 세부조항에 지나지 않은 것이었지만, 내용상 그 비중은 작지 않았다.

1992년 당시 노인복지사업지침의 재가노인봉사사업 주요사업내용 내에 수록된 가정봉사원교육사업은 자원봉사자 교육이었다. 교육 후 1년간 봉사활동이 가능한 자를 대상으로 기본교육(16시간), 재교육(3시간), 정기모임으로 구분하여 교육을 실시하였다. 이와 같은 가정봉사원 교육은 해가 갈수록 중요성이 강조되면서, 1995년 8월 25일부터 가정봉사원파견사업을 위한 가정봉사원 훈련양성교육을 양성교육과정과 보수교육과정으로 나누고 양성교육과정은 1급(40시간)과 2급(20시간)을 수료하면 이후에 1년에 1회 보수교육(8시간)을 실시하도록 하였다.

<표 9-1> 1기(1990~1996년) 주요 연혁

1992년	-재가노인봉사사업의 주요사업내용 내에 가정봉사원교육사업 세부사항 명시
1993년	-재가노인봉사사업에 있어 가정봉사원의 양성 및 교육 훈련의 중요성 강조
1995년	-노인복지법 '가정봉사원양성교육훈련'에 관한 사항을 가정봉사원파견사업 내에 수록 -양성교육과정과 보수교육과정으로 변경
1996년	-노인복지법 '가정봉사원양성교육훈련'에 관한 사항이 5개 항목으로 정리·조정 -유급가정봉사원과 무급가정봉사원 교육 실시 -가정봉사원양성사업기관에 정부보조금 지급

1996년도에는 재가복지사업을 공통사항, 가정봉사원파견사업, 가정봉사원양성교육훈련사업, 주간보호사업, 단기보호사업 등 5개 항목으로 정리·조정하여 사업의 위상을 확고히 하였고, 가정봉사원의 유급제도를 수용하여 가정봉사원의 명칭을 유급가정봉사원 또는 무급가정봉사원(자원봉사자)으로 분류하고 이들에게 양성교육과정과 보수교육과정을 별도로 실시하였다. 유급가정봉사원 교육과정을 실시하면서 가정봉사원 교육을 주관하는 가정봉사원양성사업을 실시하는 시설에 대해서 필요한 경비를 예산의 범위 내에서 지원하게 되었다(<표 9-1> 참조).

2) 법적기준 및 정책내용

가정봉사원 교육은 그동안은 교육과정에 대해 정해진 지침 없이 기관에서 정한 일정에 의해 실시하여 교육내용이 다소 미흡하였다. 보건복지부 노인복지사업지침에 의하면, 재가노인복지사업기관에서는 1995년부터 가정봉사원파견사업을 위한 가정봉사원훈련양성교육을 설치된 위탁교육시설에서 ①양성교육과정(1급과 2급)과 ②보수교육과정으로 나뉘어 실시하도록 하였으며, 보건복지부장관이 정한 기관에서 소정의 교육을 수료한 가정봉사원을 종사자로 확보하도록 하고, 이전에 가정봉사원양성과정을 마친 자로서 현재 가정봉사원으로 활동하고 있는 사람에 대해서는 보수교육

〈표 9-2〉 가정봉사원 교육훈련 과정(1995, 1996)

년도	양성교육과정				보수교육과정			
	유급과정		자원봉사과정		유급과정		자원봉사과정	
	훈련시간	교육주기	훈련시간	교육주기	훈련시간	교육주기	훈련시간	교육주기
1995년	40시간	-	20시간	-	8시간, 년 1회			
1996년	40시간	최초1회	20시간	최초1회	20시간	1년	8시간	1년

을 실시한 후에 수료증을 수여하였다(김옥규, 1999).

1995년의 새로운 규정에 따르면 재가노인복지사업에 필요한 가정봉사원 교육훈련과정은 <표 9-2>에서 보는 바와 같이, 유급가정봉사원의 경우에는 강의, 실기, 실습시간이 각각 2배씩 되어 있다.

가정봉사원양성교육사업은 연간 교육훈련계획의 수립/보고(시·도지사→보건복지부장관)를 하는데 교육훈련과정별 일정표에서는 교육내용·평가방법·담당교수진과 수요조사 현황, 교육내용·시간표와 예산집행계획을 포함하도록 하고 있다.

신청은 교육대상자→재가노인복지사업기관(장)→교육훈련원(유료가정봉사원 교육희망자→지역소재 교육훈련원)으로 이루어지고, 교육실시는 교육훈련→평가(필기시험)→수료증 교부로 진행되며, 실적·변경사항 보고는 시·도지사→보건복지부 장관에 이르게 하고, 사후관리로 수료증 교부대장, 학적부를 비치·관리토록 하였다(신정순, 2000).

사업주체에 있어서는 가정봉사원 교육훈련원(보건복지부 위탁, 총 15개소)을 지정하고 있으며, 가정봉사원 교육훈련원의 지역별 분포를 보면, 서울, 부산, 대구, 인천, 광주, 대전, 경기, 강원, 충북, 전북, 전남, 경북, 경남, 제주지역에 각 1개소씩 분포하였다. 행정체계에 있어서는, 노인복지법·노인복지사업지침에 근거하여 중앙정부(노인복지과)→지방정부(시·가정복지과/시·군·구 가정복지과) 및 시·도지사 및 보건복지부장관의 지도·감독을 받고 있으며, 직원배치 기준으로는 연간교육계획 20회 이상인 경우 전담직원 1명을 배치하도록 하였다.

정부의 지원내용을 보면, 교육훈련원의 교육회수에 따라 차등지원을 하고 있는데, 기본지원금액은 교육용 교재제작비 400만원과 무급가정봉사원 양성교육 270만원(1회 50명 기준) 및 무급가정봉사원 보수교육 158만원(1회 50명 기준)으로 설정하고 있고, 유급가정봉사원 양성/보수교육은 제외하였다. 또한 연간교육계획 20회 이상인 경우 전담직원 1명의 인건비 지원과 야간교육 시 교수담당자의 특근매식대 및 초과근무 수당을 지급하였다. 전체적인 정부의 지원 비율을 보면, 기본비율로는 중앙정부 40%, 지방정부 60%를 부담토록 하고 지역별 교육훈련 수요에 따라 차등지원하였다(신정순, 2000).

3) 사업내용(목적, 대상, 교육과정)

(1) 목적

가정봉사원교육사업의 목적은 제시되지 않다가, 새로운 지침의 틀이 형성된 1996년부터 명시되었다. 명시된 목적은 '재가노인복지사업기관에서 가정봉사원으로 활동하고자 하는 자에게 필요한 지식과 기술을 함양케 하여 재가노인에게 적정한 서비스를 제공하게 하기 위함'이었다. 즉 가정봉사원 교육사업은 재가노인복지사업기관의 주 인력이 되는 가정봉사원에게 관련 지식과 기술을 습득하도록 하여 대상 노인에게 적절한 서비스를 제공하는 것에 목적을 두고 있다.

(2) 교육대상

가정봉사원교육기관의 교육대상이 구체적으로 명시되기 시작한 것은 가정봉사원제도가 실시되기 시작한 1995년부터라 할 수 있다. 이전에는 제한된 인력으로 사업을 운영하기에 어려움이 많았으나, 자원봉사자에게 일정한 교육을 기관별로 실시하여 가정을 방문하여 서비스를 제공하였는데 1992년에 마련된 노인복지사업지침에서는

〈표 9-3〉 가정봉사원 교육 대상

년도	내용
1992~ 1994년	-18~60세 이상의 건강한 남녀 -교육 후 최소 1년간 봉사활동 가능한 자
1995년	-양성교육과정: 가정봉사원으로 활동하고자 하는 자 ※ 일시적인 봉사를 원하는 자 제외 -보수교육과정: 양성교육과정 수료자로 가정봉사원으로 활동하고 있는 자
1996년	-양성교육과정: 가정봉사원으로 활동하고자 하는 자 또는 활동 중인 자로서 보건복지부장관이 지정하는 교육기관에서 양성교육과정을 수료하지 아니한 자 ※ 일시적인 봉사를 원하는 자는 제외 -보수교육과정: 양성교육과정을 이수하고 가정봉사원으로 계속 활동하고 있는 자

가정봉사원파견사업을 담당할 가정봉사원의 자격을 정하고 기본교육(16시간)과 재교육(3시간), 그리고 월 1회의 정기모임을 통한 교육과정을 이수하도록 규정하고 있었다.

1996년도에 보건복지부에서는 가정봉사원의 유급제도를 실시하면서 가정봉사원의 명칭을 유급가정봉사원 또는 무급가정봉사원으로 분류하여 호칭하고 있다.

(3) 교육과정

1991년 당시 가정봉사원을 위한 교육은 신규교육과 재교육으로 대별하여 각 기관별로 실시하고 있었으나, 극히 미흡한 실정이었다. 신규교육의 경우 분기별로 연4회를 실시하고 있는데, 교육내용 및 시간은 다음 <표 9-4>와 같이 강의와 유경험 가정봉사원의 사례발표로 이뤄졌으며, 시간은 6-12시간으로 정하고 있다. 교육내용은 노인 및 노인복지에 관한 기본이해와 가정봉사원의 자세 등에 관한 교육으로 일관되어 있다. 따라서 가정봉사원들의 구체적인 실무에는 별로 도움이 되지 못하는 것으로 사료된다(박태용, 1992).

그리고 재교육은 월 1회 2-3시간씩 월례모임을 통하여 이루어지고 있어 실제로는 적절한 재교육이 실시되지 못하고 있는 실정이며, 이들 가정봉사원에 대한 관리도 월

〈표 9-4〉 가정봉사원 신규교육 내용 및 교육시간

구분	남부노인종합복지관	중부노인종합복지관	한국노인복지회
내용	노인의 이해와 노인복지 노인과 건강 노인과 가족	고령화사회와 노인문제 가정봉사원의 역할과 자세 노년기 이해 및 신체적 변화	노인의 이해와 노인복지 자원봉사의 이해와 자세 노인건강에 대한 이해
	가정봉사원 준수사항 가정봉사원의 역할, 자세 사례 발표	가정봉사원의 준수사항	가정봉사활동의 이해 가정봉사원활동과 정의 안내
시간	12	8	6

자료: 남부노인종합복지관, 1991년도 가정복지봉사원 교육교재, 중부노인종합복지관, 1991년도 제1기 가정복지봉사원 교육교재, 한국노인복지회, 1991년도 가정봉사원 교육자료 참조(박태용, 1992 재인용)

〈표 9-5〉 1992년 가정봉사원파견사업 자원봉사자 교과과정

교육과정	교육시간	교육내용
기본교육	16시간	1)강의: 9시간 -노인복지(4시간): 노인복지이론(1시간), 노인문제(1시간), 노인복지 관련제도(1시간), 대인원조기술(1시간) -가정봉사(5시간); 가정봉사원 활동내용(2시간), 재가노인 간호방법(2시간), 자원봉사활동의 이론과 실제(1시간) 2)실습: 7시간 -노인가정 간호법(4시간), 사회복지사 또는 기존 가정봉사원 동행서비스 견학(3시간)
재교육	3시간 (연1회)	-가정봉사활동 내용 -노인가정 간호법 -대인 원조기술
정기모임	매월 1회	-가정봉사활동 중 문제점 및 해결방안 토의 -사례연구 -통신교육

자료: 1992년 노인복지사업지침

례모임과 가정봉사원이 제출한 활동일지와 담당사회복지사들의 가정봉사원이 파견된 대상노인의 순회방문으로 가정봉사원파견사업이 관리되고 있었다(한국보건연구원, 1991[1]:186-188, 박태용, 1992 재인용).

그러나 1992년에는 가정봉사원 파견사업 내 자원봉사자의 활용이라는 항목에서 이들의 교육과정을 기본교육, 재교육, 정기모임 등으로 구분하여 제시하면서 구체적으로 교육시간과 교육내용을 제시하였다(<표 9-5> 참조)

1995년도에는 자원봉사자의 활용이라는 항목을 가정봉사원양성교육훈련으로 변경하고, 가정봉사원파견사업을 할 때는 교육을 수료한 가정봉사원을 확보할 것을 제시하였다. 또한 교육을 실시할 위탁교육훈련시설을 신청·선정하여 설치할 수 있게 하였는데, 설치대상은 사회복지관 부설 재가복지봉사센터 또는 재가노인복지사업기관을 설치·운영하는 사회복지법인 및 비영리법인, 한국사회복지관협회(이하 본부 및 지부를 포함)가 가능했다. 교육과정도 양성교육과정과 보수교육과정으로 나누고 양성교육과정은 다시 1급과정과 2급과정으로 구분하여 교육내용을 제시하였다.

교육내용은 <표 9-6>과 같이 양성교육과정 1급은 ①강의 16시간으로 가정봉사원서비스입문, 노인복지론, 대인원조기술 수발방법 등 수발개론, 노인의 심리, 의학기초지식과 장애인복지론(추가), 재가간호방법론(추가)이며, ②실기 16시간으로 재가노인 가구를 방문하여 노인식사 조리방법 등을 습득하며, ③실습 8시간으로 주간보호사업기관 및 노인요양시설에서의 실습으로 이루어져 있다. 양성교육과정 2급은 ①강의 8시간으로, 가정봉사원서비스입문, 노인복지론, 대인원조기술 수발방법 등, 수발개론, 노인의 심리, 의학기초지식과 ②실기 8시간으로 재가노인 가구를 방문하여 노인식사 조리방법 등 습득하며, ③실습 4시간으로 주간보호사업기관 및 노인요양시설에서의 실습으로 이루어져 있다.

보수교육은 8시간으로 교육내용은 노인복지와 관련한 최신동향, 특정분야별 전문지식(예: 뇌졸중, 치매 등 장애노인의 이해), 대인관계 등으로 이루어져 있다(자료: 보

---

1) 한국보건사회연구원(1991), 가정봉사원제도의 정착화 방안.

건복지부, 노인복지사업지침, 1995).

⟨표 9-6⟩ 1995년 가정봉사원 양성과정 교과과정

교육과정		교육시간	대상	교육내용
양성교육	1급과정	40시간	가정봉사원으로 활동하고자 하는 자	1) 강의: 16시간 -사회복지관계(8시간): 가정봉사원서비스입문, 노인복지론, 대인원조기술, 장애인복지론 -노인수발방법 및 기타(8시간): 가사원조입문, 개호개론, 노인의 심리, 의학기초 지식, 재가간호방법론 2) 실기: 16시간 -노인·장애인에 대한 가사원조 등 기초기술 및 개호에 대한 기초 원리와 기술을 습득하고 복지윤리 함양 3) 실습: 8시간 -주간보호사업기관 및 노인요양시설 실습
	2급과정	20시간		1) 강의: 8시간 -사회복지관계(4시간): 가정봉사원서비스입문, 노인복지론, 대인원조기술 -노인수발 방법 및 기타(4시간): 가사원조입문, 개호개론, 노인의 심리, 의학기초 지식 2) 실기: 8시간 -재가노인가구를 방문하여 원조기술의 기본 및 노인식사 등 노리방법을 습득하고 복지윤리 함양 3) 실습: 4시간 -주간보호사업기관 및 노인요양시설 실습
보수교육		8시간	양성교육과정 수료자로서 가정봉사원으로 활동하고 있는 자	교육훈련시설의 장이 정하되, 노인복지와 관련된 최신 동향이나 특정분야별 전문지식(예: 장애노인의 이해(뇌졸중노인, 치매노인, 누워만 있는 노인), 대인관계)

자료: 1995년 노인복지사업지침

〈표 9-7〉 1996년 가정봉사원 양성과정 교과과정

교육과정		교육시간	교육내용
양성 교육	유급가정봉사원	40시간	-1995년 교육내용과 동일
	무급가정봉사원	20시간	-1995년 교육내용과 동일
보수 교육	유급	20시간	-노인복지와 관련된 새로운 이론, 최신 동향 등 특 정분야별 전문지식에 대하여 교육 실시
	무급	8시간	

자료: 1996년 노인복지사업지침

　1996년도에는 양성교육 1급과정과 2급과정을 각각 유급형 가정봉사원, 무급형 가
정봉사원(자원봉사자)으로 변경하고 보수교육은 자원봉사형의 무급가정봉사원은 8
시간, 유급가정봉사원은 20시간으로 구분하여 제시하였다. 교육내용은 1995년 교육
내용과 같다(<표 9-7> 참조).

3. 가정봉사원교육사업 2기(1997~2005. 6)

1) 2기 주요변화내용

　가정봉사원교육사업은 1997년 노인복지법 제3차 개정에서 가정봉사원양성사업
이 재가노인복지사업의 한 종류로 규정된 이후 '사업의 종류'를 '시설의 종류'로 개칭
하여 표기하기 시작한 2000년도 지침부터 사업의 실시기관이 '가정봉사원교육기관'
으로 명시됨에 따라 사업의 명칭 또한 '가정봉사원교육사업'으로 불리게 되었다.
　교육훈련의 시행은 당시 노인복지법 제52조에서와 같이 '가정봉사원 파견시설에
종사하는 가정봉사원은 보건복지부령에 의한 지정교육기관에서 일정한 교육을 받아
야 하며, 가정봉사원 교육을 위한 교육기관의 지정, 교육내용 및 교육절차에 관하여

필요한 사항은 보건복지부령으로 정한다'라고 명시하고 있는데, 1998년 4월을 기준으로 전국 15개 시·도에 보건복지부장관이 선정한 위탁교육훈련기관인 가정봉사원 양성교육원에서 교육과 훈련을 행하고 있었다(윤서영, 1998).

가정봉사원은 서비스의 직접적인 전달자로서 재가복지서비스의 프로그램을 보완하고 확대해 나가는데 핵심적 역할을 맡고 있다. 따라서 가정봉사원의 확보 뿐만이 아니라 이들의 자질과 능력을 향상시키고 개발하는 교육 및 훈련과정은 매우 중요한 일이다. 그동안 가정봉사원을 교육시킬 수 있는 기관을 행정관청이 지정함으로써 다양한 교육기관이 활성화 되는 것을 가로막아온 문제점(구 노인복지법 제52조 및 동법 시행규칙 제44조)이 있었으나, 1999년 8월 25일부터 가정봉사원 교육기관 지정제를 폐지하여 누구라도 시·군·구에 신고하면 교육을 실시할 수 있도록(개정 노인복지법 시행규칙 제36조) 시행하였다(한병주, 2000).

2) 법적 기준 및 정책내용

가정봉사원의 교육훈련은 보건복지부의 노인복지사업지침에 근거하고 있고 이에 따르면, 실시 주체는 보건복지부 장관이 선정한 위탁교육훈련기관이라고 규정하고 있다. 위탁교육기관의 교육절차는 다음과 같다(한병주, 2000).

· 가정봉사원으로 활동하고자 하는 자는 소정의 신청서를 활동하고자 하는 재가 노인복지 사업기관에 제출하여야 한다.
· 가 신청서를 접수한 재가노인복지 사업기관의 장은 신청자의 건강상태와 활동 능력 등을 검토한 후 교육훈련기관으로 교육을 의뢰하여야 한다.
· 유료재가노인복지사업기관에 종사하고자 하는 가정 봉사원은 지역소재 교육훈련기관에 교육을 신청하여 교육을 받을 수 있다.
· 교육의뢰를 받은 교육기관은 연간 교육계획에 의거 교육을 실시하여야 한다.
· 교육 훈련기관은 가정봉사원의 질적 수준 확보를 위하여 교육 중 교육태도·출

석률 및 이해도 등을 평가하여 일정 점수 이상자에 대하여 수료증을 교부한다.

·특히 유급봉사원의 경우에는 필기시험을 실시하여 과목당 40점 이상, 평균 60점 이상 득한 자에 한하여 수료증을 교부한다.

교육기관의 교육훈련실시에 대한 예산지원은 중앙정부가 40%, 지방정부에서 60%를 부담하되, 지역별 교육훈련수요를 고려하여 차등지원하고 있다. 보건복지부 장관은 각 시·도별 1개소의 교육기관에 한하여 교육 실시에 필요한 경비를 예산의 범위 안에서 지원 가능하고, 연간 교육계획에 의거 연 20회 이상 교육을 실시할 경우, 예산의 범위 안에서 직원 1인의 인건비가 지원 가능하였다. 교육실시 여건상 야간에 교육을 실시하여야 할 경우, 교육종사자에 대하여 특근매식비 및 초과근무 수당을 예산의 범위 내에서 지급 가능하였다(김하경, 2002).

가정봉사원교육기관의 설치에 관한 사항은 노인복지법 제39조의3과 노인복지법 시행규칙 제29조의3에 제시되어 있다. 노인복지법 시행규칙 제29조의3 제3항에 의한 가정봉사원교육기관의 시설기준 및 직원배치기준은 시설기준으로 강의실, 재가노인복지시설(다만, 재가노인복지시설의 장과 가정봉사원실습을 위한 시설사용계약을 체결한 경우를 제외한다)이며, 직원배치기준은 노인보건복지관련 분야에서 5년 이상 종사한 경력이 있는 자나 고등교육법 제14조제2항의 규정에 의한 교원으로서 노인보건복지관련 학과의 과목을 교수하는 자로 되어 있다. 다른 재가복지시설기준에 비해 별도의 시설기준이 마련되어 있지 않은 형편이었다(이정애, 2005).

강사를 누가 하느냐에 따라 교육의 내용 및 효과성이 달라질 수 있다. 대부분의 교육훈련원에서 선정하는 강사는 대학의 교수, 재가노인복지시설의 시설장 또는 기관장, 병원의 의사 또는 간호사, 보건소의 공무원 등이었다. 교육훈련 시 지급하는 강사료는 지급에 대한 명확한 지침이 규정되어 있지 않아 교육훈련원마다 자체 기준을 정해서 지급하고 있다. 강사료는 4년 대학의 교수 또는 교육훈련지역외의 강사에게는 시간당 90,000원~110,000(교통비 포함)원을 지급하며, 2년제 대학의 교수, 재가노인복지시설의 시설장 및 기관장, 교육훈련지역 내 강사에게는 70,000원(교통비 포함)

<표 9-8> 교육기관별 교육회수 및 지원 예산(1998년도)

시도	교육기관명	교육회수		예산액		
		자원봉사과정	보수과정	계	국고	지방비
	계	77	28	330,000	132,000	198,000
서울	한국노인복지회	9	11	58,800	23,520	35,280
부산	영진종합복지관, 가정봉사원교육원	8	1	27,180	10,872	16,308
대구	대구종합복지관 (한국복지재단)	2	1	10,980	4,392	6,588
인천	연수종합복지관 (한국복지재단)	3	1	13,680	5,472	8,208
광주	인애가정봉사원 교육훈련센터	7	2	26,060	10,424	15,636
대전	대전요양원부설 가정봉사원교육센터	4	3	19,540	7,816	11,724
경기	사회복지법인순애원	6	0	20,200	8,080	12,120
강원	춘천종합복지관 한국복지재단	4	1	21,120	8,448	12,672
충북	청주종합복지관 (현양복지재단)	4	2	17,960	7,184	10,776
충남	천안노인복지관	4	0	14,800	5,920	8,880
전북	한국복지재단 전북지부	4	1	16,380	6,552	9,828
전남	순천종합복지관	8	2	28,760	11,504	17,256
경북	포항종합복지관	5	1	19,080	7,632	11,448
경남	경남종합복지관	5	2	20,660	8,264	12,396
제주	제주종합복지관	4	0	14,800	5,920	8,880

자료: 보건복지부 「1998년도 노인복지사업지침」 지원기준,[2] 한병주(2000 재인용)

---

2) 지원기준: ①기본지원 4,000원 교육용교재제작비(교육용비디오, 재가사업핸드북제작비용)로 재가 노인복지협회에서 일괄제작하고 비용은 각 교육지관지원예산을 협회에 송금, ②자원봉사과정 1회 2,700,000원, ③보수과정 1회 1,580,000

〈표 9-9〉 교육기관별 지원 내역(2000년도)

(단위: 천원)

시도	교육기관명	교육회수			예산액		
		계	자원봉사과정	보수과정	계	국고	지방비
	계	111	80	31	335,120	142,048	213,072
서울	한국노인복지회	20	13	7	64,720	25,888	38,832
부산	영진가정교육원	13	10	3	36,800	14,720	22,080
대구	대구복지관	5	4	1	16,000	6,720	10,080
인천	연수종합복지관	4	3	1	14,000	56,00	8,400
광주	인애가정봉사원	7	5	2	21,200	8,480	12,720
대전	대전요양원부설	6	4	2	18,400	7,360	11,040
울산	울산시여성회관	2	1	1	8,400	3,360	5,040
경기	순애원	6	4	2	18,400	7,360	11,040
강원	춘천종합복지관	8	6	2	24,000	9,600	14,400
충북	청주종합복지관	8	4	2	18,400	7,360	11,040
충남	천안노인복지관	4	3	1	14,000	5,600	8,400
전북	전북종합복지관	7	6	1	22,400	8,960	13,440
전남	순천종합복지관	6	4	2	18,400	7,360	11,040
경북	포항종합복지관	6	4	2	18,400	7,360	11,040
경남	경남종합복지관	8	6	2	24,000	9,600	14,400
제주	제주종합복지관	5	4	1	16,800	6,720	10,080

자료: 보건복지부(2000). 노인보건복지국고보조사업안내, 조용서(2000 재인용)

을 지급하고 있으며, 교육훈련원의 자체직원이 강의를 할 경우에는 강사료를 지급하는 교육훈련원(50,000원)도 있고 지급하지 않는 교육훈련원도 있어 교육훈련원별로 달리 지급하고 있다(이정애, 2005).

1998년도에 시행한 보건복지부 가정봉사원 양성교육기관별 교육회수와 지원예산은 <표 9-8>과 같다.

1999년 보건복지부는 2000년도의 예산을 산출하면서 기존의 15개 가정봉사원 양성교육기관에 1개의 교육기관(울산시 여성회관)이 추가되어 전체 가정봉사원 양성교육기관은 16개소로 증가하였으며, 2000년도의 교육기관 운영비도 국고보조금

140,800천원, 지방비 211,200천원으로 총 352,000천원의 예산이 책정되었다(한병주, 2000).

2000년도 기준 가정봉사원 교육훈련기관별 정부지원내역은 <표 9-9>와 같다. 교육기관의 교육훈련 실시에 대한 예산지원은 2004년까지는 중앙정부가 40% 지방정부가 60%로 부담하였으나 2005년부터는 지방이양산업으로 전환됨에 따라 분권교부세와 지방비에서 부담하되, 지역별 교육훈련수요를 고려하여 차등지원하였다. 2000년부터 2004년까지 가정봉사원교육훈련원 정부지원금현황은 <표 9-10>과 같다.

<표 9-10> 가정봉사원교육훈련원 정부지원금현황(2000~2004년)

(단위: 천원)

시 · 도명	시설수	2000	2001	2002	2003	2004
서울	1	64,720	59,600	59,600	59,500	75,500
부산	1	36,800	34,400	40,800	34,000	42,850
대구	1	16,800	17,700	17,700	19,000	22,500
인천	1	14,000	11,700	8,700	10,000	11,400
광주	1	21,200	17,700	21,100	22,000	26,200
대전	1	18,400	19,400	19,400	17,500	20,650
울산	1	8,400	23,700	23,700	25,000	39,150
경기	2	18,400	11,700	14,700	20,500	43,150
강원	1	24,000	22,400	22,400	19,000	22,500
충북	1	18,400	19,400	19,400	19,000	22,500
충남	1	14,000	10,000	10,000	11,500	11,400
전북	1	22,400	17,700	17,700	17,500	24,350
전남	1	18,400	25,400	16,400	20,500	31,750
경북	1	18,400	17,700	17,700	17,500	20,650
경남	1	24,000	22,400	22,400	23,500	28,050
제주	1	16,800	16,000	17,700	16,000	18,800
계	17	355,120	346,900	349,400	352,000	461,400

자료: 보건복지부, 노인복지보건사업안내, 이정애(2005 재인용)

〈표 9-11〉 가정봉사원교육기관 교육훈련과정 목적

년도	내용
1997년	1996년도와 동일함.
1998~2000년	재가노인복지사업기관에서 가정봉사원으로 활동하고자 하는 자에게 필요한 지식과 기술을 함양케 하여 재가노인에게 적정한 서비스를 제공하게 하기 위함.
2001~2002년	재가노인복지사업기관에서 가정봉사원으로 활동하고자 하는 자에게 필요한 지식과 기술을 함양케 하여 재가노인에게 적정한 서비스를 제공할 수 있게 하고, 가족의 간병수발 부담을 경감할 수 있게 함.
2003년	재가노인복지사업기관에서 가정봉사원으로 활동하고자 하는 자나 노인을 돌보는 가족에게 필요한 지식과 기술을 함양하게 하여 재가노인에게 적정한 서비스를 제공하고 가족의 간병수발 부담 경감을 도모
2004~2005년	재가노인복지기관에서 활동하는 가정봉사원이나 노인부양 가족에게 필요한 지식과 기술을 함양하게 하여 재가노인에게 질 높은 서비스를 제공하고 가족의 간병 부담을 완화

3) 사업내용(목적, 대상, 교육과정)

(1) 목적

1998년에는 가정봉사원교육훈련의 목적을 "재가노인복지사업기관에서 가정봉사원으로 활동하고자 하는 자에게 필요한 지식과 기술을 함양케하여 재가노인에게 적정한 서비스를 제공하게 하기 위함"으로 수정하였는데, 이는 재가노인복지사업의 대상이 '재가질환노인' 뿐만 아니라 전체 '재가노인'을 대상으로 전개되어야 한다는 지적에 따른 것이었다. 이 규정은 2000년까지 유지된 후, 2001년에 이르러 가정봉사원교육기관의 목적이 "재가노인복지사업기관에서 가정봉사원으로 활동하고자 하는 자에게 필요한 지식과 기술을 함양케하여 재가노인에게 적정한 서비스를 제공할 수 있게 하고, 가족의 간병수발 부담을 경감케 할 수 있게 함"으로 수정되어 '가족의 수발부담 경감'을 사업의 목적에 포함시켰는데, 이는 1998년에 이미 '가족의 수발부담 경감'을 재가노인복지사업의 목적에 명시한 것에 비한다면 매우 뒤늦은 조치라 하겠다.

〈표 9-12〉 1997~2005년 가정봉사원 양성교육 대상 변화내용

년도	내용
1997~ 1998년	-1996년도와 동일함.
1999~ 2001년	-양성교육과정: 가정봉사원으로 활동하고자 하는 자 또는 활동중인 자로서 시·도 　지사가 지정하는 교육기관에서 양성교육과정을 수료하지 아니한 자 ※ 일시적인 봉사를 원하는 자는 제외 -보수교육과정: 양성교육과정을 이수하고 가정봉사원으로 계속 활동하고 있는 자
2002~ 2003년	-양성교육과정: 가정봉사원으로 활동하고자 하는 자 또는 활동 중인 자로서 시· 　도지사가 지정하는 교육기관에서 양성교육과정을 수료하지 아니한 자 ※ 일시적인 봉사를 원하는 자는 제외 -보수교육과정: 양성교육과정을 이수하고 가정봉사원으로 계속 활동하고 있는 자 -수발자교육과정: 노인을 수발하고 있는 가족, 또는 수발자 -기타교육의뢰과정: 유사사업으로 관련자 및 종사자 교육을 원하는 자
2004~ 2005년	-양성교육과정: 가정봉사원으로 활동하고자 하는 자 또는 활동 중인 자로서 시· 　도지사가 지정하는 교육기관에서 양성교육과정을 수료하지 아니한 자 ※ 일시적인 봉사를 원하는 자는 제외 -보수교육과정: 양성교육과정을 이수하고 가정봉사원으로 계속 활동하고 있는 자 -수발자교육과정: 노인을 수발하고 있는 가족, 또는 수발자 -기타교육과정: 유사사업으로 관련자 및 종사자 교육을 원하는 자

한편 가정봉사원교육기관은 2001년부터 교육훈련과정에 노인가족수발자교육과
정을 두어 가족이 가정에서 노인을 간호하는데 필요한 지식과 기능에 대하여 교육을
실시하기 시작했는데, 지침은 이 사항을 2003년에 이르러 목적에 반영하였다.

(2) 교육대상

가정봉사원 양성교육 대상은 1995년 이후 양성교육과정과 보수교육과정으로 구
분하여 실시하였다. 즉 양성교육과정은 가정봉사원으로 활동하고자 하는 자 또는 활
동 중인 자로서 보건복지부장관이 지정하는 교육기관에서 양성교육과정을 수료하지
아니한 자(일시적인 봉사를 원하는 자 제외)로, 보수교육과정은 양성교육과정을 이수

〈표 9-13〉 교육과정 훈련시간 및 교육주기 변화

년도	양성교육과정				보수교육과정				노인가족 수발자 교육과정	
	유급과정		자원봉사과정		유급과정		자원봉사과정		훈련시간	교육주기
	훈련시간	교육주기	훈련시간	교육주기	훈련시간	교육주기	훈련시간	교육주기		
1997년	40시간	최초 1회	20시간	최초 1회	20시간	3년	8시간	3년	-	-
1998~ 2000년	〃	〃	〃	〃	〃	1년	〃	〃	-	-
2001~ 2002년	〃	〃	〃	〃	〃	〃	〃	〃	8시간	비주기
2003년	〃	〃	〃	〃	〃	〃	〃	2년	〃	〃
2004년	〃	〃	〃	〃	〃	〃	〃	〃	〃	〃
2005년	〃	〃	〃	〃	〃	〃	〃	〃	〃	〃

하고 가정봉사원으로 계속 활동하고 있는 자가 대상이 되었다.

양성교육은 유급과정 40시간과 자원봉사과정 20시간으로 규정하고 있으며, 특히 유급가정봉사원의 경우에는 필기시험을 실시하여 과목당 40점 이상, 평균 60점 이상 득한 자에 한하여 수료증을 교부하며 보수교육은 1997년까지는 3년마다 실시하던 것이 1998년부터 유급과정은 1년에 1회, 자원봉사과정은 3년에 1회 실시하도록 지침이 변경되었으며 각 과정별 교육인원은 50명을 기준으로 하였다(윤서영, 1998).

이렇게 양성교육과정과 교육과정으로 구분되던 가정봉사원의 교육과정은 2001년 노인가족수발자교육과정이 교육훈련과정에 추가된 이후 2002년부터는 양성교육가정과 보수교육과정, 수발자교육과정, 기타교육의뢰과정으로 나누어 그 대상을 지침에 명시하고 있다(<표 9-12> 참조).

(3) 교육과정

교육과정은 1996년 교육과정과 동일하되, 노인가족수발자 교육과정이 2001년에 교육훈련과정에 추가되어 8시간의 교육을 실시하도록 제시하였다. <표 9-13>에서

<표 9-14> 양성교육과정 이론 및 실기 내용

구분	과목명	목표	교육방법 (보조자료)	
이론	사회복지개론	사회복지에 대한 개괄적 이해와 사회복지개념을 확립한다.	강의	
	노인복지와 재가노인복지사업	노인문제 발생원인과 그에 따른 노인복지를 알아보고 재가노인복지사업의 역사, 배경, 사업의 종류를 인지한다.	강의	
	가정봉사원 파견사업	가정봉사원파견사업에 대한 구체적 이해를 통하여 가정봉사원 활동의 동기를 부여한다.	강의	
	노인의 특성	노인의 심리적, 신체적, 사회적, 경제적 특성을 인지하고 노인을 이해한다.	강의(궤도)	
	가정봉사원의 활동	가정봉사원의 활동을 인식하고 앞으로의 활동을 계획할 수 있다.	강의(O.H.P)	
	가정봉사원의 기본자세	가정봉사원으로서 올바른 자세를 갖도록 한다.	강의	
실기	가정방문 시 대화기술	가정봉사원이 처음 가정방문 시 공감대 형성의 대화기술을 습득하고 대상 노인과의 공감대를 형성할 수 있다.	강의 시범	교육생 상호 간의 체험 학습을 통한 구체적 기술 습득
	기본건강 체크방법	노인의 기본건강체크 방법을 습득하고 대상 노인의 기본건강체크를 할 수 있다.	시범	
	응급처치 방법	응급처치의 목적을 올바로 이해하고 필요시 응급처치를 올바로 시행할 수 있어야 한다.	강의 시범 (OHP)	
	중풍노인 간호방법	중풍노인의 간호방법을 인지하고 중풍노인을 올바로 간호할 수 있어야 한다.	역할극	
	욕창노인의 가정 내 간호 방법	욕창의 발생 원인을 올바로 이해하고 필요시 간호할 수 있어야 한다.	강의 시범	

자료: 윤서영(1998)

보면 양성교육과정은 2005년까지 동일한 훈련시간과 교육주기로 실시되었으며, 보수교육과정에서 유급과정의 교육주기를 1997년에 3년으로 늘렸다가 1998년에는 다시 1년으로 복귀하였고, 자원봉사과정은 3년으로 지속하다가, 2003년 2년으로 단축되었다.

교육과정별 교육내용은 1996년과 동일한 내용으로 2005년까지도 지속되었으며,

단 노인가족수발자 교육과정은 교육기관의 장이 교과목을 정하되, 노인복지와 관련된 새로운 이론, 최신동향 등 특정 분야별 전문지식에 대하여 교육을 실시하도록 하였다(노인보건복지사업안내, 2001).

실제 가정봉사원교육기관의 세부적 교육내용을 살펴보면 먼저 양성교육과정은 이론에 대해서 <표 9-14>와 같이 사회복지관계와 노인수발방법 및 기타사항에 대해 강의위주로 진행하고, 실기는 기초기술 및 개호에 대한 기초 원리와 기술습득을 위해 시범위주로 훈련을 하며 실습은 주간보호사업기관, 단기보호사업기관, 양로원, 노인요양시설 등에서 행하도록 규정하였다(윤서영, 1998).

보수교육과정은 <표 9-15>와 같이 이론과 실기를 병행하여 실시하고 있었다.

가정봉사원 교육 및 관리에 있어 유급이든 자원봉사자이든 가정봉사원 임무를 수행하기 위해서는 상당한 수준의 교육을 받아야 하는데, 제공되는 교육수준으로 가정봉사원 서비스를 제공하기에는 상당히 미흡한 것으로 지적하였다(한국재가노인복지협회, 2000). 이와 같은 교육내용으로 자원봉사자 가정봉사원은 우애서비스와 가사지원서비스, 개인활동지원서비스에만 치중할 수밖에 없는 실정이 되고, 유급 가정봉사원이라고 하더라도 안전하고 양질의 간병서비스를 제공하기에는 어려움이 있다고 지적하였다(박재간, 1998; 선우덕, 2002, 박현정·김형길, 2003 재인용).

더욱이 가정봉사원이 되기를 원하는 사람들이 매우 부족한 실정이다. 서비스를 원하는 대상자는 생활보장 수급을 받은 노인으로부터 저소득층 일반노인들까지로 확대되었으나, 자원봉사자들에 대한 인식 부족 등으로 중도에 탈락하여 가정봉사원 인력이 절대적으로 부족하여 실제로 수급권자에게만 서비스를 제공해주는 경향이 높았다. 또한 주로 여성들만이 가정봉사원 역할을 하고 있는데, 이로 인한 애로사항이 생겼는데, 특히 남성노인을 상대로 하는 가정봉사원 서비스 중 여성 가정봉사원이 그 역할을 담당하기 어려운 점(예, 목욕서비스)이 발생하였다(박현정·김형길, 2003).

2000년도 가정봉사원 교육훈련사업 실적을 보면, 양성교육과정의 경우 유급 가정봉사원이 445명, 무급 가정봉사원이 3,877명이며, 보수교육과정의 경우도 유급 가정봉사원이 348명, 무급 가정봉사원이 1,229명으로서 대부분 무급 가정봉사원이 담당

〈표 9-15〉 보수교육과정 이론 및 실기

구분	과목별	목표	교습방법 (보조자료)	비고
이론	우리나라의 노인복지정책	최근의 우리나라의 노인복지정책을 진단하고 그 과제를 인식한다.	강의	
	노인성질환	노인성질환에 대해 알아보고 활동시 노인수 발에 활용한다.	강의 (O.H.P)	
	상담의 원리	상담의 원리를 인지하고 올바른 상담을 할 수 있다.	강의	
실기	가정에서의 기능회복 훈련방법	가정에서 할 수 있는 기능회복훈련 기술을 습득하여 장애노인의 일상생활동작을 훈련시 킬 수 있다.	시범 (O.H.P)	교육생 상호 간의 체험 학습을 통한 구체적 기술 습득
	치매노인의 특징과 수발방법	치매노인의 특성과 수발방법을 인지하고 치 매노인의 수발을 효과적으로 할 수 있다.	강의 시범	
	관절염 노인의 수발방법	관절염노인의 수발방법을 습득함으로 필요시 관절염 노인의 수발을 할 수 있다.	시범	
	당뇨병 노인의 수발방법	당뇨병 노인의 수발방법을 인지하고 당뇨병 노인을 수발할 수 있다.	시범	

자료: 윤서영(1998)

하고 있는 실정이었다(한국재가노인복지협회, 2001, 김종현, 2002 재인용).

2005년 가정봉사원양성교육훈련의 현황은 다음과 같이 서울특별시 1개소, 광역시 6개소, 도 10개소로 전국 17개 가정봉사원교육훈련원에서 가정봉사원 양성교육을 실시하고 있다. 대부분 교육훈련원의 운영주체는 법인인 종합사회복지관이며, 가정봉사원파견사업을 함께 수행하고 있었다(<표 9-16> 참조).

교육훈련원에서 실시하는 양성교육과정별 교육 횟수는 다음과 같이 2003년 자원봉사자과정과 보수과정은 횟수가 2000년에 비해 줄었으나 노인가족수발자 과정은 2002년에 신설되어 그 횟수가 늘어나고 있다(<표 9-17> 참조).

〈표 9-16〉 가정봉사원양성교육훈련원 현황(2005년)

시도	기관명	운영주체
서울	한국노인복지회 가정봉사원양성교육훈련원	사회복지법인 한국노인복지회
부산	영진가정봉사원양성교육훈련원	영진종합사회복지관
대구	대구가정봉사원양성교육훈련원	대구종합사회복지관
인천	인천가정봉사원양성교육훈련원	연수종합사회복지관
광주	인애가정봉사원양성교육훈련원	인애동산
대전	대전가정봉사원양성교육훈련원	대전요양원
울산	울산가정봉사원양성교육훈련원	울산광역시사회복지협의회
경기	순애원가정봉사원양성교육훈련원	순애원
경기	성남가정봉사원양성교육훈련원	사단법인 한국참사랑복지회
강원	강원가정봉사원양성교육훈련원	춘천종합사회복지관
충북	산남가정봉사원양성교육훈련원	산남종합사회복지관
충남	충남가정봉사원양성교육훈련원	천안시노인종합복지관
전북	전북가정봉사원양성교육훈련원	전북종합사회복지관
전남	순천가정봉사원양성교육훈련원	순천종합사회복지관
경북	포항가정봉사원양성교육훈련원	포항종합사회복지관
경남	경남가정봉사원양성교육훈련원	경남종합사회복지관
제주	제주가정봉사원양성교육훈련원	한라대학교

자료: 이정애 2005

〈표 9-17〉 교육훈련원별 교육횟수(2000~2003년)

구분	2000	2001	2002	2003
자원봉사자	80	74	72	71
보수과정	31	27	28	28
수발자과정	-	-	4	12
계	111	101	104	111

자료: 보건복지부, 이정애, 2005 재인용

　또한 교육훈련원에서 교육을 받은 가정봉사원의 수는 지역적인 여건이나 가정봉사원파견시설에서 활동하는 가정봉사원의 수에 따라 교육훈련원별로 차이가 있는데, 해가 갈수록 수가 감소하였다. 그 이유는 1998년부터 가정봉사원교육훈련원의 가정

〈표 9-18〉 2000-2003년 가정봉사원교육현황

(단위: 개소, 명)

구분	가정봉사원 파견시설수 (2003기준)	2000		2001		2002		2003		계	
		무급	유급	무급	유급	무급	유급	무급	유급	무급	유급
서울	31	650	1,131	450	975	450	1001	500	1005	2,050	4,112
부산	24	500	51	450	47	500	32	250	50	1,700	180
대구	18	200	43	200	74	200	51	200	56	800	224
인천	9	150	13	100	16	50	9	50	8	350	46
광주	7	250	40	200	23	200	32	250	30	900	125
대전	8	200	29	200	-	200	28	200	36	800	93
울산	6	50	실시X	300	실시X	300	실시X	300	실시X	950	-
경기	18	200	67	100	60	150	49	250	52	700	228
강원	10	300	-	250	-	250	21	200	25	1,000	46
충북	4	200	-	200	-	200	59	200	-	800	59
충남	7	150	실시X	100	실시X	100	실시X	100	실시X	450	-
전북	38	300	34	200	44	200	48	200	52	900	178
전남	17	200	-	300	19	150	-	200	27	850	46
경북	8	200	174	200	36	200	55	200	60	800	325
경남	18	300	143	250	164	250	166	250	174	1,050	647
제주	5	200	실시X	200	실시X	200	실시X	200	실시X	800	-
계	228	4,050	1,725	3,700	1,458	3,600	1,551	3,550	1,575	14,900	6,309

자료: 보건복지부 내부자료, 이정애, 2005 재인용

봉사원에 대한 교육이 시작했기 때문에 그 당시에는 기존에 활동하고 있던 가정봉사원의 교육에 대한 수요가 많았기 때문이다. 한편, 유급과정에서도 2003년 현재 2000년에 비해 그 수가 줄었으며, 울산, 충남, 제주에서는 유급과정교육을 실시하지 않아 교육과정이 교육훈련원별로 통일이 되지 않고 있다(<표 9-18>참조).

4. 가정봉사원교육사업 3기(2005.7~현재)

1) 3기 주요변화내용

2006년 5월 노인복지법 일부 개정법률(안)입법예고를 통해 2008년 7월 1일 장기요양보험제도 도입에 따라 요양서비스를 담당하는 통일화된 전문케어인력을 양성하기 위해 치매, 중풍 등 노인성 질환으로 독립적인 일상생활을 수행하기 어려운 노인들에게 노인요양시설이나 재가시설에서 신체 및 가사지원서비스를 제공하는 인력을 '요양보호사'로 정하고 새로운 국가자격제도를 도입하게 되었다. 2008년 요양보호사 양성교육지침에 의하면, 기존의 요양보호, 간병업무 종사자(2008. 7. 1 기준으로 종전의 규정에 따라 노인복지시설에서 생활지도원 또는 가정봉사원으로 근무하고 있는 자)도 교육대상으로 2년 유예기간까지 요양보호사 업무를 수행할 수 있으나 동 유예기간 이내 소정의 요양보호사 교육을 이수하고 요양보호사 자격을 취득하여야만 업무를 계속 수행할 수 있다고 되어있다(노인복지법 부칙 제7조). 그러나 요양서비스를 수행하는데 이미 충분한 직업적 경험이 있는 생활지도원 및 가정봉사원에게 교육시간만 단축한 교육과정은 개선이 필요하다는 의견도 있었다. 또한 간호사, 사회복지사, 물리치료사 등 국가자격증소지자의 경우 교육 수준이 한 단계 낮은 교육과정을 거쳐 자격증을 강제 이수하도록 의무화 하는 것은 부당하다고 본다(허준수, 2008, 최윤정, 2009 재인용).

노인장기요양제도 시도 초기에는 노인복지시설의 설치·운영자는 보건복지부령이 정하는 바에 따라 노인 등의 신체활동 또는 가사활동 지원 등의 업무를 전문적으로 수행하는 요양보호사를 두어야 하며, 요양보호사가 되려는 자는 제39조의 3항에 따른 요양보호사 교육기관에서 교육과정을 마쳐야 한다고 되어 있다. 시·도지사는 제2항에 따라 요양보호사 교육과정을 마친 자에게 요양보호사의 자격을 검정하고 자격증을 교부하여야 하며 요양보호사의 등급, 등급별 교육과정, 자격증 교부 등에 관하여 필요한 사항은 보건복지부령으로 정하도록 되어 있다. 당시 요양보호사 자격기준은 학력, 연령에 제한이 없으며 소정의 교육과정을 이수하면 무시험으로 취득하도록 되어 있었다.

〈표 9-19〉 요양보호사 수요추계 2008-2010

구분	2008년	2009년	2010년
요양시설(명)	24,214	26,332	32,507
재가시설(명)	23,012	23,809	18,487
계	47,726	50,141	50,994

자료: 류인애, 2008, 최윤정, 2009 재인용

　　그러나 장기노인요양보험제도가 도입된 시점에서 학력수준의 문제로 사회보험에서 가장 중요한 사정(Assessment)과 기록 등의 제도관련 문서작성이나 기록을 효과적으로 하지 못하는 경우도 발생하고 있는 것으로 나타나 질 높은 요양서비스의 제공 및 전문성 향상을 저해하는 원인으로 지적되었다. 따라서 2010년 1월 25일 노인복지법 일부개정을 통해 요양보호사 자격시험제도가 도입되었다. 이는 기존 요양보호사 교육기관에서 교육과정을 이수하기만 하면 자격증을 부여함으로써 요양보호사 과다 배출 및 질적 저하가 장기요양보험제도의 공공성을 해치는 문제점 때문이었다.

　　보건복지부에서는 장기요양시설에서 직접적인 서비스 업무를 수행하는 요양보호사를 〈표 9-19〉와 같이 2008년까지 4만 8천여 명(기존인력 1만4천명, 신규인력 3만4천명)을 양성할 계획을 추진해 왔으며 요양보호사를 1급, 2급으로 나누고 1급의 경우 노인장기요양보험법상에 규정된 장기요양요원으로 활동할 수 있는 자격을 부여하고, 2급의 경우는 가정에서 일상적인 가사지원 등 단순 요양서비스를 제공할 수 있도록 하였다(보건복지부, 2007, 최윤정, 2009 재인용). 하지만 2010년 1월 25일 노인복지법 일부개정을 통해 요양보호사 자격시험이 도입된 이후에는 요양보호사 1급과 2급의 구분이 없어졌으며 교육과정이 하나로 통일되었다.

　　한편, 요양보호사 교육기관은 2010년 1월 25일 노인복지법 일부개정 전까지 신고제로 설립되었지만, 개정 이후 시·도지사가 지정기준에 적합한 시설을 지정하여 설립하는 지정제로 변경되었다. 이는 요양보호사 교육기관의 난립을 막고 전문성을 강화하기 위함이다.

2) 법적 기준 및 정책내용

자격시험이 도입되기 전 요양보호사의 자격에 관한 법적 기준 및 내용은 다음과 같다. 요양보호사는 1급과 2급으로 나누어지며 1급은 신규자, 경력자, 국가자격증(면허) 소지자 교육으로 나누어진다. 요양보호사 1급은 중증질환노인에 대한 전문적인 서비스 제공의 역할을 담당하기 위해 전문교육기관에서 신규의 경우 240시간, 2급의 경우 120시간 동안 요양보호서비스관련 이론, 실기, 현장실습 교육과정을 이수하면 자격을 얻도록 하고 기존에 노인케어를 담당하던 가정봉사원, 생활지도원, 간병사의 경우 1년 이상 1,200시간 이상의 경력이 있는 경우는 경력자로 인정하고 있어 기존 케어인력들이 용이하게 자격증을 부여받을 수 있도록 하였다. 또한 간호사, 사회복지사, 물리치료사, 작업치료사, 간호조무사와 같은 국가자격증 소지자를 해당 보수교육을 통해 자격을 얻도록 하고 있다(노인복지법 제39조의 2항). 이는 2008년 7월 1일 장기노인요양보험제도를 시행함에 있어 수요가 예측되는 노인케어인력, 즉, 인적 인프라

〈표 9-20〉 요양보호사 교육시간

구분		총시간	이론	실기	실습
신규자		240	80	80	80
경력자	기타일반	160	80	40	40
	요양/재가	140	80	40	20
	요양+재가	120	80	40	0
국가자격 (면허)소지자	간호사	40	26	6	8
	사회복지사	50	32	10	8
	물리치료사 작업치료사 간호조무사	50	31	11	8

자료: 보건복지부(2011)

〈표 9-21〉 요양보호사 자격시험 합격자 수 및 합격률

(단위: 명,%)

차수	시험시행일	접수인원	응시인원	합격인원	합격률
1	2010.08.14	37,882	36,968	36,482	98.7
2	2010.11.27	30,931	30,087	24,089	80.1
3	2011.03.26	32,024	30,206	24,593	81.9
4	2011.07.09	34,910	32,418	24,114	74.4
5	2011.11.12	28,490	25,456	21,299	83.7

자료: 한국보건의료인국가시험원. http://www.kuksiwon.or.kr/index.aspx

를 단기간 내 양성함으로써 수요를 충족시키려는 정부의 입장이 드러난 것이라 할 수 있다.

이후 요양보호사 자격시험이 규정된 2010년 1월 25일 노인복지법 일부개정 이후 요양보호사의 급수 구분이 사라지면서 교육과정이 통합되게 되었는데 기존의 요양보호사 1급의 기준과 유사하다.

요양보호사 자격시험을 위해 보건복지부 고시 제2010 - 23호를 통해 요양보호사 자격시험관리를 위한 업무 위탁기관으로 한국보건의료인 국가시험원이 지정되었고, 이후 2010년 8월 14일 요양보호사 1차 자격시험이 시행되고, 2011년 11월 12일 5차 자격시험까지 치러졌다. 지금까지 시행된 요양보호사 자격시험의 합격자 수 및 합격률은 <표 9-21>과 같다.

개정된 노인복지법(제39조 2항)에 의하면 요양보호사를 양성하는 교육기관은 교육에 필요한 사항을 갖추어 설치신고 후 운영하는 신고제로 2008년 2월부터 교육이 시행된 후 2008년 8월 18일 1,056개의 교육기관이 전국에 설립되어 18만여명의 요양보호사가 양성되었다(박은수 의원 보도자료, 2008.10.8, 최윤정, 2009 재인용). 이후, 2010년 1월 25일 개정을 통해 신고제에서 지정제로 변경되었으며, 요양보호사 교육기관 지정 절차는 <표 9-22>와 같다.

〈표 9-22〉 요양보호사 교육기관 지정 절차

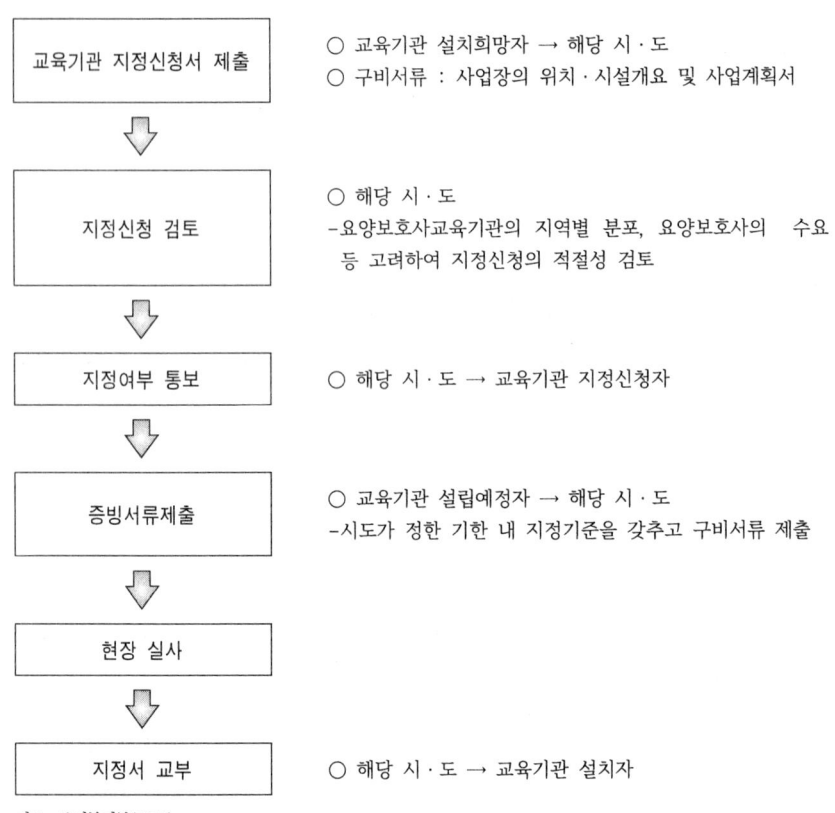

교육기관 지정신청서 제출	○ 교육기관 설치희망자 → 해당 시 · 도 ○ 구비서류 : 사업장의 위치 · 시설개요 및 사업계획서
지정신청 검토	○ 해당 시 · 도 -요양보호사교육기관의 지역별 분포, 요양보호사의 수요 등 고려하여 지정신청의 적절성 검토
지정여부 통보	○ 해당 시 · 도 → 교육기관 지정신청자
증빙서류제출	○ 교육기관 설립예정자 → 해당 시 · 도 -시도가 정한 기한 내 지정기준을 갖추고 구비서류 제출
현장 실사	
지정서 교부	○ 해당 시 · 도 → 교육기관 설치자

자료: 보건복지부(2011)

　　요양보호사 교육기관은 노인복지법 제39조의3제1항에 의거한 지정기준을 갖추어
야 하는데 강의실 · 사무실은 최소 연면적 80㎡이상으로 하며, 소방시설을 법률이 정
하는 바에 따라 설치하여야 한다. 학습교구는 인체모형, 이동식 침대, 휠체어, 이동욕
조, 미끄러방지 매트, 욕창방지 매트리스, 욕창방지 방석 및 병원용 스크린을 각각 1개
이상씩 갖추어야 한다. 또한 기본용품, 식사지원용품, 이동지원용품, 응급처치용품,
배변용품, 개인위생용품 및 욕창 방지용품을 10인당 1세트 이상 갖추어야 하며, 시청
각 학습에 필요한 기자재를 갖추어야 한다.

요양보호사 교육기관의 직원배치기준은 교육기관의 장 1명, 교수 요원 전임이 1명 이상 외래가 필요수 만큼이다. 교육기관의 장의 자격기준은 별도로 없으며, 교수요원은 「고등교육법」 제14조제2항 및 제17조에 따른 교원 또는 겸임교원(명예교수, 시간강사 등을 포함한다)으로서 대학에서 사회복지학과 · 노인복지학과 및 간호학과의 과목을 교수하는 자, 사회복지 · 노인복지 및 간호 분야의 석사 이상의 학위를 가진 자로서 해당 분야 업무경력이 3년 이상인 자, 「사회복지사업법」에 따른 사회복지사 1급, 「의료법」에 따른 의료인, 「식품위생법」에 따른 영양사 및 「의료기사 등에 관한 법률」에 따른 물리치료사로서 해당 업무 경력이 3년 이상인 자, 노인요양시설 또는 재가노인복지시설의 장으로서 업무경력이 5년 이상인 자이다.

3) 사업내용(목적, 대상, 교육과정)

(1) 목적

노인보건복지사업안내(2010)에서 요양보호사는 치매 · 중풍 등 노인성 질환으로 독립적인 일상생활을 수행하기 어려운 노인들을 위해 노인요양 및 재가시설에서 신체 및 가사 지원 서비스를 제공하는 인력이라고 제시하면서 노인장기요양보험제도 시행('08.7월)에 대비하여 종전 노인복지법상 인력인 가정봉사원과 생활지도원보다 기능 · 지식 수준을 강화하기 위하여 요양보호사로 국가자격제도(시 · 도지사 발급)를 신설했다고 설명하고 있다. 따라서 요양보호사가 되려는 자는 제39조의 3에 따른 요양보호사교육기관에서 교육과정을 마쳐야 하며, 요양보호사 자격고시에 합격(2010년 9월부터)하여야 자격이 검정되어 자격증을 교부받을 수 있다.

(2) 대상

교육가능 대상자는 국민 누구나 가능하며, 외국인인 경우는 아래의 요건을 모두 갖추어야 가능하다.

① 출입국관리법령에 의거 외국인등록을 하고 다음 각 호의 1에 해당하는 자

- 제12조 <별표 1> 외국인의 체류자격 27. 거주(F-2) 비자 소지자 중 대한민국 국민의 배우자
- 제12조 <별표 1> 외국인의 체류자격 31.방문취업(H-2) 비자 소지자
- 출입국관리법시행령 제12조<별표 1> 외국인의 체류자격 28의2. 재외동포 (F-4)비자 소지자 중 대한민국의 국적을 보유하였던 자
- 제12조 <별표 1> 외국인의 체류자격 28의3. 영주(F-5) 비자 소지자 중 대한민국국적을 보유하였던 자(대한민국 국민의 배우자 포함)

② 다음 각 호의 1에 해당하는 요건을 갖춘 자. 다만 국가자격증 소지자 (간호사, 간호조무사, 사회복지사 등), 국적법시행령(국적법시행규칙) 제4조 및 국적업무처리지침 제7조의2 제1항 1호 및 2호 해당자 등 요양보호사 업무 수행이 가능한 한국어능력을 갖추었다고 시도지사가 인정한 자는 그러하지 아니함.(이러한 경우에는 시도지사가 당사자로부터 관련 서류를 제출받아 확인 및 보관)

- 한국교육과정평가원에서 시행하는 '실무 한국어능력시험(B-TOPIK)'에서 법무부에서 정하는 일정점수(70점)이상 취득한 자 또는 '일반 한국어능력시험 (S-TOPIK)'에서 4급~6급에 합격한 자
- 한글학회에서 시행하는 '세계한국말인증시험(KLPT)'에서 4급 ~ 6급을 부여받은 자
- KBS(한국어진흥원 주관)에서 시행하는 'KBS한국어능력시험'에서 1급 ~ 4급을 부여받은 자
- 한국언어문화연구원에서 시행하는 '국어능력인증시험'에서 1급 ~ 5급을 부여받은 자

③ 체류조건, 체류기한 등 출입국관리법령 등에 위반되지 않는 자

또한 교육시간 감면대상이 있는데 이는 다음과 같다.

① 국가자격(면허) : 사회복지사(급수 무관), 간호사, 물리치료사, 작업치료사, 간호
조무사

-감면내용: 경력자는 실기 및 실습시간이 각각 50% 감면되며, 경력자 중에서도
노인요양시설에서 1년 이상(1,200시간 이상) 근무한 경력자는 노인요양시설실
습 전체가 면제되며, 재가노인복지시설에서 1년 이상(1,200시간 이상) 근무한
경력자는 재가요양서비스실습 전체가 면제됨. 따라서 노인요양시설 및 재가노
인복지시설에 각각 1년 이상(1,200시간 이상) 근무한 경력자는 실습 전체가 면
제됨.

② 경력자: 경력증명발급기관에서 생활지도원, 유급가정봉사원, 간병인 등 간병요
양관련 종사자로서의 경력이 1년 이상(1,200시간 이상) 인정되는 자

-감면내용: 경력자는 실기 및 실습시간이 각각 50% 감면되며, 경력자 중에서도
노인요양시설에서 1년 이상(1,200시간 이상) 근무한 경력자는 노인요양시설실
습 전체가 면제되며, 재가노인복지시설에서 1년 이상(1,200시간 이상) 근무한
경력자는 재가요양서비스실습 전체가 면제됨. 따라서 노인요양시설 및 재가노
인복지시설에 각각 1년 이상(1,200시간 이상) 근무한 경력자는 실습 전체가 면
제됨.

(3) 교육과정

2006년 기준으로 가정봉사원 교육기관은 서울특별시 1개, 광역시 8개, 도에 10개
소로 전국 19개 가정봉사원교육기관에서 노인을 위한 가정봉사원을 양성하고 있었
다. 채해선 외(2006)는 2006년도에 서울특별시 소재 교육기관을 제외하고 연구한 결
과, 보건복지부 지침 외에 유급과정에서는 치료레크리에이션, 노인의 영양, 노인유사
체험, 노인상담 기법이, 자원봉사 과정에서는 호스피스 개요, 치료레크리에이션, 자원
봉사원의 역할 및 활동 등이 교육기관에 따라 자율적으로 운영되고 있었다고 밝혔다.
이는 가정봉사원의 교육수준을 높이기 위한 교육기관 자체의 자발적인 행동으로 바람
직한 현상이라 볼 수 있다.

〈표 9-23〉 가정봉사원 및 요양보호사교육과정 내용

년도	양성교육과정				보수교육과정				노인가족 수발자 교육과정	
	유급과정		자원봉사과정		유급과정		자원봉사과정		훈련 시간	교육 주기
	훈련 시간	교육 주기	훈련 시간	교육 주기	훈련 시간	교육 주기	훈련 시간	교육 주기		
2006년	40시간	최초 1회	20시간	최초 1회	20시간	1년	8시간	2년	8시간	비 주기
2007년	〃	〃	〃	〃	〃	〃	〃	〃	〃	〃
2008~ 2010년	요양보호사 교육과정으로 변경되었음. -요양보호사 1급: 신규 240시간, 경력자 교육과정 160시간, 국가자격(면허)소시자 교육과정(간호사 40시간, 사회복지사 50시간, 물리치료사·작업치료사·간호조무사 50시간) -요양보호사 2급: 신규 120시간, 경력자 교육과정 80시간, 승급 60시간 -보수교육: 노인 등의 신체 및 가사활동 지원 등의 업무에 필요한 지식과 능력을 유지·개발하기 위하여 요양보호사 자격취득 후 2년마다 1회 8시간의 보수교육을 이수하여야 함									
2011년	요양보호사 급수 구분이 없어짐. -신규 240시간, 경력자 교육과정 120~160시간, 국가자격(면허)소시자 교육과정(간호사 40시간, 사회복지사 50시간, 물리치료사·작업치료사·간호조무사 50시간)									

　2007년은 2008년도에 장기요양보험 도입을 앞두고 있는 시점으로 노인장기요양보험에서 제시한 장기요양서비스 중 방문요양이란 장기요양요원이 집을 방문하여 목욕, 배설, 화장실 이용, 옷 갈아입히기, 취사, 생필품 구매, 청소 등을 도와주는 서비스이다. 이는 가정봉사원의 업무와도 일맥상통한 것이어서, 앞으로 노인에게 직접 수발서비스를 제공하는 인력의 교육과 관리가 더욱 중요해짐을 시사하였다.

　2008년 장기요양보험이 본격적으로 도입되면서 가정봉사원교육과정은 요양보호사 교육과정으로 변경되어 명시되고 있다.

요양보호사 신규의 경우 적용되는 표준교육과정과 교육시간은 <표 9-24>와 같다.

〈표 9-24〉 요양보호사 표준교육과정 및 교육시간(2011)

구분	과목	교육내용		이론	실기
이론강의 (80시간) 실기연습 (80시간)	요양보호개론	요양보호 관련 제도 및 서비스		5	
		요양보호 업무의 목적 및 기능		2	
		요양보호사의 직업윤리와 자세		8	6
		요양보호대상자 이해		2	
	요양보호 관련 기초지식	의학, 간호학적 기초지식		12	3
	요양보호각론	기본 요양 보호 기술	섭취 요양보호	4	6
			배설 요양보호	5	8
			개인위생 및 환경 요양보호	5	8
			체위변경과 이동 요양보호	5	8
			안전 및 감염관련 요양보호	3	6
		가사 및 일상생활 지원		4	6
		의사소통 및 여가지원		5	6
		서비스 이용지원		3	4
		요양보호 업무 기록 및 보고		3	4
	특수요양보호각론	치매요양보호기술		6	6
		임종 및 호스피스 요양보호 기술		3	3
		응급처치기술		4	6
	소계			①80	②80
현장실습 (80시간)	노인요양시설 실습	통합실습 Ⅰ		40	
	재가요양서비스 실습	통합실습 Ⅱ		40	
	소계			③80	
총 ①+②+③				240	

자료: 보건복지부(2011).

4부 재가노인복지의 과제와 전망

10장 재가노인복지사업의 발전방향 검토*

1. 재가노인복지사업의 발전방향 검토의 필요성

1980년 말 지역사회보호의 중요성과 더불어 등장한 재가노인복지사업은 해를 거듭할수록 중요성이 강조되었고, 최근에는 고령사회 진입에 따른 노인돌봄 문제 해결을 위해 일부 노인을 위한 잔여적 서비스에서 일반 노인을 위한 보편적 서비스로 확대되기에 이르렀다. 특히 현재 재가노인복지는 노인장기요양제도라는 큰 사회적 변화에서 재도약의 과제 앞에 어떤 방향으로 가야할지 기로에 서 있다.

앞서 지난 20년간 재가노인복지사업의 역사를 살펴보면 재가노인복지의 중요한 변화의 시기가 있을 때마다 그 이전에 이에 대한 발전방향 모색이 재가노인복지 연구자 및 실천가들에 의해 주장되었음을 발견할 수 있었다. 재가노인복지의 발전 방향을 어떻게 모색하고 결정하느냐에 따라 재가노인복지사업의 방향 정립에 지대한 영향을 직·간접적으로 미친다고 볼 수 있다. 따라서 우리나라에서 재가노인복지라는 생소

* 10장의 내용은 일부 수정하여 '우리나라 재가노인복지사업의 발전방향 및 인식 연구: Q방법론을 활용하여'라는 제목으로 한국노인복지연구(2011)에 게재되었다.

한 정책과 서비스의 실시와 더불어 논의되고 제시되었던 재가노인복지사업의 다양한 발전방향들을 전체적으로 살펴보면서, 어떤 색깔로 정리될 수 있는지 분석할 필요가 있겠다. 이는 단지 유형을 분석하는 차원만이 아니라, 앞으로 재가노인복지의 과제와 전망을 정확히 제시함에도 도움이 될 것이다.

그러므로 10장에서는 앞으로의 재가노인복지의 과제와 전망을 살펴보기에 앞서, 현재 재가노인복지사업에서 나타난 문제에 대해 어떤 발전방향들을 제시하고 있는지 먼저 살펴보고, 여러 학자들이 제시한 다수의 방안들은 어떤 상위 범주로 이해할 수 있는지 알아보고자 한다. 또한 지금까지 제시된 재가노인복지사업의 발전방향이 어떤 특성으로 유형화되는지 좀 더 타당하고 신뢰성 있게 분석하여 그 결과를 제시해보고자 한다. 이와 같은 재가노인복지사업의 검토와 평가는 보편적 서비스로 전환되어 가는 현 시점에서 앞으로 재가노인복지사업을 어떻게 전개해야 가장 타당하고 실효성 있는지 그 방안을 모색하는데 중요한 역할을 할 것이다.

2. 선행연구에서의 재가노인복지사업의 발전방향

재가노인복지사업이 시작되면서부터 지금까지 많은 연구를 통해 재가노인복지사업의 방향성에 대한 논의가 진행되어왔다. 재가노인복지의 3기가 시작된 지 4년이 지난 지금, 2008년 7월 본격적으로 도입된 장기요양보험으로 인해 재가노인복지의 방향성에 대한 모색이 필요한 시기이다. 따라서 그동안의 재가노인복지사업의 방향성에 대한 선행연구를 통해 재가노인복지사업 1기, 2기 그리고 3기로 구분하여 그동안 어떤 논의가 진행되어왔는지를 알아보고, 최근에는 어떤 논의들이 이루어지고 있는지 살펴보고자 한다.

먼저 재가노인복지사업의 1기에 해당하는 1990년부터 1996년 사이의 재가노인복지사업의 방향성에 대한 대표적인 연구들을 살펴보았다. 1989년 가정봉사원파견사업이 법정 노인복지사업으로 규정된 이후 1991년 시급 이상 도시에 재가복지봉사센터가 설치되는 시기적 배경에 따라 1기의 연구들의 내용은 주로 재가노인복지기관의 현황에 대한 내용과 재가복지사업의 활성화에 관한 것이었다. 연구들에서 제언된 재가노인복지에 대한 방향성에 대해 살펴보면, 재가노인복지에 대한 개념규정의 필요성, 운영주체의 다양화, 관련 용어의 정의, 정부보조금의 증액, 홍보, 양질의 서비스 제공, 체계적인 확대 실시 등 이 시기에 시작된 재가노인복지가 현재 어떻게 이루어지고 있으며, 앞으로 어떻게 활성화 시킬 것인가에 대한 연구라는 것을 알 수 있다(임춘식, 1998; 김범수, 1996; 조기동, 1996; 이계능, 1995; 박용권, 1992).

재가노인복지사업의 2기인 1997년부터 2005년까지는 재가노인복지사업이 정착되고 확대되는 시기이다. 1997년 노인복지법의 전부개정이 이루어져 현재의 재가노인복지사업의 체제가 갖추어졌고, '노인보건복지종합대책'에 따라 지속적인 확대 및 발전이 이루어지는 시기이다. 이 시기의 재가노인복지사업의 방향성에 대한 연구들에서는 주로 확장되고 발전되어가는 재가노인복지사업의 문제와 실태, 개선방안 및 과제를 주로 다루었다. 구체적으로 제언된 내용들은 대상자의 확대, 인력의 전문성 확보, 급여 및 인력의 세분화, 서비스의 표준화 및 매뉴얼 개발, 질적 서비스의 제공 방안, 효율적인 전달체계의 모색, 장기요양보험의 도입, 부양자를 위한 재가노인복지의 정책 제고, 재가노인복지사업의 확충을 위한 재정지원의 확대, 행정기관이나 지역사회 내 관련기관과의 원활한 협력 및 연계 등에 대한 양적 및 질적 서비스의 보완 및 개선에 대한 것이다(김양순, 2005; 이재모, 2005; 김훈, 2004; 신대순, 2004; 윤현숙, 2004; 고수현, 2002; 김훈, 2002; 전채근, 2002; 한영현, 2002; 양옥남, 2000; 변재관, 1999).

재가노인복지사업의 3기인 2006년부터 현재에 이르는 시기에는 큰 변화가 이루어졌는데, 그것은 바로 노인장기요양보험의 도입이다. 노인장기요양보험제도가 도입되기 전의 재가노인복지사업이 지역사회 내에서 노인복지관련 기관들을 중심으로 운영되던 것에서 도입 후 기존 재가노인복지사업 기관들이 장기요양보험제도 체제 안으로 편입됨으로 인해 기존의 재가노인복지관련 기관들의 정체성에 대한 고민과 더불어 재가노인복지의 전반적인 부분에서의 변화가 이루어지는 혼란을 맞이하게 되었다. 이 시기의 재가노인복지사업의 방향성에 관해서는 노인장기요양보험 도입에 따른 재가노인복지사업의 발전방향과 과제에 관한 연구와 더불어 재가노인복지사업의 실태와 문제점에 대한 내용들이 주를 이루었다. 구체적으로 제시된 방향성에 관한 제언은 장기요양보험제도와 지역복지사업의 역할분담, 장기요양재가서비스의 인프라 확충, 노인장기요양보험제도의 안정적 운영, 서비스 대상자의 확대 등에 대한 내용이 있었고, 그 외에는 1기와 2기에서 다루었던 내용과 큰 차이를 발견하지 못하였다(김영우, 채숙희, 2008; 김경혜, 2008; 변영우, 2010, 오선균, 표갑수, 2008, 임우석, 2006; 장승전, 2011; 전성남, 2007; 정혁, 2008).

전반적으로 1기, 2기 그리고 3기에서 재가노인복지의 방향성을 살펴보았을 때에 재가노인복지사업의 도입과 확대에 따른 제언들이 제시되고는 있지만 그 내용들에서의 큰 차이점은 발견되지 않았고 사업의 여러 가지 방면에서 나타난 문제점들이 나열되고 있어 전반적인 보완이 필요하다는 것 외에는 뚜렷한 방향성을 찾기가 힘들다. 특히, 3기에서 노인장기요양보험제도의 도입에 따른 재가노인복지의 정체성 혼란에 대해 구체적으로 논의된 연구를 찾아보기가 힘들기 때문에, 노인장기요양보험과의 관계에서의 재가노인복지의 정체성과 함께 어디를 향해 나아가야 하는지에 대한 논의가 필요한 실정이다.

따라서 재가노인복지사업의 발전 방향성에 대한 유형화를 통해 우리나라의 재가노인복지사업이 나아가야 할 바를 모색하고자 한다.

3. 재가노인복지사업의 발전방향 검토 방법론

1) Q방법론에 대한 이해

재가노인복지의 발전방향에 대한 인식을 살펴보기 위해서 연구방법으로 Q방법론을 사용하였다. Q방법론은 연구참여자들이 어떤 주제나 대상, 자극 또는 관심에 대한 느낌이나 감정, 태도 등에 대한 주관적 의견이나 인식의 구조를 확인하는데 유용한 연구방법이다. Q방법론은 William Stephenson에 의해 1935년에 창안되고 개발되었는데, (Stephenson. W, 1935, 김흥규, 2008 재인용), 연구자가 탐색하고자 하는 주제나 현상에 대해 사람들의 주관적인 반응을 객관적으로 측정할 수 있는 바탕을 제공했다는 측면에서각광을 받고 있으며(황상민·최은혜, 2002), 최근 들어 다양한 학문 분야에서 Q방법론을 사용하고 있고 그 수도 증가하고 있는 추세다.

김흥규(2008)는 인간의 주관성을 배제하고 인간의 본질과 사회현상을 제대로 연구할 수 없으며, 이에 대한 대안이 Q방법론이라고 하였다. 즉, Q방법론은 응답자 스스로가 진술문을 비교하여 순서를 정하고 모형화함으로 그들의 주관성을 스스로 표현해갈 수 있다고 하였다. 그리고 사회적 현실은 의미적으로 구성되기에 의미의 해석을 통한 이해가 필요한데, Q방법론은 이해의 방법으로 통칭되는 해석학과 현상학 등의 영향을 받았으며, 외부로부터의 설명을 취하는 방법이 아닌, 내부로부터 이해하는 접근방법이기 때문에 유용하다고 언급하였다.

Q방법론의 연구 절차는 Q표본 선정, P표본 선정, Q분류, 자료처리 및 분석으로 이뤄진다(<그림 10-1>참조).

〈그림 10-1〉 Q 방법론 연구 절차

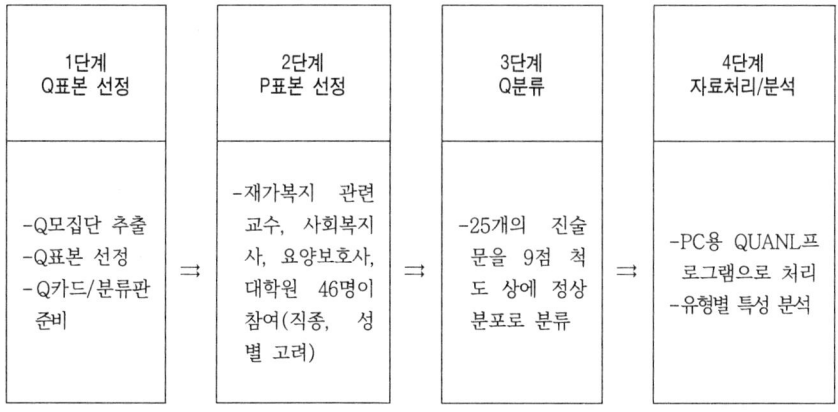

2) 연구절차

(1) 문헌을 통한 Q모집단 추출

본 연구에서는 재가노인복지의 발전방향과 관련된 국내 관련 논문 등을 참고하였다. 30권의 학술논문[1])을 참조하였고 재가노인복지 발전방향으로 재가노인복지의 철학적 기반 강화, 재가노인복지의 정책적 발전 방안 모색, 선정기준과 급여 내용의 다양화, 기관 재정의 안정화, 인력의 전문성 증진, 서비스 질 향상 및 다양성, 지역사회연계 활성화와 관련된 내용을 추출하였다.

이외에도 9권의 학위논문을 추가하여 내용분석을 통해 최종적으로 재가노인복지의 발전방향과 관련된 진술문 294개를 추출하였다.

(2) Q표본의 선정

문헌을 통해 추출된 총 294개 Q모집단의 범주화 과정은 우선 연구자 4명의 집단 검토, 개별 검토, 다시 집단 검토 등의 방법과 반복적 논의를 통해 27개의 진술문을 추출하였고, 공통적 의미나 가치를 가지고 있는 진술문끼리 다시 범주화를 하였다. 9개 차원 즉, 재가노인복지의 철학적 기반 강화, 재가노인복지의 정책적 발전 방안 모색, 선정기준과 급여 내용의 다양화, 기관의 투명성과 책임성 확보, 기관 재정의 안정화, 성과적인 기관운영 능력증진, 인력의 전문성 증진, 서비스 질 향상 및 다양성, 지역사회연계 활성화 차원으로 구분하였다.

본 연구에서는 진술문들의 상이성과 대표성을 고려하여 연구자 간의 논의를 통해 여러 차례 범주화 과정을 거쳤고 추출된 진술문을 전문가, 사회복지학 교수 등의 자문을 통하여 진술문의 표현을 수정하고, 최종적으로 25개의 진술문을 선정하였다.

---

1) 김훈, 2002; 양옥남, 2000; 고수현, 2002; 김영우, 채숙희, 2008; 김경혜, 2008; 김범수, 1995; 김범수, 1996; 김숙경, 1997; 김훈, 2004; 김양순, 2005; 변영우, 2010, 송인욱, 1999; 신대순, 2004; 양옥남, 1999; 오선균, 표갑수, 2008, 윤현숙, 2004; 이계능, 1995; 이재모, 2005; 임우석, 2006; 임춘식, 1998; 전성남, 2007; 전채근, 2002; 정영대, 1992; 정혁, 2008; 조기동, 1996; 진석범, 2006; 한영현, 2002; 변재관, 1999; 박용권, 1992) 그리고 9권의 학위논문(강인식, 2010; 김익종, 2008; 김창대, 2007; 백영미, 2008; 박경화, 2007; 서연남, 2009; 문지윤, 2008; 이상수, 2008; 오경란, 2008

〈표 10-1〉 차원별 Q표본

차원	Q표본	재가복지 발전방향 내용
재가노인 복지의 철학적 기반 강화	1	재가노인복지사업의 중장기 계획 수립을 통한 한국형 모형의 정착화
	2	노인 장기요양보험제도에서 재가노인복지서비스의 개념 및 역할 합의
	3	일원화되고 효과성 있는 재가노인복지사업의 전달체계 정립
재가노인 복지의 정책적 발전 방안 모색	4	지역별 균형 있는 재가노인복지기관 설치 및 서비스 환경 마련
	5	지역특성(농촌/도시), 질병유형(치매/뇌졸중), 인구학적 특성(성/연령) 등을 차별화한 노인재가복지시설 설치
	6	공공부문의 재가노인복지기관 운영 확대
선정기준과 급여 내용의 다양화	7	노인의 욕구, 질환, 경제 수준 등을 고려한 급여(서비스)의 다양화
	8	다양한 노인의 욕구를 수렴한 타당성 있는 요양등급 판정기준
	9	미급여 및 일반노인을 위한 예방 정책 수립 및 서비스 제공
기관의 투명성과 책임성 확보	10	재가노인복지기관의 질관리 시스템 강화(인증제, 평가체계, 정기적 모니터링)
	11	재가노인복지기관의 투명성과 책임성 있는 운영
	12	서비스 대상자의 접근성 향상을 위한 정확한 정보제공과 홍보 활성화
기관 재정의 안정화	13	요양수가의 현실화를 통한 재가노인복지기관의 재정 안정화
	14	정부 및 지자체의 재가노인복지사업의 공공재정 지원 확대
성과적인 기관운영 능력 증진	15	재가노인복지기관 관리(운영) 및 경영 능력 향상
	16	서비스 내용의 표준화 및 매뉴얼 개발
	17	양질의 재가노인복지기관 환경 조성과 대상자의 인권 보장
인력의 전문성 증진	18	요양보호사의 교육, 훈련, 자격관리 강화 등, 인력 전문성 확보
	19	요양보호사의 근로조건 및 사회적 지위 확보를 위한 방안 모색 (적정임금, 적정 사례수, 근로환경 등)
서비스 질 향상 및 다양성	20	질적 서비스 제공을 위한 직원배치 및 요양보호사 관리감독(슈퍼비전) 강화
	21	부양자 및 가족 대상의 교육 및 상담 서비스 제공
	22	서비스 질적 제고를 위한 차별화되고 통합적 사례관리 강화
지역사회 연계 활성화	23	행정기관 및 지역사회 내 관련기관과의 원활한 협력 및 연계
	24	지역사회의 인적, 물적 자원과의 확보 및 활용
	25	서비스의 단절과 중복 방지를 위한 지역사회 기반의 재가노인복지기관간 서비스 체계 구축

<그림 10-2> Q표본의 분포도

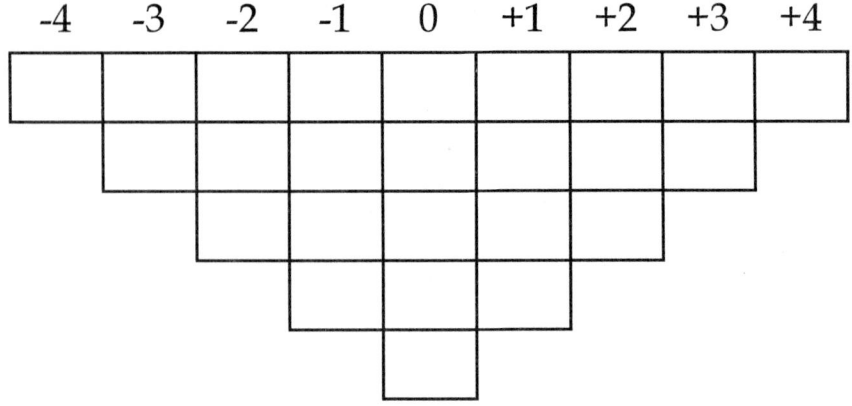

-4	-3	-2	-1	0	+1	+2	+3	+4

(3) Q카드와 Q표본의 분포도

Q표본으로 선정된 진술문 25개는 분류하기 쉽도록 카드로 제작하였으며, Q표본의 분포도에 따라 +4에서 -4까지 분류할 수 있도록 하였다. 조사참여자는 분류 중에 카드의 분류를 언제든지 바꿀 수 있다.

(4) 조사대상자 선정 및 Q분류

Q방법론에서는 조사참여자의 수에 제한이 없으나, 보통 25-30명 정도의 수가 적정하다. 이는 Q방법론이 외부로부터 설명을 하는 것이 아니라, 개인의 내부로부터 이해하는 접근 방법을 취하기 때문이다(김홍규, 2008). 김헌수·원유미(2000)는 대부분의 Q방법론에서는 연구참여자 수는 40-60명 정도이지만 이보다 적어도 무방하다고 하였다. 본 연구에서는 조사참여자를 다음과 같이 선정하였다. 조사참여자는 노인복지 및 사회복지 관련 교수 12명, 재가복지 사회복지사 6명, 일반 사회복지사 6명, 요양보호사 11명, 노인복지 및 사회복지전공 대학원생 11명으로 총 46명이 참여하였다.

Q분류는 조사참여자가 Q진술문 카드를 Q분포도 위에 배열하는 것이다. 먼저, 카드에 적힌 Q진술문을 읽은 후, 가장 찬성하거나 동의, 긍정적인 카드는 +4에, 그 다

음으로 동의하는 카드는 +3에 분류하도록 한다. 그리고 가장 반대하거나 부정적인 카드는 -4에, 그 다음에 반대하는 카드는 -3에 놓는 방법으로 분류한다. 중립이나 모르는 내용 등은 0에 가깝게 분류되도록 한다.

(5) 자료분석 방법

재가노인복지사업의 발전방향에 대한 유형을 분석하기 위해 P표본에 대한 조사가 완료된 후 수집된 자료를 점수화하기 위하여 Q표본 분포도에서 가장 부정하는 경우를 1점(-4)으로 시작하여 2점(-3), 3점(-2), 4점(-1), 5점(0), 6점(+1), 7점(+2), 8점(+3) 그리고 가장 긍정하는 경우에 9점(+4)을 부여하여 점수화하였다. 이 부여된 점수를 진술문 번호순으로 코딩하였고, 이러한 자료를 PC용 QUANL프로그램으로 처리, 그 결과를 얻게 되었다.

4. 연구결과

1) 재가노인복지 발전방향의 구조 Ⅰ

우리나라 재가노인복지 발전방향에 대한 주관성의 유형을 살펴본 Q요인분석을 한 결과 5개의 유형이 나타났다. 각각의 유형은 응답자가 그들의 의식 상태에 따라서 비슷한 의견이나 생각, 태도 등을 가진 사람들끼리 묶이기 때문에 각 유형은 각각의 특성을 설명하게 된다.

이들 각각 요인들의 아이겐값(eigenvalue)을 살펴보면 각각 6.6032, 5,1526, 3,9206 순으로 나타났으며, 각 요인의 설명변량(variance)은 0.1435, 0.1120, 0.0852순으로 총변량은 34.08%였다. 분석에서 3개 요인밖에 나타나지 않은 것은 추후에 반대 극(負的)에 적재되어 있는 p표본을 모아 4요인과 5요인으로 추출되었기 때문이다.

(1) A유형: '재가노인복지제도의 안정화' 유형

<표 10-2>는 A유형의 특성을 나타낸 사람들의 분류 결과로 양극단으로 분류한 진술문에서 ±1 이상의 표준점수(Z-score)로 나타난 진술문을 제시한 것이다. 진술문을 살펴보면 A유형은 13번을 가장 동의하고 19번, 14번, 7번, 8번순으로 동의하는 자리에 배열하였다. 반대로 A유형은 6번을 가장 동의하지 않고 다음으로 1번, 4번, 16번순으로 동의하지 않았다.

A유형에 속한 사람들은 재가노인복지의 발전방향에 대해 '재가노인복지제도의 안정화'를 가장 중요하다고 인식하고 있다. 현재 노인장기요양제도 안에 포함된 재가노인복지의 사업에 있어서 현재 낮게 책정된 요양수가를 현실화하므로 재가노인복지 제도가 재정적으로 안정되어야한다고 보았으며, 그 외에도 서비스 주체인 요양보호사의 근로조건과 사회적 지위 확보, 공공재정의 지원 확대, 노인의 다각적 수준을 고려한 서비스의 다양화, 그리고 그 다양성을 수렴하여 판정하는 타당한 요양등급 판정 기준을 갖는 것이 중요하다고 인식하고 있었다. 반면, 공공부문의 재가노인복지기관 운영을 확대하거나 재가노인복지사업의 중장기 계획 수립을 통한 한국형 모형의 정착화, 나아가 지역별로 재가복지기관의 균형을 맞추는 것, 서비스 내용을 표준화하여 매뉴얼로 개발하는 것 등은 현재 재가노인복지 발전에 우선순위가 되지 않는다고 보았다.

따라서 A유형에 속한 사람들은 재가노인복지의 발전을 위해서 가장 중요한 것은 현재 관련 제도가 잘 구비되어 안정적으로 제도가 실행되어야 한다고 생각하고 있으며, 이에 따라 현재 장기요양보험제도에서 문제로 대두되고 있는 요양수가, 요양보호사의 처우, 공공재정 지원, 요양서비스의 다양화, 그리고 요양등급 판정을 먼저 해결할 것을 주장한다고 볼 수 있다. 따라서 A유형의 사람들은 노인장기요양보험제도 안정화와 크게 관련이 없는 내용에 대해서는 관심을 기울이지 않아 재가노인복지사업을 노인장기요양보험제도와 별도로 보기보다는 제도 안에서 안정화되고 발전되는 것을 지향하고 있었다.

<표 10-2> A유형에서 긍정적 동의와 부정적 동의를 보인 진술문

Item	Description	Z-score
	Above긍정	
13	요양수가의 현실화를 통한 재가노인복지기관의 재정 안정화	2.00
19	요양보호사의 근로조건 및 사회적 지위 확보를 위한 방안 모색 (적정임금, 적정 사례 수, 근로환경 등)	1.75
14	정부 및 지자체의 재가노인복지사업의 공공재정 지원 확대	1.24
7	노인의 욕구, 질환, 경제 수준 등을 고려한 급여(서비스)의 다양화	1.24
8	다양한 노인의 욕구를 수렴한 타당성 있는 요양등급 판정기준	1.15
	Below부정	
16	서비스 내용의 표준화 및 매뉴얼 개발	-1.23
4	지역별 균형 있는 재가노인복지기관 설치 및 서비스 환경 마련	-1.25
1	재가노인복지사업의 중장기 계획 수립을 통한 한국형 모형의 정착화	-1.40
6	공공부문의 재가노인복지기관 운영 확대	-1.91

(2) B유형: '재가노인복지 서비스의 통합적 관리' 유형

B유형의 특성을 나타낸 사람들의 진술문에서 ±1 이상의 표준점수(Z-score)로 나타난 진술문을 보면 서비스 질적 제고를 위한 차별화되고 통합적인 사례관리 강화(22번)에 가장 긍정적 동의를 하였고, 그 다음으로 서비스 내용의 표준화 및 매뉴얼 개발(16번), 서비스의 단절과 중복 방지를 위한 지역사회 기반의 재가노인복지기관 간 서비스 체계 구축(25번) 순으로 동의하였다. 반면 지역특성(농촌/도시), 질병유형(치매/뇌졸중), 인구학적 특성(성/연령) 등을 차별화한 노인재가복지시설 설치(5번)에 대해서 가장 긍정하지 않았고, 이후 공공부문의 재가노인복지기관 운영 확대(6번), 미급여 및 일반노인을 위한 예방 정책 수립 및 서비스 제공(9번), 요양보호사의 근로조건 및 사회적 지위 확보를 위한 방안 모색(19번) 등도 우선순위에서 뒤로 밀어놓았다(<표 10-3> 참조).

B유형의 사람들은 재가노인에게 제공되는 서비스에 초점을 두고 재가노인복지의 발전방향을 보고 있었다. 즉 재가노인복지서비스 표준화 및 통합적 관리를 가장 중요

〈표 10-3〉 B유형에서 긍정적 동의와 부정적 동의를 보인 진술문

Item	Description	Z-score
	Above긍정	
22	서비스 질적 제고를 위한 차별화되고 통합적 사례관리 강화	2.25
16	서비스 내용의 표준화 및 매뉴얼 개발	1.37
25	서비스의 단절과 중복 방지를 위한 지역사회 기반의 재가노인복지기관 간 서비스 체계 구축	1.33
	Below부정	
19	요양보호사의 근로조건 및 사회적 지위 확보를 위한 방안 모색 (적정임금, 적정 사례수, 근로환경 등)	-1.14
9	미급여 및 일반노인을 위한 예방 정책 수립 및 서비스 제공	-1.51
6	공공부문의 재가노인복지기관 운영 확대	-1.59
5	지역특성(농촌/도시), 질병유형(치매/뇌졸중), 인구학적 특성(성/연령) 등을 차별화한 노인재가복지시설 설치	-2.20

하다고 인식하고 있다. 이 유형은 궁극적으로 효과적이고 체계적인 서비스를 통해 재가노인에게 만족을 높이는 것에 초점을 두고, 이와 관련한 질적인 서비스를 제공할 수 있는 통합적 사례관리, 서비스 내용의 표준화와 구체적 매뉴얼 개발, 그리고 서비스의 효율성과 효과성을 위한 서비스체계의 구축 등이 재가노인복지 발전에 중요한 방향이라고 보았다.

(3) C유형: 재가노인복지시설의 질 강화' 유형

<표 10-4>는 C유형의 특성을 나타낸 사람들의 ±1 이상의 표준점수(Z-score)인 진술문을 제시한 것이다. 진술문을 살펴보면 요양보호사의 교육, 훈련, 자격관리 강화 등, 인력 전문성 확보(18번)를 가장 중요한 발전방향이라고 긍정하였으며, 이후 재가노인복지기관의 질 관리 시스템 강화(10번), 요양보호사의 근로조건 및 사회적 지위 확보를 위한 방안 모색(19번), 질적 서비스 제공을 위한 직원배치 및 관리감독(슈퍼비전) 강화(20번), 서비스 질적 제고를 위한 차별화되고 통합적 사례관리 강화(22번) 순

Item	Description	Z-score
	Above긍정	
18	요양보호사의 교육, 훈련, 자격관리 강화 등, 인력 전문성 확보	1.83
10	재가노인복지기관의 질관리 시스템 강화(인증제, 평가체계, 정기적 모니터링)	1.45
19	요양보호사의 근로조건 및 사회적 지위 확보를 위한 방안 모색 (적정임금, 적정 사례수, 근로환경 등)	1.24
20	질적 서비스 제공을 위한 직원배치 및 관리감독(슈퍼비전) 강화	1.07
22	서비스 질적 제고를 위한 차별화되고 통합적인 사례관리 강화	1.02
	Below부정	
6	공공부문의 재가노인복지기관 운영 확대	-1.33
2	노인 장기요양보험제도에서 재가노인복지서비스의 개념 및 역할 합의	-1.45
9	미급여 및 일반노인을 위한 예방 정책 수립 및 서비스 제공	-1.67
5	지역특성(농촌/도시), 질병유형(치매/뇌졸중), 인구학적 특성(성/연령) 등을 차별화한 노인재가복지시설 설치	-1.91

이었다. 반면, 가장 부정한 재가노인복지 발전방안은 지역특성(농촌/도시), 질병유형(치매/뇌졸중), 인구학적 특성(성/연령) 등을 차별화한 노인재가복지시설 설치(5번)이고, 그 뒤로 미급여 및 일반노인을 위한 예방 정책 수립 및 서비스 제공(9번), 노인 장기요양보험제도에서 재가노인복지서비스의 개념 및 역할 합의(2번), 공공부문의 재가노인복지기관 운영 확대(6번)로 나타났다.

C유형의 특성을 나타낸 사람들이 중요하다고 본 +1 이상의 표준점수(Z-score)인 진술문은 '인력관리', '조직관리', 그리고 '서비스관리'로 구분되면서 재가노인복지시설 운영의 질 강화를 가장 중요하다고 인식하고 있다. 즉, 이 유형은 재가노인복지의 발전을 위해서는 서비스를 제공하는 재가노인복지시설 운영이 가장 중요하다고 보고 있다. 이들은 지역, 질병유형, 인구학적 특성을 고려하여 재가노인복지시설을 차별

<표 10-5> D유형에서 긍정적 동의와 부정적 동의를 보인 진술문

Item	Description	Z-score
	Above긍정	
5	지역특성(농촌/도시), 질병유형(치매/뇌졸중), 인구학적 특성(성/연령) 등을 차별화한 재가노인복지시설 설치	-1.62
1	재가노인복지사업의 중장기 계획 수립을 통한 한국형 모형의 정착화	-1.55
24	지역사회의 인적, 물적 자원과의 확보 및 활용	-1.41
	Below부정	
18	요양보호사의 교육, 훈련, 자격관리 강화 등, 인력 전문성 확보	-1.04
9	미급여 및 일반노인을 위한 예방 정책 수립 및 서비스 제공	-1.08
19	요양보호사의 근로조건 및 사회적 지위 확보를 위한 방안 모색 (적정임금, 적정 사례 수, 근로환경 등)	-1.84
13	요양수가의 현실화를 통한 재가노인복지기관의 재정 안정화	-2.10

화하여 설치하거나, 미급여 또는 일반 노인을 위한 또 다른 서비스를 제공하거나, 장기요양 보험제도 내에서 재가노인복지서비스의 개념이나 역할이 무엇인지 논의하는 것은 재가노인복지 발전 방향에 그리 중요한 사항이 아니고, 재가노인복지시설을 통해 서비스가 제공되고 질적 수준이 달라지기 때문에 시설의 질 강화에 힘쓰는 것이 가장 중요하다고 보고 있다.

(4) D유형: '재가노인복지 모형 정착화' 유형

D유형의 특성을 나타낸 사람들의 진술문에서 ±1 이상의 표준점수(Z-score)로 나타난 진술문을 보면, 지역특성(농촌/도시), 질병유형(치매/뇌졸중), 인구학적 특성(성/연령) 등을 차별화한 노인재가복지시설 설치(5번)에 가장 긍정적 동의를 하였고, 그 다음으로 재가노인복지사업의 중장기 계획 수립을 통한 한국형 모형의 정착화(1번), 지역사회의 인적, 물적 자원과의 확보 및 활용(24번) 순으로 동의하였다. 반면 요양수가의 현실화를 통한 재가노인복지기관의 재정 안정화(13번)에 대해서 가장 긍정하지

않았고, 이후 요양보호사의 근로조건 및 사회적 지위 확보를 위한 방안 모색(19번), 미급여 및 일반노인을 위한 예방 정책 수립 및 서비스 제공(9번), 요양보호사의 교육, 훈련, 자격관리 강화 등, 인력 전문성 확보(18번) 등은 긍정하지 않았다(<표 10-5> 참조).

진술문을 통해 본 D유형의 사람들은 차별화된 재가노인복지 모형 정착화를 중요하게 보고 어떤 방향으로 나가는 것이 바람직한지 제시하고 실현해나가야 한다고 보았다. 즉, 현재 무차별적 돌봄 제공을 지양하고 농촌과 도시라는 지역 특성에 따라, 노인의 질병 유형에 따라, 그리고 인구학적 특성에 따라 차별적인 서비스가 가능한 재가노인복지시설 설치를 할 능력이 되어야 하며, 나아가 재가노인복지사업의 한국형 모형을 제시하고, 지역사회의 인적, 물적 자원의 확보와 활용으로 원활한 사업수행이 가능해야 된다고 보았다. 반면 이들은 요양수가의 현실화, 요양보호사의 근로조건, 요양보호사 인력의 전문성 확보 등의 현실적 문제 해결로 재가노인복지사업이 차별화되고 특성화된 우리나라만의 모형을 정착하는데 충분하지 못하거나, 미급여 및 일반노인을 위한 예방정책 수립 및 서비스 제공은 오히려 재가노인복지사업의 정체성에 혼란을 가져올 수 있는 요소로 보고 있다고 분석된다.

(5) E유형: 재가노인복지사업의 역량강화' 유형

<표 10-6>은 C유형의 특성을 나타낸 사람들의 ±1 이상의 표준점수(Z-score)인 진술문을 제시한 것이다. 진술문을 살펴보면 정부 및 지자체의 재가노인복지사업의 공공재정 지원 확대(14번)에 가장 긍정적 반응을 보였으며, 그 뒤로 다양한 노인의 욕구를 수렴한 타당성 있는 요양등급 판정기준(8번), 노인의 욕구, 질환, 경제 수준 등을 고려한 급여(서비스)의 다양화(7번), 미급여 및 일반노인을 위한 예방 정책 수립 및 서비스 제공(9번), 지역특성(농촌/도시), 질병유형(치매/뇌졸중), 인구학적 특성(성/연령) 등을 차별화한 노인재가복지시설 설치(5번), 서비스의 단절과 중복 방지를 위한 지역사회 기반의 재가노인복지기관 간 서비스 체계 구축(25번) 순으로 긍정적 반응을 열거하였다.

진술문을 통해 본 E유형의 사람들은 재가노인복지사업의 역량강화에 초점을 두고

〈표 10-6〉 E유형에서 긍정적 동의와 부정적 동의를 보인 진술문

Item	Description	Z-score
	Above긍정	
14	정부 및 지자체의 재가노인복지사업의 공공재정 지원 확대	1.78
8	다양한 노인의 욕구를 수렴한 타당성 있는 요양등급 판정기준	1.40
7	노인의 욕구, 질환, 경제 수준 등을 고려한 급여(서비스)의 다양화	1.33
9	미급여 및 일반노인을 위한 예방 정책 수립 및 서비스 제공	1.32
5	지역특성(농촌/도시), 질병유형(치매/뇌졸중), 인구학적 특성(성/연령) 등을 차별화한 노인재가복지시설 설치	1.28
25	서비스의 단절과 중복 방지를 위한 지역사회 기반의 재가노인복지기관 간 서비스 체계 구축	1.25
	Below부정	
16	서비스 내용의 표준화 및 매뉴얼 개발	-1.00
11	재가노인복지기관의 투명성과 책임성 있는 운영	-1.15
6	공공부문의 재가노인복지기관 운영 확대	-1.19
17	양질의 재가노인복지기관 환경 조성과 대상자의 인권 보장	-1.26
21	부양자 및 가족 대상의 교육 및 상담 서비스 제공	-1.36

재가노인복지의 발전방향을 보는 것으로 여겨진다. 이들은 재가노인복지사업이 좀 더 역량을 높이기 위해서는 가장 먼저 공공재정이라는 지원이 가장 중요하다고 보았고, 이 외 현 제도에서 가장 시급하게 요양등급 판정 기준을 타당하게 만들어야 하며, 나아가 노인의 다양한 욕구, 다양한 상황과 조건을 수렴하는 재가노인복지 서비스, 서비스의 단절과 중복을 해결하는 서비스 제공 체계의 구축 등을 재가노인복지사업의 입지가 높아지는 방안이라고 보았다.

2) 재가노인복지 발전방향의 구조 Ⅱ

이상은 조사에 참여한 모든 대상에 대한 분석이다. 그러면서 재가노인복지의 발전방향은 이해관계라는 편견을 가능한 배제하고 장기적 안목으로 보는 것이 중요할 것

인데, 현재 재가노인복지사업의 요양보호사의 경우는 이해당사자로서 재가노인복지의 장기적이고 포괄적 측면보다는 요양보호사의 처우 또는 보상과 관련된 항목에 의도적으로 답할 가능성이 높을 수 있다고 사료되었다.

따라서 요양보호사를 제외한 경우 어떤 결과가 발생하는지 살펴보기 위해 P sample에서 요양보호사를 제외하고 다시 분석해보았다. 분석 결과 3개의 유형이 나타났고 각 유형의 특성은 다음과 같다.

(1) 1유형: 재가노인복지서비스 집중형' 유형

요양보호사를 제외하고 Q방법으로 분석한 1유형은 서비스 질적 제고를 위한 차별화되고 통합적인 사례관리 강화와 서비스 내용의 표준화 및 매뉴얼 개발을 가장 중요한 발전 방안으로 보아, 이를 '재가노인복지 서비스 집중형'이라 명명하였다. 즉, 재가노인복지서비스의 표준화 및 통합적 관리와 차별화된 재가노인복지서비스 체계가 구축되는 것이 노인복지 발전에 기여한다고 말하고 있다.

〈표 10-7〉 1유형에서 긍정적 동의와 부정적 동의를 보인 진술문

Item	Description	Z-score
	Above긍정	
22	서비스 질적 제고를 위한 차별화되고 통합적 사례관리 강화	2.21
16	서비스 내용의 표준화 및 매뉴얼 개발	1.10
	Below부정	
4	지역별 균형 있는 재가노인복지기관 설치 및 서비스 환경 마련	-1.07
9	미급여 및 일반노인을 위한 예방 정책 수립 및 서비스 제공	-1.57
6	공공부문의 재가노인복지기관 운영 확대	-1.92
5	지역특성(농촌/도시), 질병유형(치매/뇌졸중), 인구학적 특성(성/연령) 등을 차별화한 노인재가복지시설 설치	-2.43

〈표 10-8〉 2유형에서 긍정적 동의와 부정적 동의를 보인 진술문

Item	Description	Z-score
	Above긍정	
5	지역특성(농촌/도시), 질병유형(치매/뇌졸중), 인구학적 특성(성/연령) 등을 차별화한 노인재가복지시설 설치	1.66
24	지역사회의 인적, 물적 자원과의 확보 및 활용	1.33
1	재가노인복지사업의 중장기 계획 수립을 통한 한국형 모형의 정착화	1.33
16	서비스 내용의 표준화 및 매뉴얼 개발	1.09
	Below부정	
9	미급여 및 일반노인을 위한 예방 정책 수립 및 서비스 제공	-1.07
19	요양보호사의 근로조건 및 사회적 지위 확보를 위한 방안 모색 (적정임금, 적정 사례 수, 근로환경 등)	-1.68
13	요양수가의 현실화를 통한 재가노인복지기관의 재정 안정화	-2.22

(2) 2유형: '재가노인복지 이상 추구형' 유형

2유형에서 중요하게 본 진술문을 보면 지역특성(농촌/도시), 질병유형(치매/뇌졸중), 인구학적 특성(성/연령) 등을 차별화한 노인재가복지시설 설치, 지역사회의 인적, 물적 자원과의 확보 및 활용, 재가노인복지사업의 중장기 계획 수립을 통한 한국형 모형의 정착화, 서비스 내용의 표준화 및 매뉴얼 개발 등을 긍정적으로 보았다. 이와 같은 방안은 쉽게 실행될 수 없는 장시간 지속적으로 지향해야 할 내용이라 할 수 있다. 즉 2유형에 속한 사람들의 생각은 재가노인복지에 대해 좀 더 이상적이고 장기적인 안목에서 바라보고 평가하여 재가노인복지사업 및 서비스가 좀 더 전문적이고 차별적이어야 한다고 본다.

(3) 3유형: '재가노인복지 현실 해결형' 유형

3유형에 속한 사람들은 요양수가의 현실화를 통한 재가노인복지기관의 재정 안정화를 재가노인복지사업 발전 방안에서 가장 중요한 내용이라 생각하고 있으며, 이외

Item	Description	Z-score
	Above긍정	
13	요양수가의 현실화를 통한 재가노인복지기관의 재정 안정화	2.16
14	정부 및 지자체의 재가노인복지사업의 공공재정 지원 확대	1.80
18	요양보호사의 교육, 훈련, 자격관리 강화 등, 인력 전문성 확보	1.27
8	다양한 노인의 욕구를 수렴한 타당성 있는 요양등급 판정기준	1.26
19	요양보호사의 근로조건 및 사회적 지위 확보를 위한 방안 모색 (적정임금, 적정 사례수, 근로환경 등)	1.02
	Below부정	
16	서비스 내용의 표준화 및 매뉴얼 개발	-1.08
22	서비스 질적 제고를 위한 차별화되고 통합적 사례관리 강화	-1.15
1	재가노인복지사업의 중장기 계획 수립을 통한 한국형 모형의 정착화	-1.23
2	노인 장기요양보험제도에서 재가노인복지서비스의 개념 및 역할 합의	-1.58

4개의 진술문도 현 재가노인복지의 환경의 실제적 문제를 해결하고 모색해야 된다는 공통점을 가지고 있다. 따라서 3유형의 사람들은 현재 가장 시급하게 해결해야 할 요소를 방치하고 있어 재가노인복지 발전에 저해한다고 보았다.

5. 결론 및 제언

선행연구에서 제시한 우리나라 재가노인복지 발전방향을 찾아 이를 25개로 범주화하여 어떤 발전방향이 더 중요하다고 보는지 주관적 인식을 Q방법으로 조사한 결과 5개의 유형이 나타났다. 각 유형의 특성을 살펴보면 다음과 같다.

먼저 A유형은 '재가노인복지 제도의 안정화'라고 명명되었는데, 이 유형은 현재 재가노인복지가 노인장기요양제도 안에서 관련 제도가 잘 구비되어 안정적으로 실행되어야 한다고 보았다. 즉, 장기요양보험제도에서 시급한 문제로 대두되고 있는 요양수가, 요양보호사의 처우, 공공재정 지원, 요양서비스의 다양화, 그리고 요양등급 판정을 먼저 해결하는 것이 주요 과제로 보았다.

두 번째, B유형은 '재가노인복지서비스의 통합적 관리'로 명명했는데, 이 유형에서는 재가노인에게 제공되는 서비스에 초점을 두고 효과적이고 체계적인 서비스를 통해 재가노인에게 만족을 높일 수 있는 방안을 재가노인복지 발전에 중요한 방향이라고 보았다.

세 번째, C유형은 '재가노인복지시설의 질 강화'로 정했는데, 주요 특성은 재가노인복지의 발전을 위해서는 서비스를 제공하는 재가노인복지시설이 운영을 잘 할 수 있도록 방안과 지원이 있어야 한다고 보았다. 즉 시설운영에서 가장 중요한 요소로 보는 인력관리, 조직관리, 그리고 서비스관리 등에 대해 어떻게 질적으로 강화할 것인가에 힘써야 한다고 보았다.

네 번째, D유형은 '재가노인복지 모형 정착화'로 정했는데, 이 유형은 앞으로 재가복지가 중장기적으로 어떤 밑그림을 그리며 나가야 하는지 모형 제시와 함께 이를 실현해나가야 한다고 보았다. 그러므로 이 유형은 현재 제도에서 나타난 문제만을 해결하는 것보다 중장기적으로 재가노인복지사업이 차별화되고 특성화된 우리나라만의 모형을 정착하는데 좀 더 에너지를 투입해야 한다고 보았다.

마지막 E유형은 '재가노인복지사업의 역량강화'로 명명하였는데, 이 유형의 특징은 공공재정 지원, 현재의 시급한 문제 해결, 나아가 대상자 욕구에 따른 다양한 서비스와 서비스 제공의 체계화 등을 통해 재가노인복지사업의 역량을 높여 가는 것이 가장 중요한 재가노인복지사업의 발전 방향으로 보았다.

한편 요양보호사를 제외하고 분석한 결과에서는 '재가노인복지 서비스 집중형', '재가노인복지 이상 추구형', '재가노인복지 현실 해결형'으로 나타났다.

분석된 5개의 유형은 크게 내용과 시간이라는 두 가지 축으로 다시 정리할 수 있다. 제도, 서비스, 시설운영 등에 초점을 두고 현실적이고 실제적인 방법을 모색하는 것을 주장한 유형이 있는 반면, 사회환경의 변화 속에서 재가노인복지의 자리매김과 역량을 강화하는 광의적 개념을 중요하게 보는 유형도 있었다. 따라서 이 두 가지 축 또는 앞서 살펴본 발전방향 5가지 유형에 대해 실제 어떤 유형이 더 성과 있는 발전방향인지 밝혀 그 타당성을 입증하는 것도 앞으로 필요하다.

제시된 연구결과를 통해 재가노인복지사업의 실천적 함의를 살펴보면 다음과 같다.

첫째, 장기요양보험제도 안에 재가급여의 서비스 질이 현재 확보되지 않았음을 보여주고 있다. 이에 대한 불만과 문제점이 두드러진 유형이 1유형이라 볼 수 있는데, 이들은 현재 대상자 선정부터 급여의 조건, 요양보호사 역량 및 보수 등의 문제가 시급히 해결되어야 한다고 인식하고 있다. 이와 같은 문제 해결 없이 이상적인 면에서 재가노인복지사업의 나갈 바를 협상하거나 주장하는 것은 현재 문제 해결과는 상관없는 것으로 보고 있다. 특히 장기노인요양보험 제도 실시 이후 승인받은 재가급여기관은 노인재가복지사업의 이전 역사 및 전개 과정을 알지 못하기 때문에 시설 운영과 서비스의 질 향상, 요양보호사 역량강화 등에 더 초점을 둘 가능성이 높다.

둘째, 노인장기요양보험이 실시되면서 정체성에 위기를 경험한 재가노인복지사업은 노인장기요양보험제도 안에서 재가급여 영역으로서 안정화와 질적 향상을 꾀하는 동시에 과거 약 20년간 재가노인을 위해 선구적으로 서비스를 실천하였던 것처럼 현재 노인장기요양보험제도의 재가급여와 차별화된 사업을 새롭게 모색해야 한다는 양가적 모습을 가지고 있다. 따라서 노인장기요양보험 내에서 시설의 안정화를 구축하면서 재가노인복지사업만이 가진 고유의 영역을 실제 실천 가능하도록 할 필요가 있다. Q진술문 내용에서 나온 것처럼 지역사회의 인적, 물적 자원과의 확보 및 활용, 미급여 및 일반노인을 위한 서비스 제공, 지역특성(농촌/도시), 질병유형(치매/뇌졸중), 인구학적 특성(성/연령) 등을 차별화한 노인재가복지시설 설치 등을 고려할 필요가 있고 나아가 관련 사업에 대해 정부 및 지자체가 별도로 재가노인복지사업의 공공재정 지원이 가능하도록 전개해나가야 한다.

셋째, 노인장기요양제도만이 아니라 사회복지의 몇 영역이 그리고 앞으로 더 많은 분야가 자율시장 경쟁 원리를 도입하여 재정조달 방식이 기존의 정부지원 방식에서 서비스 수가 체계에 의한 방법으로 바뀌고 있다. 따라서 재가노인복지사업이 좀 더 차별화되고 선구적인 서비스를 계획하여 정부의 공공자원 의존도에서 탈피하여 새로운 사업으로 지역사회 민간 자원을 활용할 수 있도록 해야 한다. 즉, 기관의 자립도가 매우 중요한 요소이며, 관련하여 기관장 및 종사자에게 요구하거나 책임을 물을 경우가 많아질 것이다. 그러므로 재가노인복지기관 간에 상호협력과 긴밀한 관계 속에서 빠른 시간 내 선택과 집중이 요구되는 차별화된 사업 모색을 통해 기관들이 운영난에 봉착하지 않도록 해야 할 것이다.

11장 재가노인복지사업의 발전방향*

    앞서 우리나라에서 재가노인복지가 시작되어 지금까지 진행되는 과정에서 재가노인복지사업의 도입과 확대에 따른 제언들이 어떤 양상을 갖고 있는지 Q방법론을 통해 살펴보았을 때 궁극적으로 서비스, 시설운영 등에 초점을 두고 현실적이고 실제적인 방법을 모색하는 것을 주장한 협의적 개념 유형이 있는 반면, 사회환경의 변화 속에서 재가노인복지의 자리매김과 역량을 강화하는 광의적 개념을 중요하게 보는 유형도 있었다.

    11장에서는 이 결과를 토대로 하여 노인장기요양보험제도 속에서 혼돈되었던 재가노인복지사업에 대한 본질적인 고민과 함께 앞으로 추구할 방향과 과제가 무엇인지 제시하고자 한다.

---

* 본 내용은 전국재가노인복지대회(2010) 김미혜 교수의 발표자료를 중심으로 정리함.

1. 재가노인복지 개념의 재정립

가족의 문제로 귀속되었던 부양부담을 경감시키고 증가하는 노인의료비에 대해 대응하기 위해 노인장기요양보험제도가 2008년부터 실시되었다. 이는 결국 노인의 요양보호가 더 이상 노인 개인 또는 가족의 문제가 아니라 사회적으로 책임을 져야 하는 보편적인 문제라는 전제를 기본으로 하고 있는 것이다. 이는 노인장기요양보험법 1조에 제시된 노인장기요양보험의 목적 — '고령이나 노인성 질병 등의 사유로 일상생활을 혼자서 수행하기 어려운 노인 등에게 제공하는 신체활동 또는 가사활동 지원을 통해 노후의 건강증진 및 생활안정을 도모하고 그 가족의 부담을 덜어줌으로써 국민의 삶의 질을 향상하도록 한다' — 에서도 알 수 있다.

이러한 장기요양보험은 일상생활 동작 기능에 따라 등급 판정을 받은 대상자를 중심으로 서비스를 제공하고 있다. 하지만 재가노인복지사업은 장기요양보험제도의 대상자를 포함하는 광의의 제도로, 지역사회의 가정에 거주하는 장기요양보험대상자를 포함하여 재가복지서비스의 욕구를 지닌 자를 포함한다.

재가복지를 어떻게 개념화 하느냐에 따라 재가복지사업의 사회복지체계 내의 위치, 서비스대상, 서비스 내용에도 영향을 미치게 된다. 재가복지개념을 광의와 협의의 개념으로 나누어보면, 광의의 재가복지는 시설서비스를 제외한 모든 사회복지서비스를 포괄하게 된다. 그에 반해 협의의 재가복지는 사회복지서비스 중에서 대인적 서비스만을 말한다. 우리나라 재가노인복지사업을 보면, 초기에는 가정봉사원파견을 사업으로 시작하였고 이후 법적인 근거를 가지면서 주간보호 및 단기보호사업이 점차 도입되었다(<그림 11-1> 참조). 이는 사회변화와 재가노인의 욕구에 따라 서비스가 다양해졌을 뿐 아니라, 확대하여 제공되는 변화를 보였는데, 그러나 장기요양보험 도입 후 재가노인복지는 기존 시설서비스를 제외한 사회복지서비스와 단절되어 다시 협의의 개념으로 돌아가버린 상황이 되었다.

〈그림 11-1〉우리나라 재가복지사업의 변화

재가노인복지 도입시	재가노인복지사업	장기요양보험 도입 후
·가정봉사원과견사업	·가정봉사원과견사업 ·주·단기보호사업 ·결연사업	·방문요양서비스 ·주·단기보호사업 ·방문목욕서비스 ·방문간호서비스 ·복지욕구

〈그림 11-2〉재가복지의 개념

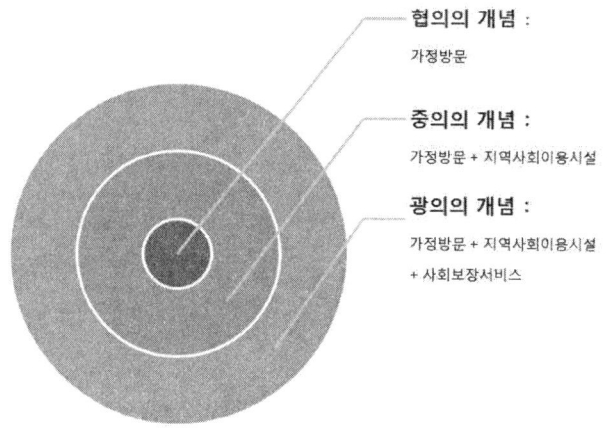

협의의 개념 :
가정방문

중의의 개념 :
가정방문 + 지역사회이용시설

광의의 개념 :
가정방문 + 지역사회이용시설
+ 사회보장서비스

　　재가노인복지사업은 그 목적을 '정신적, 신체적인 이유로 독립적인 일상생활을 수행하기 곤란한 노인과 노인부양가정에 필요한 각종 서비스를 제공함으로써, 노인이 가족 및 친지와 더불어 건강하고 안정된 노후 생활을 영위할 수 있도록 함과 동시에 노인부양으로 인한 가족의 부담을 덜어주기 위함'이라고 명시하고 있다. 그렇다면 이 목적을 이루는 현재 수단인 장기요양보험 제도 내 재가급여가 이 목적을 성취하고 있느냐를 반문해보면 사실 회의적이라고 할 수 밖에 없다.

　　<그림 11-2>는 재가복지의 개념을 나타낸 것으로 재가복지의 가장 협의의 개념

은 1차적인 도움을 필요로 하는 대상자에게, 대상자 자신의 가정에서 생활하면서 재가서비스를 받도록 하는 것이다. 주로 가정방문 서비스가 여기에 해당한다. 중의의 개념은 2차적 도움을 필요로 하는 재가대상자에게 가정방문서비스 뿐만 아니라 지역사회에서 제공되는 다양한 서비스를 제공하는 것으로 재가대상자는 자신의 지역사회 내의 시설을 이용할 수 있다. 광의의 재가복지는 3차적 도움을 필요로 하는 재가복지 대상자에게 가정방문서비스와 지역사회 내 제공되는 다양한 서비스뿐만 아니라 소득·의료·주택보장 등 사회보장서비스까지 광범위하게 제공되는 차원의 개념이다.

현재 우리나라는 주로 1차적 도움을 필요로 하는 장기요양보험 등급자에게 가정에서 서비스를 제공하는 협의의 개념에 머물러있다고 볼 수 있다. 그리고 2차적 도움을 필요로 하는 장기요양보험 등급외자에 대해서는 지역사회서비스를 연계하는 중의의 재가노인복지 개념이 적용되고 있다. 앞으로는 1차적 도움과 2차적 도움을 뛰어 넘어 3차적 도움을 필요로 하는 경미한 질환을 가진 재가노인대상자에게도 서비스를 제공할 수 있는 광의의 재가노인복지 개념이 정립되어야 하며, 더 나아가 예방적 차원에서 사회 안전망을 구축할 수 있는 사회보장서비스가 되어야 할 것이다.

2. 재가노인복지 대상의 재정립

현재 장기요양보험체계에서의 재가노인복지의 대상[1]은 장기요양 인정자와 비인정자로 구분되어 있다. 문제는 서비스 대상을 65세 이상 노인 또는 65세 이하 노인성 질환을 가진 자로 한정함으로써 서비스의 보편성을 추구하는 사회보험방식의 노인장기요양보험제도의 기본취지와 맞지 않는다는 점이다. 즉 가장 협의의 범위로 일반 가

---

1) 노인보건복지사업안내(2010)에 따르면 노인장기요양보험의 신청대상은 소득수준과 상관없이 노인장기요양보험 가입자(국민건강보험 가입자와 동일)와 그 피부양자, 의료급여수급권자로서 65세 이상 노인과 64세 이하 노인성 질병이 있는 자로, 급여대상은 노인성 질병으로 6개월 이상의 기간 동안 혼자서 일상생활을 수행하기 어려운자를 대상으로 하며, 장기요양등급은 1등급(最重症), 2등급(重症), 3등급(中等症)으로 나누어진다. 여기서 말하는 노인성 질병이란 치매, 중풍, 파킨슨병 등 관련 질병을 말한다.

〈그림 11-3〉 재가노인복지서비스 제공체계

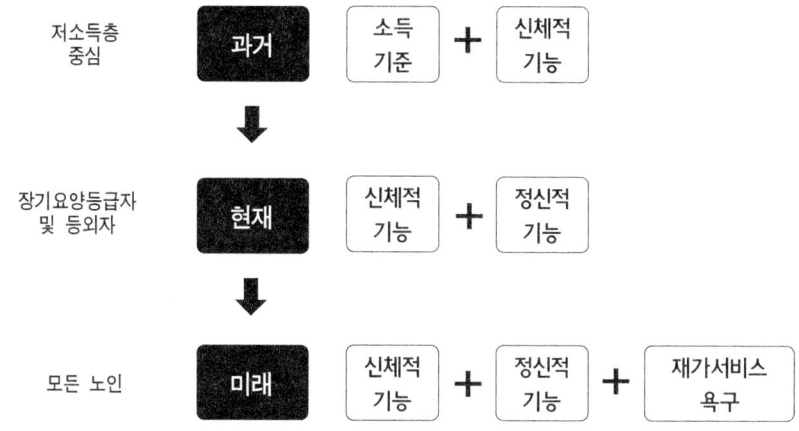

정에서 생활하고 있는 노인 중 장애나 질병 등으로 일상생활을 독립적으로 수행하기 어려운 중중장애노인은 장기요양보험체계 내에서 서비스를 받을 수 있지만, 경중장애노인은 장기요양 비인정자로 구분되어 서비스를 받을 수 없다는 것을 의미한다.

과거에는 신체기능과 소득기준을 통해 재가복지서비스 대상자를 선정하였다. 그러나 현재의 노인장기요양보험체계에서는 신체 및 인지의 기능을 중심으로 대상자를 선정하고 있다. 장기요양보험 등급자는 노인성 질병으로 6개월 이상의 기간 동안 혼자서 일상생활을 수행하기 어려운자를 대상으로 하며, 일상생활 수행 능력에 따라 1등급(最重症), 2등급(重症), 3등급(中等症)으로 나누어진다. 그리고 등급외자도 신체 및 인지의 기능 상태에 따라 등급외 A B, C형으로 나누어지며 또는 소득 기준을 고려하여 지역사회서비스를 제공받는다.

이러한 대상자 선정 기준은 기존에 재가노인복지서비스를 수급 받았던 재가대상자들이 등급외자로 판정되어 재가복지서비스에서 제외되는 결과를 초래했다. 즉, 경미한 질환을 가졌거나, 1-3등급 내에 포함되지 못한 독거노인, 국민기초생활보장 수급권자, 차상위계층 등 재가복지서비스를 필요로 하는 대상자들이 복지사각지대에 남게 된 것이다.

그러므로 <그림 11-3>과 같이 앞으로 기존의 재가노인복지서비스 대상자를 모두 포괄하는 서비스 제공체계를 구축해야 할 것이다. 즉 보편적인 서비스 제공체계로서 중증장애노인과 경증장애노인뿐만 아니라, 기초수급자 및 기타 취약계층에 속하는 독거노인과 조손가정 노인 등 지역사회의 거주하는 일반노인들까지 포괄하는 광의의 대상자 범위가 되어야 할 것이다. 즉, 우리가 지향해야 할 재가노인복지서비스의 대상자는 재가노인복지서비스를 필요로 하는 모든 재가노인이라 할 수 있다.

3. 재가노인복지 서비스범주와 내용의 재정립

재가노인복지서비스의 가장 협의적 범위의 개념은 클라이언트 자신의 가정에서 서비스를 제공받는 것이다. 서비스를 제공함에 있어서 클라이언트의 욕구에 기반한 재가노인복지사업을 설정하는 것은 중요하다. 클라이언트의 1차적 도움을 필요로 하는 욕구에 해당하는 가장 협의의 범위는 재가노인을 대상으로 일반 가정에서 생활하고 있는 노인 중 장애나 질병 등으로 일상생활을 독립적으로 수행하기 어려워 타인의 보호를 필요로 할 때, 자신의 집에서 지역사회 차원의 다양한 도움을 받으면서 살 수 있도록 일상생활을 지원하고 각종 서비스를 제공하는 것으로 일상생활동작(ADL: Activities of Daily Living)에 해당하는 서비스(걷기, 앉기, 화장실 이용하기, 옷 갈아입기, 식사하기, 목욕하기 등)에 대한 지원을 지표의 기준으로 볼 수 있다. 주로, 중증장애노인이 이 범위에 해당된다.

2차적 욕구는 도구적 일상생활활동(IADL: Instrumental Activities of Daily Living) 정도의 서비스(전화사용능력, 교통수단이용, 물건사기, 식사준비, 가사, 세탁, 투약, 돈 관리)를 제공해주기 원하는 욕구로, 중간적 범위로 볼 수 있다. OECD에서는 경중장애노인을 ADL에는 제한이 없으나 IADL에 제한이 있는 노인으로 정의를 하였다. 중간적 범위에 경중장애노인이 해당된다고 볼 수 있다.

3차적 욕구는 사회적 활동지표를 반영하여 재가복지서비스를 제공하는 광의의 범위에 해당한다. 이들은 어느 정도 신체적, 정신적 자립활동이 가능하여 돌봄서비스를 집중적으로 제공받을 대상은 아니지만, 가능한 집중적 서비스 대상에 포함되는 것을 지연할 수 있는 예방적, 교육적 서비스로 지역사회의 광범위한 자원을 개별의 욕구에 맞춰 제공받을 수 있도록 하는 것이 필요하다. 특히 우리나라는 독거노인이 급속하게 증가하고 있는 추세이므로 독거노인이 취약한 상황으로 떨어지지 않도록 사전에 예방적인 서비스 공급 역량을 확대해야 한다.

현재 우리나라는 장기요양보험체계 내에서 재가노인복지사업의 범위가 1차적 도움을 필요로 하는 협의의 범위에서 이루어지고 있는 상황이다. 앞으로, 1차적 욕구에 기반한 서비스 제공에서 더 나아가 2차적 욕구, 3차적 욕구까지 끌어올릴 수 있는 방안이 필요하다. 현재의 상황에서는 중간적 범위에서 재가노인복지사업이 이뤄지는 방향으로 나가는 것이 바람직할 것으로 보인다. 변재관·선우덕(2000) 또한 우리나라는 경증장애노인이 중증장애로 하락하는 것을 예방하는 차원에서 경증장애노인에게 장기요양서비스를 더 적극적으로 제공하는 시스템이 필요하다고 하였다.

현 제도의 또 하나의 문제는 노인복지서비스 전달체계 상, 노인복지관, 사회복지관 등에서 제공하는 재가복지서비스는 장기요양보험의 재가급여와 유사하므로 장기요양보험의 급여를 받는 노인의 경우 장기요양서비스 이외 필요한 서비스가 있더라도 서비스 중복의 문제로 지역의 재가노인복지서비스를 받을 수 없게 되어 있다. 이러한 노인복지서비스에 있어 사각지대 문제를 해결하기 위해서 노인장기요양보험과 지역의 노인보건복지서비스의 긴밀한 연계가 필요하다.

특히, 장기요양보험등급외자에 대한 기타 서비스연계사업이 필요하다. 이에 대해 이준우·서문진희(2009) 또한 장기요양보험 탈락자의 경우 다양한 지역복지기관을 연계하여 예방서비스를 제공하는 체제로 전환이 필요하다고 하였다. 현재 장기요양 수급자로 판정받지 못한 노인에게 노인돌보미, 가사간병도우미, 보건소 및 건강보험공단 서비스(사례 관리 등), 복지관 등의 지역 보건복지서비스를 연계하도록 되어 있다.

그러나 주의할 부분은 장기요양보험과 지역사회 노인복지사업은 서비스 대상 및 내용이 유사하여 중복수혜 가능성도 발생할 수 있다는 점이다. 그러므로 이에 대해 장기요양보험과 유사한 분야를 담당하고 있는 지역복지시설의 역할 및 기능 재설정에 관한 합의가 이루어져야 할 것이다.

4. 재가노인복지사업의 재정립

장기요양보험의 도입은 재가노인복지서비스의 급격한 양적 확대를 가져왔다. 2008년 6월부터 2009년 5월 사이에 방문요양시설은 1,875개소에서 6,031개소, 방문목욕시설은 719개소에서 4,217개소, 방문간호시설은 321개소에서 688개소, 주야간보호시설은 504개소에서 925개소, 단기보호시설은 229개소에서 1,020개소로 증가되어 약 300%의 증가율을 보였다. 시설요양기관 역시 2008년 1,271개 시설의 56,140명 정원 규모에서 2009년 2,016개 시설의 20,076명 정원으로 약 70%가 증가되었다(최혜지, 2008). 이와 같이 시설 및 재가 장기요양기관의 과잉설치현상이 보이고 있는 시점에서 안정적인 운영이 가능한 지 여부에 관한 문제가 제기된다. 특히, 농촌지역의 경우, 상대적으로 재가요양서비스 수요가 적으며, 이용자의 이용시설 위치에 대한 접근성이 떨어지기 때문에 재가서비스 대상자를 확보하는 것이 어렵다.

또한 자율시장 경쟁 원리가 도입됨에 따라 재정조달 방식이 기존의 정부지원 방식에서 서비스 수가 체계에 의한 조달 방식으로 바뀌었다. 기존 종사자 중에 경력자들은 호봉을 삭감하거나 연봉제에 의한 계약직으로 이전함에 따라 상대적으로 열악한 근무환경이 되었다. 이에 대한 대안으로 각 지자체가 기존 지원금의 80% 수준에서 계속 지원하기로 하였으나 지원을 받지 못하는 시·도 기관들은 운영난에 봉착하였다.

그러므로 재가노인복지사업 운영에 있어서 역량을 증진하여 궁극적으로 고유의 성과를 지향하는 체계로 변화시킬 필요가 있다. 이를 위해서 현재 장기요양보험제도가 재가노인복지사업의 목적을 모두 포괄하고 있지 않기에 장기요양보험제도와 더불어 좀 더 대상자의 욕구에 부합할 수 있도록 역량을 높이고, 구체적인 실천을 모색할 필요가 있다.

가장 먼저, 장기요양보험제도의 협의적 개념에서 벗어나 재가노인복지사업이 좀 더 예방적이고 포괄적 서비스를 발굴하고 제공하는 선구자적 역할에 앞장서야 할 것이다. 장기요양서비스의 사각지대를 찾아내서 조건과 기준 때문에 서비스 배제가 되지 않도록 하는 것과 예비적 대상자가 돌봄서비스 대상에 포함되지 않도록 지연할 수 있게 하는 서비스를 개발하고 적용할 필요가 있다.

두 번째, 기존 장기요양급여 서비스가 질적으로 좀 더 차별적으로 제공될 수 있도록 시설의 역량을 높일 방법을 강구할 필요가 있다. 예를 들면, 치매와 다른 노인성 질환은 돌봄의 내용과 방법 등에 차이가 있음에도 현재 이를 차별적으로 실시하지 못하고 있는데, 그 필요성과 성과를 제시하면서 전문적 장기요양 급여가 될 수 있도록 하는 것이나, 치료-요양-지역사회서비스가 상호 연계되어 통합적이고 융합적으로 서비스가 제공될 수 있는 체계를 시도하고 확대해나가야 할 것이다.

세 번째는 서비스 대상자의 등급을 조사하고 평가하는 시스템을 단지 국민건강보험의 장기요양보험 관련자와 등급판정위원회에서 담당하는 것에서 현장과 대상자의 평가가 포함될 수 있는 방향을 만들어야 한다. 물론 장기요양보험이 시설급여와 재가급여가 있기 때문에 재가노인복지만이 아닌 노인시설복지 현장도 함께 협력해야 할 부분이긴 하지만, 중요한 초점은 서비스 등급 판정 주체와 서비스 제공 주체가 이분화되어 있는 현재 서비스 전달체계를 궁극적으로 대상자에게 가장 적합한 서비스가 제공될 수 있도록 등급판정 주체와 서비스 제공 주체의 상호협력 체계를 만들어 가야할 것이다.

참고문헌

강인식(2010). **우리나라 노인재가복지 현황 및 개선방안**. 청주대학교 사회복지 행정대학원 석사학위논문.

고수현(2005). **고령사회에 대비한 재가노인 복지서비스 정책에 관한 연구**. 동아대 교육대학원 석사학위논문.

고양곤(1997). **재가노인복지의 개념과 서비스 방안**. 한국노인복지회.

_____(1999). 노인주간보호의 현황과 과제. **한국사회복지**, 4, 499-512.

관악노인종합복지관(2009). **관악노인종합복지관 20년사**. 시립관악노인종합복지관.

국가인권위원회(2007). **노인복지서비스에서의 노인건강권 보장 실태 조사**.

국민연금관리공단(2010). **장기요양급여비용 등에 관한 고시 및 청구 · 심사 민원상담사례집**.

권영미(2007). **노인주간보호센터 운영의 활성화 방안에 관한 연구: 안동시를 중심으로**. 안동대 행정경영대학원 석사논문.

김경혜 외(1995). **노령인구를 위한 재가서비스 확대방안-서울시내 가정방문서비스를 중심으로-**. 서울시정개발연구원.

김동배 · 서혜경(1996). 주간 및 단기보호사업 활성화 방안. **한국노년학회**, 16(1), 183-186.

김미정(2002). 치매노인주간보호사업의 현황과 개선방안에 관한 연구. **인간환경복지연구 2002(특집호)**, 213-223.

김미한(2007). 가정봉사원의 노인에 대한 지식 및 태도 -가정봉사원 교육과정 참여자를 중심 으로-. 노인복지연구, 37, 203-224.

김미혜 · 조추용 · 조유향 · 임병우 · 선우덕 · 김근홍(2008). **재가노인복지론**. 청목출판사.

김범수(1996). **재가복지론**. 홍익재.

_____(1999). 가정도우미사업의 평가와 서비스 전달체계 연구. **한국사회복지**, 4, 301-319.

김선희(2002). **우리나라 노인단기보호시설에 관한 연구: 성애노인단기보호센터를 중심으로**. 목원대 산업정보대학원 석사학위논문.

김순양 · 박병일 · 고수정(2001). 지방정부 재가노인복지사업의 적실성 제고방안 -대구광역시 의 일부 사례를 중심으로-. **사회과학연구**, 20(2), 35-58.

김양희 · 이영세(1996). **가정노인보호서비스 제도 도입 방안**. 경기도.

김옥규(1999). **가정봉사원 파견사업의 실태와 만족도에 관한 연구 -재가노인 및 가정봉사원 입장에서-**. 숭실대 통일정책대학원 석사학위논문.

김정자 · 이경자 · 김영옥(1986). **가정봉사서비스에 관한 연구**. 한국여성개발원.

김종현(2002). **우리나라 재가노인복지의 현황과 개선방안**. 광주대 산업대학원 석사학위논문.

김창옥(2006). **노인 단기보호시설 종사자의 직무만족에 관한 연구**. 경희대 행정대학원 석사학위논문.

김충식·조덕례(2006). 가정봉사원파견서비스 이용노인의 만족도 요인 분석. **21세기 사회복지연구**, 3, 129-156.

김하경(2002). **재가노인복지사업의 활성화 방안에 관한 연구**. 광주대 산업대학원 석사학위논문.

김헌수·원유미(2000). **Q방법론**. 교육과학사.

김홍규(2008). **Q방법론: 과학철학, 이론, 분석 그리고 적용**. 커뮤니케이션북스.

도태연(2000). **주간보호시설 이용노인의 욕구와 서비스 개선방향**. 대구대학교 사회복지개발대학원 석사학위논문.

모선희(2002). 노인주간보호사업 운영에 관한 연구, **노인복지학회**, 16(1), 149-173.

문정화(2000). **노인주간보호사업 종사자의 BURNOUT에 관한 연구**. 이화여대 대학원 석사학위논문.

박명환(2007). **주간보호 이용노인의 성공적 노화를 위한 사회복지시설의 과제에 관한 연구**. 연세대 행정대학원 석사학위논문.

박은진(2005). **치매노인을 위한 단기보호시설 활성화 방안에 관한 연구**. 서울기독대 대학원 석사학위논문.

박태용(1992). 노인가정봉사원제도의 활성화 방안. **복지행정논총**, 2, 67-84.

박현정·김형길(2003). 가정봉사원파견사업의 문제점과 개선방안. **한국노년학연구**, 12, 67-83.

박희성(1996). **노인 주간보호 서비스 이용가족의 노인 부양부담 연구**. 가톨릭대학교 대학원 석사학위논문.

백영수(2007). **주간·단기보호시설 서비스의 질 제고에 관한 연구: 서울시 서대문구시설 중심으로**. 명지대 사회복지대학원 석사학위논문.

변재관·선우덕(2000). **노인장기요양보호의 종합대책수립방안연구**. 보건복지부·한국보건사회연구원.

보건복지부(1992~2011a). **노인보건복지사업안내**.

_____(1992~2011b). **노인복지시설현황**.

_____(2000). **재가 와상노인에 대한 서비스 제공 모델 개발 연구**. 한국보건산업진흥원.

_____(2010a). **장기요양보험 주요통계**.

_____(2010b). **진수희 장관 '주야간보호를 재가급여의 중심으로'**. 보건복지부 뉴스, 2010. 11. 15.

_____(2011). **2011-2015 제2차 저출산·고령사회 기본계획**.

서상철(2009). **현대재가복지론**. 학현사.

서울복지재단(2005). **노인주·단기보호서비스 인증모형개발 -지표 및 지침서-**. 서울복지재단.

선우덕(2002). 재가노인복지사업의 현황과 발전방안. **재가노인복지연구**, 2, 11-38.

선우덕 · 이수형 · 손창균 · 유근춘 · 신호성 · 최영 · 최혜지 · 오지선(2008). **노인장기요양보장 체계의 현황과 개선방안**. 한국보건사회연구원.

선우덕 · 조추용(2004). **노인장기요양보장제도의 성공적 정착을 위한 재가노인복지시설의 역할 재정립과 확충방안**. 밝은노후모임 세미나.

설명화(2007). **고령화시대 노인주간보호센터의 활성화 방안 연구**. 명지대 사회복지대학원 석사학위논문.

손흥숙(2005). 재가복지서비스의 만족도에 관한 연구. **한국가족복지학, 10(3)**, 41-60.

송상석(1993). 노인의 문제와 노인목회 프로그램 개발. 목원대신학대학원 석사학위논문.

시립노원노인종합복지관(2009). **시립노원노인종합복지관 20주년 기념집**. 시립노원노인종합 복지관.

신재숙(2002). **노인 단기보호사업의 실태분석 및 개선방안에 관한 연구**. 상명대 정치경영 대학원 석사학위논문.

신정순(2000). **우리나라 재가노인복지정책에 대한 연구 -가정봉사원 파견 서비스를 중심으로-**. 영남대 행정대학원 석사학위논문.

오복희(2007). **보육시설에서의 노인주간보호서비스 통합모형 개발을 위한 인식 및 태도에 관한 연구 -보육시설장을 중심으로-**. 원광대학교 대학원 박사학위논문.

오세윤 · 나종경(2007). **가정봉사원 파견서비스 프로그램 성과에 관한 연구**. 한국행정학회 학술대회 발표논문집, 251-266.

원종욱(2000). 재가노인복지사업의 사회적 편익 추계. **보건사회연구, 20(1)**, 3-31.

윤동성(2001). 우리나라 재가노인복지사업의 실태. **재가노인복지연구, 창간호**, 11-30.

윤서영(1998). **유급노인 가정봉사원 파견서비스와 수혜노인의 태도에 관한 연구**. 대구대 사회개발대학원 석사학위논문.

윤지영(2007). **장기요양 노인가족의 부양부담에 영향을 미치는 요인에 관한 연구 -노인주간 보호시설 이용가족을 중심으로-**. 한림대 대학원 석사학위논문.

윤현숙(2004). 재가노인복지서비스에 관한 연구. **복지행정논총, 14(1)**, 119-134.

이가옥(1993). 재가노인복지의 운영실태에 관한 연구, 동국대 행정대학원 석사학위논문.

이가옥(1997). 재가복지와 가정봉사원파견사업, **재가노인복지사업 이론과 실제**. 한국노인복 지회, 114-116.

이경국(2002). **노인 단기보호 시설의 운영실태와 개선 방안에 관한 연구**. 공주대 대학원 석사학위논문.

이남순(2006), 치매노인의 재가복지서비스를 위한 주간보호시설의 방향설정, **대한케어복지 학, 1(3)**, 137-165.

이명숙(2006). **단기보호시설을 이용하는 치매노인의 적응과정에 관한 연구**. 숭실대 대학원 석사학위논문.

이병만(2006). **은천복지재단 20년사**. 은천복지재단.

이상규(2006). **치매노인 단기보호시설의 운영실태 및 활성화 방안**. 평택대 대학원 석사학 위논문.

이선영(2007). 노인장기요양보험제도 실시에 대비한 사회복지현장의 과제 -시범사업에 대한 모니터링 결과를 중심으로-. **신학과 신앙**, 18, 229-259.

이성호(2007). **노인주간보호시설의 운영 실태와 개선방안에 관한 연구 -인천광역시를 중심으로-**. 인하대학교 행정대학원 석사학위논문.

이순열(2006). 노인주간보호시설 이용노인의 복지욕구를 통해 본 문제점 분석에 관한 연구. **임상사회사업연구**, 3(3), 153-175.

이순표(2008). **주간보호센터 이용자의 자아존중감과 생활만족도에 관한 연구**. 영남대 행정대학원 석사학위논문.

이신호 · 김화중 · 장현숙 · 전경자 · 김선민 · 김은경(2000). **재가와상 노인에 대한 서비스 제공모델 개발 연구**. 한국보건산업진흥원.

이연순(2007). 노인장기요양보험제도의 시범사업연구. 명지대학교 대학원 석사학위논문.

이영수(2004). 단기보호시설의 운영실태와 개선방안. 대구대 사회복지대학원 석사학위논문.

이용복 · 이수진 · 이성희(2005). **노인 주 · 단기보호서비스 인증모형개발 -지표 및 지침서-**. 서울복지재단.

이윤경(2009). 노인장기요양보험제도 현황 및 정책과제. **보건복지포럼**, 156, 23-31.

이은정(2010). 현안분석: 노인장기요양보험 장기 재정추계. **재정포럼**, 174, 6-25.

이정애(2005). **노인가정봉사원 교육훈련원 운용 및 교육과정의 문제점과 개선방안**. 대구대 사회복지대학원 석사학위논문.

이종복 · 강용규(2006). 도시형 노인주간보호시설 모형개발에 관한 연구. **대한케어복지학**, 1(3), 51-77.

이종화(2000). **주간보호센터 이용 치매노인 부양자의 문제와 서비스 욕구**. 대구대 대학원 석사학위논문.

이주형(2000). **노인주간보호시설의 운영실태 및 개선방안**. 청주대학교 대학원 석사학위논문.

이준우 · 서문진희(2009). 노인장기요양보험 재가서비스의 문제점과 개선방안, **한국노년학**, 29(1), 149~175.

이향숙(2008). **노인주간보호센터 이용여부에 따른 주부양자의 부양부담 비교연구**. 신라대 대학원 석사학위논문.

이형숙(2007). **가정봉사원파견사업의 개선방안 연구**. 조선대학교 석사학위 논문.

이홍임(2001). **한국 노인의 주간 · 단기보호 서비스의 개선방향에 관한 연구**. 동아대 정책과학대학원 석사학위논문.

임우석(2006). 우리나라 재가노인복지서비스의 개선방안에 관한 연구. **국제신학**, 8, 301-334.

임춘식(1998). 재가노인복지서비스의 현황과 과제. **한국노인복지학**, 1, 9-36.

장재혁(2008). 노인장기요양보험 추진현황과 발전방향. **건강보험포럼**, 7(2), 1-14.

전선희(2007). **치매노인 주부양자의 주간보호서비스 이용만족도에 관한 연구**. 원광대 대학원 석사학위논문.

정미경(1993). **노인주간보호서비스의 정착화 방안에 관한 연구**. 연세대학교 대학원 석사학위논문.

정상양(1996). **재가복지사업에 대한 고찰**. 광주대학교 사회과학연구소.

조영서(2000). **재가노인을 위한 가정봉사원 파견 사업의 발전방안.** 부산대 행정대학원 석사학위논문.

조은정·이숙현·전혜정(2002). 노인의 주간보호센터 이용 만족도와 생활만족도. **연세교육과학, (50),** 105-122.

조향미(1999). **우리나라의 재가노인복지정책에 관한 연구 -독거노인 결연사례를 중심으로-.** 한양대 행정대학원 석사학위논문.

주경식(1984). 노인복지정책의 전망. **한국노년학, 4,** 53-59.

진용성(2004). **요보호 노인의 재가복지시설 이용실태에 관한 연구 -강남구 주간보호시설을 중심으로-.** 고려대 정책대학원 석사학위논문.

채해선·윤순덕·박공주·박정윤(2007). 가정봉사원 교육기관의 교육운영에 관한 연구. **한국 농촌지도학회지, 13(1),** 173-184.

최미영(1997). **우리나라 유급가정봉사원 서비스의 발전 방안에 관한 연구 -서울시 유급가정 봉사원 제도를 중심으로-.** 한양대학교 행정대학원 석사학위논문.

최성재(1997). 재가복지의 정부시책, **재가노인복지사업 이론과 실제.** 한국노인복지회.

_____(2000). **현대재가복지사업.** 홍익재.

최성재·장인협(2003). **노인복지학.** 서울대학교출판부.

최윤정(2009). **요양보호사 양성교육이 직접 정체성에 미치는 영향.** 숭실대 사회복지대학원 석사학위논문.

최인숙(2008). **노인장기요양보험제도의 효과적인 운영방안에 관한 연구.** 경원대학교 대학원 석사학위논문.

최일섭(1987). **지역사회복지론.** 서울대학교 출판부.

최정화(2002). 유료홈헬퍼(가정봉사원) 시범사업. **재가노인복지연구, 2,** 147-180.

최종춘(1998). **노인주간보호사업의 실태분석 및 개선방안에 관한 연구.** 서울시립대학교 대학원 석사학위논문.

최혜지(2008). 노인장기요양보험 1년 성과와 한계. **복지동향, 130,** 4-8.

하재근(2009). **가정봉사원파견사업 개선방안.** 영남대학교 대학원 석사학위논문.

한국노인복지회(1990). **90년도 제10기 가정봉사원교육자료집.**

_____(2000). **현대재가복지사업.** 홍익재.

한국재가노인복지협회(1999). **1998년도 운영현황 및 사업실태조사.**

_____(2003). **재가노인복지사업 10년 발자취 -재가노인복지사업 평가-.**

한병주(2000). **가정봉사원 제도의 활성화 방안.** 명지대 지방자치대학원 석사학위논문.

한혜경(2000). 재가노인복지서비스의 대상효율성 분석. **한국사회복지행정학, 3,** 173-195.

함근호(2007). **가정봉사원파견사업 활성화방안에 관한 연구.** 성산효대학원 석사학위논문.

홍봉선(1999). 재가노인복지의 과제와 전망, **고령화사회와 노인복지.** 세종출판사.

황상민·최은혜(2002). Q방법론의 심리학적 적용과 해석의 문제: 객관성과 주관성의 이중주. **주관성 연구, 7,** 4-24

황성철·한혜경(2003). **재가노인복지: 정책과 실천.** 현학사.

황성철·한혜경·김정희·원종욱(2001). 재가노인복지사업 평가와 모형 개발. **한국사회복**

지행정학, 5, 169-199.

Alfred K.(1980). *Homemaker Service, Child Welfare Service*. MacMillan Publish.

Bauch, W. E.(1992). *Introduction to Social and Community Services*. MacMillan Publish.

Kane, R. A. & Kane, R. L.(1987). *Long-Term Care: Principles, Programs, and Policies*. Springer Publish.

Magaret D. & Wally H.(1983). *The Home Help Service*. The Chaucer Press.

부록

1. 초기 홍보자료
2. 1986년도 가정봉사원파견사업 사진자료
3. 1991년도 가정봉사원송년회 사진자료
4. 1993년도 가정봉사원추계야유회 사진자료
5. 주간보호사업 홍보자료
6. 1990년도 주간보호사업 계획
7. 1986년도 은천노인복지회 사업실적
8. 1988~1989년 주요사업 예산비교
9. 1989년도 노인복지사업지침
10. 2003년도 재가노인복지시설 직원봉급표
11. 재가노인복지서비스 욕구조사서
12. 사정형식
13. 이용신청서
14. 이용자 건강상태조사서
15. 서약서
16. 재가노인복지 주요 연혁

1. 초기 홍보자료

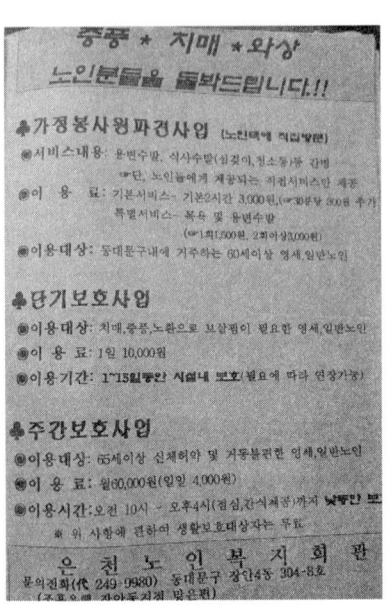

출처: 은천노인복지회(1986-2006). 홍보자료.

2. 1986년도 가정봉사원파견사업 사진자료

출처: 은천노인복지회(1986). 사업보고(사진).

3. 1991년도 가정복지봉사원 송년모임 사진자료

출처: 북부노인종합복지관(1999). 서울특별시립북부노인
　　　종합복지관 10년사.

4. 1993년도 가정복지봉사원 추계 야유회

출처: 북부노인종합복지관(1999). 서울특별시립북부노인
　　　종합복지관 10년사.

5. 주간보호사업 홍보자료

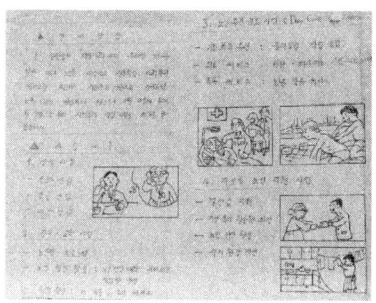

출처: 은천노인복지회(1986-2006), 홍보자료.

6-1. 1990년도 주간보호사업 계획

출처: 은천노인복지회(1990), 자료모음.

6-2. 1990년도 주간보호사업 계획

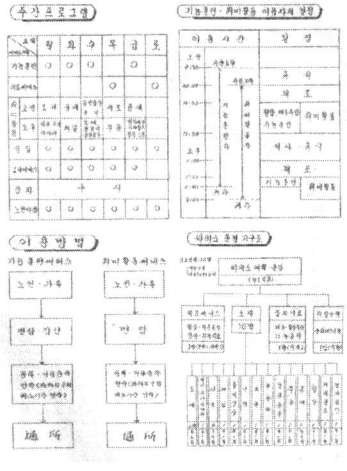

출처: 은천노인복지회(1990), 자료모음.

6-3. 1990년도 주간보호사업 계획

출처: 은천노인복지회(1990), 자료모음.

7. 1986년 은천노인복지회 사업실적

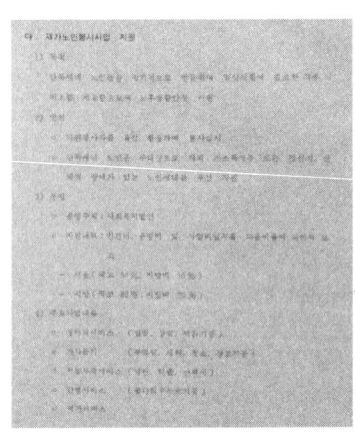

출처: 은천노인복지회(1986-2006). 홍보자료.

8. 1988~1989년 주요사업 예산비교

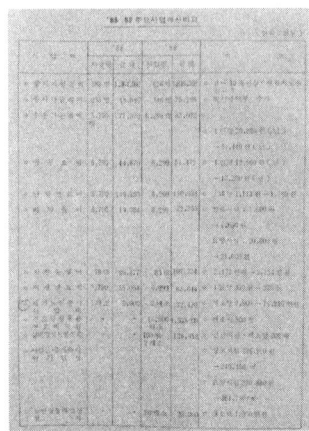

출처: 보건사회부(1989). 노인복지사업지침.

9. 1989년도 노인복지사업지침

출처: 보건사회부(1989). 노인복지사업지침.

10. 2003년도 재가노인복지시설 직원봉급표

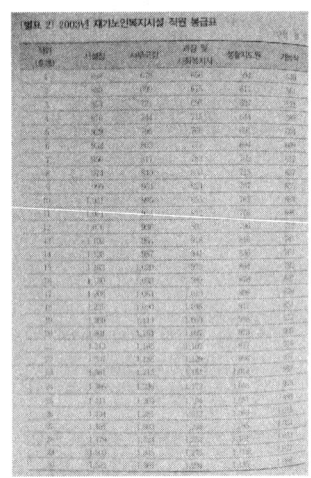

출처: 손흥숙(2007). 재가복지. 양서원.

11. 재가노인복지서비스 욕구조사서(한국재가노인복지협회(2000). 재가노인복지사업 매뉴얼)

재가복지서비스 욕구 조사(노인용)

▣ 일반적 특성

사회복지사:

성 명		조사 날짜		년 월 일		
성 별	①_남자 ②_여자	연 령	만 _세	주민등록 번 호		
주 소				전화번호		
종 교	①_천주교 ②_기독교 ③_불교 ④_없다 ⑤_기타:					
경제 상황	주 직 업	①_무직 ②_취로사업 ③ _기타 (명칭 :)				
	소득	월수입 ____ (주 수입처:) 월지출 ____(빚:)				
생활보호	①_대상아님 ②_거택보호 (급) ③_자활보호 ④_기타:					
주거상태 (단위: 천원)	①_자가 ②_전세( ) ③_월세(/) ④_기타:					
주거형태	①_아파트 ②_단독주택 ③_다세대/빌라 ④_판자집 ⑤_기타: → 방의 개수 ( ) 개 보일러(유, 무) 부엌(단독, 공동) 식수(단독, 공동) 화장실(단독, 공동)					
학 력	①_국졸 ②_중졸 ③_고졸 ④_대졸 이상 ⑤_무학 ⑥_문맹여부( ) ⑦_기타(자세히:)					
가족사항	①_독거 ②_배우자 ③_친척 ④ _손자녀 ⑤_자녀 ⑥_기타(자세히): 동거가족수(명) 비동거가족수(명)					
주위환경	① 공간은 적절한지: ② 청결상태: ③ 집에까지 가는데 길이 안전한지: ④ 보완사항:					
가계도				사회적 지지망		

A. 의학적 · 영양학적 측면

1. 특별한 질환이 있다면 말씀해 주십시오.

　　▶ 첫 번째 (　　　　　　　　)

　　치료상황: 치료기관명(병 · 의원, 약국) _____

　　(담당의사:　　　　Tel:　　　　)

　　치료상황 _____

　　▶두 번째 (　　　　　　　　)

　　치료상황; 치료기관명(병 · 의원, 약국) _____

　　(담당의사:　　　　Tel:　　　　)

　　치료상황 _____

　　▶세 번째 (　　　　　　　　)

　　치료상황; 치료기관명(병 · 의원, 약국) _____

　　(담당의사:　　　　Tel:　　　　)

　　치료상황 _____

　　▶기타(　　　　　　　　)

2. 최근 1년 내에 입원하신 적이 있습니까?

　　① 예 (　　　　　　　　　　　　　)　　　　　　② 아니오

3. 식사는 규칙적으로 하십니까?

　　① 예　　　　　　　② 아니오(이유:　　　　　　　)

4. 식욕은 어떻습니까?

　　① 아주 좋다　　② 좋다　　　　③ 양호　　　④ 안 좋다

5. 식욕이 없다면 왜 그렇습니까?(   )

6. 식사 준비를 위한 비용은 충분합니까?
    ① 예   ② 아니오(이유:)

7. 특별한 식이요법을 합니까?
    ① 예 (내용:)   ② 아니오

8. 씹거나 삼키는데 문제는 없습니까?
    ① 예 (이유:)   ② 아니오

9. 관찰한 결과 영양상태에 문제가 있습니까?
    ① 예 (자세히:)   ② 아니오

10. 치아 건강상태는?
    ① 좋다   ② 나쁘다/ 틀니를 하십니까? ① 예   ② 아니오

11. 청력에 문제가 있습니까?
    ① 예 (   )   ② 아니오

12. 시력에 문제가 있습니까?
    ① 예 (   )   ② 아니오

13. 호흡이 어렵습니까?
    ① 예 (이유:)   ② 아니오

14. 약을 드신다면 혼자 시간 맞추어 드십니까?

　① 예　　　　　　　　　　　② 아니오(이유:　　　　)

15. 대·소변을 가리는데 문제가 있습니까?

　① 예 (이유:　　　　)　　　　　② 아니오

16. 보장구를 사용하십니까?

　① 사용하지 않음　② 휠체어　③ 목발　④ 보청기　⑤ 기타 (　　　　)

B. 일상생활동작능력 (가정봉사원파견서비스 욕구의 우선순위 결정)

일상생활동작의 종류		불 편 정 도			서비스제공상태			의견
		거의 불편 없다 (1점)	조금 불편 하다 (2점)	많이 불편 하다 (3점)	충분 (1점)	불충분 (2점)	전무 (3점)	
신체적 동작	17. 이 닦기, 목욕하기							
	18. 옷 입기							
	19. 보행-걸어 다니기							
	20. 용변보기(화장실이용)							
	21. 식사하기							
도구적 동작	22. 식사준비하기							
	23. 장보기							
	24. 전화사용(언어 사용)							
	25. 청소, 설거지, 세탁							
	26. 돈관리							
	27. 눕거나 앉았다 일어나기							
	28. 차량이용하기							
	29. 무거운 짐 들어올리기							
항목별 합계								
전체 합계								

C. 정서적 측면

30. 이전에 비해 요즘 더 잘 잊어버리십니까?(기억력)

　　① 예　　　　　　　　　　　② 아니오

31. 안정되지 않거나 화가 난 적이 자주 있습니까? (정서상태)

　　① 예 (이유:　　　　　　　　　　　)　　② 아니오

32. 소지품 등을 자주 잃어버리십니까?

　　① 예　　　　　　　　　　　② 아니오

33. 슬픔을 느끼는 적이 종종 있으십니까? (정서상태)

　　① 예 (이유:　　　　　　　　　　　)　　② 아니오

34. 잠은 편안히 잘 주무십니까?

　　① 예　　　　　　　　　　　② 아니오

35. 작년 한 해 동안 혹은 근래에 친구나 친척을 잃은 일이 있습니까?

　　① 예　　　　　　　　　　　② 아니오

　　있다면, 어떤 영향을 끼쳤습니까? (　　　　　　　)

36. 정신 질환으로 입원하신 적이 있습니까?

　　① 예(몇 번____ 언제_____이유_____)　　② 아니오

D. 사회적 측면

37. 최근 1년 사이에 귀하는 출가 또는 분가한 자녀들과의 교류는 어떻습니까?

　　① 거의 연락 없이 지낸다

　　② 명절, 생일 등에 가끔씩 만나거나 연락한다

　　③ 2달~3달에 한 두 번 정도 연락한다

　　④ 1달에 한 두 번 정도 연락한다

　　⑤ 1주 일회 이상 연락한다

　　⑥ 출가한 자녀가 없다

37-1. 가족과의 관계에 문제가 있습니까?

　　① 예 (이유:　　　　　　　　　　　　)　　　　　　② 아니오

38. 귀하는 대체로 이웃과 어느 정도 친하게 지내고 계십니까?

　　① 거의 모르고 지낸다　　　　　　　② 인사하는 정도이다

　　③ 말벗하는 정도이다　　　　　　　④ 말벗과 여러 도움을 주고받는다

　　⑤ 절대적으로 믿고 가족처럼 지낸다

38-1. 이웃과 어울리는데 어려움이 있으십니까?

　　① 예 (이유:　　　　　　　　　　　　)　　　　　　② 아니오

39. 친구들이 있어서 정기적으로 만나십니까?

　　① 예　　　　　　　　　　　　　② 아니오

40. 교회, 지역사회활동 그 밖의 사회활동에 참여하십니까?

　　① 예(활동종류:　　　　)　　　　　　② 아니오

40-1. 종교생활을 하신다면 어떻게 하십니까?

　① 전혀 하지 않는다　　　② 가끔씩 한다

　③ 자주 하는 편이다(월1-2회)

　④ 항상 참여한다　　　⑤ 종교가 없다

　▶ 종교기관명＿＿＿＿＿＿＿　　전화번호＿＿＿＿＿＿＿＿

41. 좋아하는 소일거리(여가시간)는?

　① 노인정, 양로원에서 시간을 보낸다

　② 놀이터, 공원, 산책로에서 보낸다

　③ 집에서 TV를 보거나 그냥 지낸다

　④ 친구의 집이나 내 집에서 친구와 지낸다

　⑤ 노인대학에 가거나 취미활동을 한다

　⑥ 취로사업이나 일, 부업을 한다

　⑦ 종교활동이나 봉사활동을 한다

　⑧ 기타 (　　　　　　　　　　)

42. 귀하는 어려움이 생기거나 아플 때 누구로부터 도움을 가장 많이 받습니까?

　① 배우자　　　② 자녀　　③ 형제자매, 부모　　　④ 이웃

　⑤ 사회복지관　　　⑥ 동사무소 전문요원　　　　⑦ 종교단체

　⑧ 없다　　　　⑨ 기타 (　　　　　　　　)

E. 사회복지서비스 측면

43. 귀하는 가정봉사원에 대하여 들어본 일이 있습니까?

　① 전혀 없다　　② 들어보기만 했다　　③ 서비스도 받아보았다

44. 위 12번에서 ②, ③으로 응답하신 경우 어떤 경로를 통해 처음 알게 되었습니까?

① 동사무소에서 들었다   ② 이웃을 통하여 듣게 되었다

③ 지나다 사회복지관을 본적이 있다

④ 사회복지관의 홍보물을 본적이 있다

⑤ 언론이나 매스컴을 통해서 들었다   ⑥ 기타 (   )

45. 귀하가 필요하거나 도움을 받고 싶은 것이 있으면 선택하여 주시기 바랍니다.

생활·가사 서비스	① 점심무료제공 ② 밑반찬제공 ③ 세탁서비스 ④ 청소, 설거지 ⑤ 보일러설치 ⑥ 목욕서비스 ⑦ 이·미용서비스 ⑧기타( )
의료 서비스	① 물리치료 ② 내과진료 ③ 한방진료 ④ 치과진료 ⑤ 안과진료 ⑥ 복지관 진료실시 ⑦ 이·미용서비스 ⑧ 기타( )
경제 서비스	① 후원금 지급 ② 후원품지원(옷, 쌀, 부식 등) ③ 취업·부업알선 ④ 부업알선 ⑤ 취로사업비 증액기타 ⑥ 가전제품 제공 ⑦ 기타 ( )
심리 사회 서비스	① 말벗, 친구가 필요 ② 마음이 괴로움 상담 종교상담 ③ 의부모, 자녀 결연사업 ④ 생일상 차려드리기 ⑤ 노인대학 무료입학 ⑥ 취미활동 무료수강 ⑦ 기타( )
주거 제공 서비스	① 영구임대아파트입주 ② 요양원입소 ③ 노인홈입소 ④ 기타( )
차량 동행 서비스	① 외출동행 ② 병원동행 ③ 기타

46-1 선택하신 것 중에서 가장 필요한 서비스를 적어주십시오.

(   )

46-2 필요한 서비스 횟수는?

(주   회)

47. 귀하가 현재 꼭 이루고 싶은 소원이 있다면 무엇입니까?

(   )

47-1 주요 서비스 욕구 요약 (1순위: 2순위: 3순위:)

F. 비공식(가족 · 이웃 포함) 지원체계

이름	전화번호		주소	관계	가능한 시간	제공되는 일	건강상태
	본인집	연락처					

G. 관찰된 특기 사항(사회복지사가 관찰한 내용)

① 신체적으로 폭행을 당한 흔적   ___있다(자세히:) / ___없다

② 사회적인 고립정도   ___있다(자세히:) / ___없다

③ 대상자의 정서적 상태   ___좋지 않다(자세히:) / ___좋다

④ 가족이나 이웃의 지지정도   ___있다(자세히:) / ___없다

⑤ 자해여부   ___있다(자세히:) / ___없다

⑥ 약물/알코올 남용여부   ___있다(자세히:) / ___없다

⑦ 기타 관찰된 특이사항

_____

_____

H. 생활사 및 서비스내용

I. 대상자 거주지 약도

12. 사정 형식(한국재가노인복지협회(2000). 재가노인복지사업 매뉴얼)

ASSESSMENT

조사일	년 월 일	기관명		사회복지사	

◆ 기본사항

성 명		성별		연령	만 세	생년월일	년 월 일		
출생지									
현주소					전화번호				

◆ 가족사항 및 과거력

관계	성명	성별	생년월일	직업	c't와의 동거/별거	비고
과거력						

◆ 경제상황

보호실태	□거택보호　□자활보호　□저소득가구　□기타(　　　　　　)

소득구분		내역	금액(원/월)
근로소득			
정부지원금	생계비		
	특별위로비		
	경로연금		
	노인위생비		
	교통비		
	기　타		
후원금			
기　타			
합　계			

◆ 주거사항

주택소유 구　분	□자가 □전세(보증금 :　　　　　원) □월세(보증금 :　　원/월세 :　　원) □임대아파트 □의탁거주/무료임대(관계 :　　) □기타(　　　　　　　　)		거주주택 형　태	□단독주택 □아파트 □다세대주택 □다가구주택 □연립주택 □기타(　　　)	
불량주택 여　부	□불량이다　　□아니다	위생상태	□양호　　□보통　　□불량		
난방	□없음 □연탄 □연탄보일러 □가스보일러 □기름보일러 □기타(　　　　　)				
부엌	□있음　　　□없음	화장실	□공동 □단독	□양식 □재래식	
기타사항					

◆ 건강상태

만성질환	□위·십이지장궤양 □뇌졸중 □고혈압 □심부전 □폐렴 □폐결핵 □관절염 □신경통 □골다공증 □백내장 □녹내장 □당뇨병 □치매 □기타( )	
기타질환		
장 애 상 황	시각장애	
	청각장애	
	언어장애	
	신체장애	
	정서장애	
	기 타	

※ 기타질환: 만성질환으로 분류되지 않는 질환으로서 예를 들면 감기, 눈병, 피부병 등이다.

※ 장애상황: 장애등급을 기록하는 것이 원칙이지만 장애등급을 알 수 없는 경우는 노인의 상태를 상세히 기록한다. 예) 신체장애 - 오른손이 구부러져 있고 약간씩 떠는 증상으로 숟가락을 드는데 어려움이 있다.

의료기관명	전화번호	주치의	질병	통원 왕진	빈도	복약(치료)상황

* 사용보장구: □사용안함 □휠체어 □목발 □보청기
□틀니 □안경 □기타( )

* 의사의 지시에 따라 약을 복용하고 계십니까? □예 □아니오( )

과거병력	
비고	

◆ 일상생활의 지원

◎ 세탁하기

1. 수행능력정도: □도움이 필요 없다 □일부 도움이 필요하다 □전면적인 도움이 필요하다
2. 도움이 필요한 경우 서비스 신청 여부 : □신청한다　　　□신청하지 않는다
3. 세탁은 누가하고 있습니까? : □본인　□가족　□기타
4. 어떤 도움이 필요하십니까? :
　　□큰 빨래(이불, 겨울옷 등)　□잔 빨래(걸레, 속옷, 얇은 옷, 수건 등)　□다림질
　　□기타
5. 세탁기가 있습니까? : □있다　　□없다

◎ 식사준비하기

1. 수행능력정도: □도움이 필요 없다 □일부 도움이 필요하다 □전면적인 도움이 필요하다
2. 도움이 필요한 경우 서비스 신청 여부 : □신청한다　　　□신청하지 않는다
3. 식사준비는 누가하고 있습니까? : □본인　□가족　□기타
4. 어떤 도움이 필요하십니까? :
　　□밥짓기　□김치 담그기　□반찬 만들기　□설거지　□기타
5. 냉장고가 있습니까? : □있다　□없다

◎ 청소하기

1. 수행능력정도: □도움이 필요 없다 □일부 도움이 필요하다 □전면적인 도움이 필요하다
2. 도움이 필요한 경우 서비스 신청 여부 : □신청한다　　　□신청하지 않는다
3. 청소는 누가하고 있습니까? : □본인　□가족　□기타
4. 어떤 도움이 필요하십니까? : □방 청소 □부엌청소 □화장실청소 □기타

◎ 장보기

1. 수행능력정도: □도움이 필요 없다 □일부 도움이 필요하다 □전면적인 도움이 필요하다
2. 도움이 필요한 경우 서비스 신청 여부 : □신청한다　　　□신청하지 않는다
3. 장보기는 누가하고 있습니까? : □본인　□가족　□기타
4. 어떤 도움이 필요하십니까? : □물건 사다주기　　□물건 고르기　□물건 들어주기
　　　　　　　　　　　　　　□돈 계산하기　　□기타

◎ 식사하기

1. 수행능력정도: □도움이 필요 없다 □일부 도움이 필요하다 □전면적인 도움이 필요하다
2. 도움이 필요한 경우 서비스 신청 여부 : □신청한다   □신청하지 않는다
3. 식사하기는 누가 돕고 있습니까? : □없다   □가족   □기타
4. 식이요법은 합니까? : □한다 (   )   □안한다
5. 어떤 도움이 필요하십니까? : □자세의 유지 □식사보조 □기타

◎ 의복 갈아입기

1. 수행능력정도: □도움이 필요 없다 □일부 도움이 필요하다 □전면적인 도움이 필요하다
2. 도움이 필요한 경우 서비스 신청 여부 : □신청한다   □신청하지 않는다
3. 의복 갈아입기는 누가 돕고 있습니까? : □없다   □가족   □기타

◎ 신체청결

1. 수행능력정도: □도움이 필요없다   □일부 도움이 필요하다 □전면적인 도움이 필요하다
2. 도움이 필요한 경우 서비스 신청 여부 : □신청한다   □신청하지 않는다
3. 개인청결상태 : □양호   □보통   □불량
4. 신체청결은 누가 돕고 있습니까? : □없다   □가족   □기타
5. 어떤 도움이 필요하십니까? : □얼굴·손·발 닦기 □머리감기 □머리손질 □머리깎기
                        □손·발톱 깎기 □면도 □구강청결 □기타

◎ 목욕하기

1. 수행능력정도: □도움이 필요 없다 □일부 도움이 필요하다 □전면적인 도움이 필요하다
2. 도움이 필요한 경우 서비스 신청 여부 : □신청한다   □신청하지 않는다
3. 목욕하기는 누가 돕고 있습니까? : □없다   □가족   □기타
4. 어떤 도움이 필요하십니까? : □욕조에 들어가고 나오기 □몸 씻기 □자세유지 □몸닦기
                        □이동의 원조 □옷 입고 벗기 □기타
5. 목욕장소 : □대중목욕탕 □가정 내 욕실 □방 □기타

◎ 용변보기

1. 수행능력정도: □도움이 필요 없다 □일부 도움이 필요하다 □전면적인 도움이 필요하다
2. 도움이 필요한 경우 서비스 신청 여부 : □신청한다　　　　□신청하지 않는다
3. 용변보기는 누가 돕고 있습니까? : □없다 □가족 □기타
4. 어떤 도움이 필요하십니까?
　　　□자세유지 □닦아주기 □이동의 원조 □옷 입고 벗기 □기타
5. 요실금 : □있다　　　□없다
6. 변실금 : □있다　　　□없다
7. 기저귀 : □사용한다 □사용하지 않는다

◎ 외출하기

1. 수행능력정도 : □도움이 필요 없다 　□일부 도움이 필요하다 　□전체 도움이 필요하다
2. 도움이 필요한 경우 서비스 신청 여부 : □신청한다　　　□신청하지 않는다
3. 외출하기는 누가 돕고 있습니까? : □없다 □가족 □기타
4. 어떤 도움이 필요하십니까?
　　□보행 시 부축 □휠체어 이용 □차량 이용 도와주기 □기타

◎ 전화사용하기

1. 수행능력정도: □도움이 필요 없다 □일부 도움이 필요하다 　□전면적 도움이 필요하다
2. 도움이 필요한 경우 서비스 신청 여부 : □신청한다　　　□신청하지 않는다
3. 전화사용은 누가 돕고 있습니까? : □없다 □가족　□기타
4. 도움이 필요한 이유는?
　　□신체적 어려움 □정신 · 정서장애 □지식부족　□기타

◎ 대화

1. 다른 사람의 말을 이해한다　□예　　　□아니오
2. 다른 사람에게 자신을 이해시킬 수 있다 □예　　　　□아니오
3. 자연스럽게 대화를 시작한다 □예　　　□아니오
4. 어떤 대화도 쉽게 할 수 있다 □예　　　□아니오

구분	서비스 내용	이용 상황	기관명	전화번호	담당자	빈도	비고
재 가 서 비 스	자원봉사자						
	유급가정봉사원						
	서울가정도우미						
	주간보호소						
	단기보호소						
	이미용서비스						
	도시락 · 밑반찬서비스						
	경로식당						
	전화말벗						
	이동목욕						
	수송서비스						
	노인의 집						
	고령자취업알선						
	기타						
시 설 서 비 스	양로원 신청중 (무료, 실비, 유료)						
	요양원 신청중 (무료, 실비, 유료)						
	기타						
행 정 기 관	동사무소						
	구청						
	기타						
여 가 시 설	경로당						
	지역복지관						
	노인대학 · 노인교실						
	종교기관						
	기타						

◆ 지역사회자원

※ 이용상황: 현재 이용중임 ○   현재 이용하지 않음 ×

◆ 가족 및 친지의 지원

성명	성별	관계	현주소	전화번호	방문/전화 횟수	지원내용
비고						

◆ 기타 클라이언트의 욕구

13. 이용신청서(한국재가노인복지협회(2000). 재가노인복지사업 매뉴얼)

이용신청서

초기신청일: 년   월   일   등록번호 (NO)

<table>
<tr><td rowspan="8">이
용
자</td><td>성명</td><td colspan="2"></td><td>성별</td><td></td><td>연령</td><td>만   세</td></tr>
<tr><td>주민등록번호</td><td colspan="2"></td><td colspan="2">생년월일</td><td colspan="2"></td></tr>
<tr><td>주소</td><td colspan="2"></td><td colspan="2">전화번호</td><td colspan="2"></td></tr>
<tr><td>학력</td><td colspan="2"></td><td colspan="2">종교</td><td colspan="2"></td></tr>
<tr><td>결혼관계</td><td colspan="6">기혼(   ) 미혼(   ) 사별(   ) 이혼(   ) 별거(   ) 기타(   )</td></tr>
<tr><td>동거상태</td><td colspan="6">노인단독(   ) 결혼자녀 동거( )   손자녀와 동거(   )
노인부부만(   ) 미혼자녀 동거(   ) 기타(   )</td></tr>
<tr><td>주거상태</td><td colspan="6">아파트(   ) 단독주택(   ) 다세대주택(   ) 기타</td></tr>
<tr><td>구분</td><td colspan="6">일반(   )생활보호대상자1종(   )2종(   )국가유공자(   )</td></tr>
<tr><td rowspan="3">보호자</td><td>성명</td><td colspan="2"></td><td>관계</td><td></td><td>연령</td><td>세</td></tr>
<tr><td>주민등록번호</td><td colspan="2"></td><td colspan="2">종교</td><td colspan="2"></td></tr>
<tr><td>주소</td><td colspan="2"></td><td colspan="2">전화번호</td><td colspan="2"></td></tr>
<tr><td rowspan="3">신청자</td><td>성명</td><td colspan="2"></td><td>관계</td><td></td><td>연령</td><td>세</td></tr>
<tr><td>주민등록번호</td><td colspan="2"></td><td colspan="2">종교</td><td colspan="2"></td></tr>
<tr><td>주소</td><td colspan="2"></td><td colspan="2">전화번호</td><td colspan="2"></td></tr>
<tr><td rowspan="4">가족
상황</td><td>성명</td><td>관계</td><td>연령</td><td>학력</td><td>직업</td><td colspan="2">연락처</td></tr>
<tr><td></td><td></td><td></td><td></td><td></td><td colspan="2"></td></tr>
<tr><td></td><td></td><td></td><td></td><td></td><td colspan="2"></td></tr>
<tr><td></td><td></td><td></td><td></td><td></td><td colspan="2"></td></tr>
</table>

<table>
<tr><td>입소 희망 시간</td><td></td><td>퇴소희망시간</td><td></td><td></td><td></td></tr>
<tr><td>교통편</td><td colspan="3">복지관차량(   ) 도보(   )
가족차량(   ) 대중교통(   )
기타(   )</td><td>이용회수</td><td>주 (   )회</td></tr>
</table>

위의 본인은 귀 노인주간보호시설에서 낮시간 동안 보호를 받고 다양한
서비스를 제공받기를 원하며 위와 같이 입소를 신청합니다.

                              년   월   일
                          이용자:
                          신청자:

구비서류: 주민등록등본 1통, 사진2매, 의사소견서 및 신체검사서, 생활보호대상자 또는 국가유공자증명서 1통(해당자), 이용
        신청서에 첨부된 이용자 건강상태 조사서, 거주지 약도, 서약서

14. 이용자 건강상태 조사서(한국재가노인복지협회(2000). 재가노인복지사업 매뉴얼)

이용자 건강상태 조사서							
질병명	중풍		당뇨		고혈압		저혈압	
	요통		결핵		관절염		디스크	
	신경통		알레르기		피부병		천식	
	신장질환		간질환		안질환		빈혈	
	치매		호흡기 질환		순환기 질환		기타	

병력	상세히 기록해 주세요(수술 기록도 포함)

투약	투약하고 있는 약	투약방법	처방병원	주의사항

장애관계	장애 유무	무						
		유		장애 등급		발급 시기	
	장애 종류	신체장애				기타 장애		
		좌상지 마비		좌하지 마비		정신지체		청각 장애	
		우상지 마비		우하지 마비		언어 장애		시각 장애	
	보장구 사용	휠체어		지팡이		보청기		기타	
	가정 내 재활기구 사용 사항							

약도

차량탑승 장소 및 시간	

비고

서약서

보호자, 이용자의 자유의사에 의하여 귀 노인주간보호시설에 입소하며 이용에 있어서 아래 사항을 준수 할 것이며 만일 본인의 부주의로 인한 사고가 있을 시 절대 이의를 제시하지 않을 것을 보호자 연대로 서약합니다.

아래

1. 신청서에 기재된 사항에 변경이 있을 때는 바로 알리겠습니다.

2. 귀 노인주간보호시설의 시설을 아끼는 마음으로 사용하겠습니다.

3. 귀 노인주간보호시설의 보호를 위한 제반 규정과 일정을 지키도록 하겠습니다.

4. 본인의 자유의사에 의하여 물리치료 및 각종 프로그램 참여시 발생되는 어떠한 문제에 대하여 이의를 제기하지 않을 것을 서약합니다.

5. 귀 노인주간보호시설에서 주관하는 보호자 교육이나 간담회 때 빠짐없이 참석할 것을 서약합니다.

6. 귀 노인주간보호시설 퇴소시 차량하차 후 발생하는 문제에 대해서는 이의를 제기 하지 않을 것을 서약합니다.

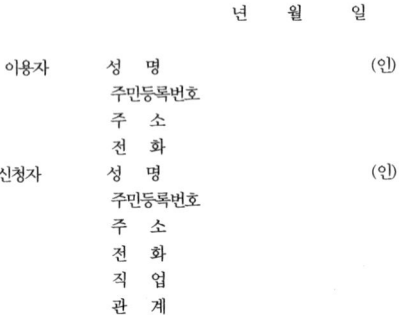

년   월   일

이용자   성   명   (인)
           주민등록번호
           주   소
           전   화
신청자   성   명   (인)
           주민등록번호
           주   소
           전   화
           직   업
           관   계

노인종합복지관장 귀하

연도	재가노인복지 주요 연혁
1981. 6. 5	· 노인복지법 제정
1982.	· 국제헬프에이지 지원으로 한국노인복지회(현 한국헬프에이지) 설립
1983.	· 한국노인복지회에서 무의탁노인결연사업 시작
1985. 10. 15	· 한국노인복지협의회에서 노인결연사업을 함.
1986.	· 은천노인상담소 설립(설립자: 이병만) · 은천노인복지회(구 은천노인상담소)에서 가정봉사원파견사업(구 가정봉사원서비스), 주간보호사업(구 데이케어사업) 자체 사업 실시
1987. ~ 1988.	· 한국노인복지회 가정봉사원파견사업(구. 재가노인봉사사업) 실시(1988년 보건복지부(구 보건사회부) 노인상담시설 운영비 명목 4,420천원, 1989년 9,900천원)
1989. 9. 12. 30	· 가정봉사원파견사업 지원기관 은천노인복지회(구 은천노인상담소) 추가 · 중부노인종합복지관(현 노원노인종합복지관), 남부노인종합복지관(현 관악노인종합복지관) 서울시 지원으로 가정봉사원파견사업(구 가정봉사원서비스) 실시 · 노인복지사업 지침 내 재가노인봉사사업 지원관련 지침 마련 · 한국노인복지회(현 한국헬프에이지), 은천노인복지회(구 은천노인상담소) 2개소 지원 · 보건복지부(구 보건사회부) 재가노인봉사사업비 명목으로 지원 · 노인복지법 2차 전부개정: 가정봉사서비스, 재가노인이라는 용어를 공식적으로 사용
1991.	· 시급 이상 도시에 재가복지봉사센터 설치 및 운영 · 한국재가노인복지협의회 발족(가정봉사파견시설 4개소) · 가정봉사원 파견시설 1개소 추가지원으로 총 3개소에 정부지원 됨.(추가 지원 기관: 구 충북청주재가노인봉사원) · 기타 민간기관까지 포함하여 가정봉사원파견사업 서울, 대구, 충북 등 총 7개 기관에서 실시
1992.	· 재가복지봉사센터운영 지침의 제정 및 재가복지봉사센터 144개소 설치 운영 · 주간보호사업 시범사업으로 은천노인복지회(구 은천노인상담소), 한국노인복지회(현 한국헬프에이지)가 선정되어 시범운영하였고, 시설운영 지침을 마련함. · 단기보호사업의 전국 6개소에서 시범사업이 실시됨(성산노인요양원,

	영락요양의 집, 벧엘타운, 성암안식원, 성예요양원, 선희간병요양원)
1993. 12. 27	· 노인복지법 3차 일부개정 -노인복지사업의 한 종류로 재가복지사업 규정: '재가노인봉사사업'을 '재가노인복지사업'으로 개칭 -재가노인복지사업의 유형으로 가정봉사원파견사업, 주간보호사업, 단기보호사업이 명시됨. -재가 및 유료노인복지사업 실시근거 마련
1993. ~ 1995.	· 한국노인복지회에서 삼성복지재단 지원으로 유급가정봉사원제도를 시범적으로 시행(1993~1995년)
1995.	노인복지법 '가정봉사원양성교육훈련'에 관한 사항이 가정봉사원파견사업 내에 수록(양성교육과정과 보수교육과정으로 나누어짐.)
1996.	· 유급가정봉사원과 무급가정봉사원 교육 실시 · 가정봉사원양성사업기관에 정부보조금 지급 · 단기보호사업에 대한 국고지원이 시작됨. · 전국의 가정봉사원파견시설 33개소에서 시설당 1~2명의 유급가정봉사원 인건비가 정부예산으로 책정됨. · 최초 유급가정봉사원인 가정도우미 527명이 서울시로부터 급여를 받고 서비스를 제공함.
1997. 8. 22	· 노인복지법 5차 전부 개정 -재가노인복지사업 종류에 가정봉사원교육사업 추가 -재가노인복지시설이 노인복지법 내에 노인복지시설 유형으로 규정
1999. 2. 8 8.	· 복지부는 '노인보건복지 중장기 발전계획'을 발표함.(재가노인복지사업과 관련된 내용 포함) · 노인복지법 7차 개정 -가정봉사원교육훈련 의무 및 교육기관 설치 명시 -노인복지시설 운영의 자율성 계기 마련 · 가정봉사원교육기관 지정제를 폐지하여 누구라도 시 · 군 · 구에 신고하면 교육을 실시할 수 있게 됨.
2000. 12.	· 보건복지부 내 노인장기요양보호정책기획단 설치 및 운영 · 노인장기요양보호정책기획단에서 '장기요양보호 종합대책' 제시
2003. 3. 17	· 중산 · 서민층 노인보호를 위한 실비주간보호사업 실시 · '공적노인요양보장추진기획단' 발족
2004	'공적노인요양보장추진기획단' 해산 및 '공적노인요양보장제도 실행위원회' 운영

2005. 3. 31 7. ~ 2006. 3.	· 노인복지법 11차 일부개정 · 재가노인복지사업 운영을 지방이양 · '가정봉사원교육기관 설치 시 시·군·구에 신고'로 개정됨. · 장기요양보험 1차 시범사업 실시
2006. 4. 2 2006. 4. ~ 2007. 4.	· '노인장기요양보험법'이라는 명칭으로 국회 본 회의 통과 · 장기요양보험 2차 시범사업 시작
2007. 4. 27 8. 3 5. ~ 2008. 6.	· 노인장기요양보험법 제정 · 노인복지법 17차 개정 · 재가복지서비스 명칭 변경 및 방문목욕서비스 신설(방문요양서비스, 주·야간보호서비스, 단기보호서비스, 방문목욕서비스) · 간병·요양 전문인력 양성 위한 요양보호사 제도 도입 · 장기요양보험 3차 시범사업
2008. 7. 1	· 노인복지법 시행규칙 일부 개정: 재가노인복지시설 설치신고 기준의 완화 · 노인장기요양보험제도 시행
2010. 3.	· 요양보호사 기준을 시·도지사가 실시하는 요양보호사 자격시험의 합 격으로 변경 · 재가노인지원서비스 신설

지은이 소개

변재관
일본 쯔쿠바대학 석·박사(복지사회학 전공)
한국보건사회연구원 노인·장애인 정책개발센터 소장
한국노인인력개발원 원장
한국노년학회, 한국노인복지학회 부회장
현 한일사회보장정책포럼 대표
저서: 《참여형 지역복지체계론》(공저, 나눔의집), 《한국의 사회보장과 국민복지기본선》
　　　(한국보건사회연구원), 《사회복지전달체계의 개편과 민관협력》(공저, 학지사), 《노
　　　년학의 이해》(공저, 대영문화사) 등 다수

김미혜
이화여자대학교 사회복지학과 졸업 및 동 대학원 석사
미국 오하이오 주립대학 석·박사
이화여자대학교 사회복지학과 교수
현 이화여자대학교 사회복지전문대학원 원장
현 한국재가노인복지협회 연구회 회장
논문: "우리나라 재가노인복지사업의 발전방향 인식 연구: Q방법론을 활용하여" 등 다수
저서: 《사회복지정책분석》(공저, 동인), 《현대노인복지정책론》(공저, 대영문화사), 《재
　　　가노인복지론》(공저, 계축문화사) 등 다수

권금주
이화여자대학교 사회복지학과 졸업 및 동 대학원 석·박사
서울사이버대학교 복지시설경영학과 교수
현 보건복지부 민원·제도개선협의회 민간위원
현 중앙노인보호전문기관 중앙사례관리위원
논문: "노인에 대한 지식과 태도에 관한 연구: 원격대학 장년기 대학생을 중심으로" 등 다수
저서: 《가족정책론》(교문사), 《사회복지개론》(공저, 학지사) 등 다수